em tua graça

em tua graça

Livro de culto e oracões

Resources for praise and prayer

Libro de culto y oraciones

Livre de culte et de prières

Gottesdienstbuch

Nona Assembléia, Conselho Mundial de Igrejas

Ninth Assembly, World Council of Churches

Novena Asamblea, Consejo Mundial de Iglesias

Neuvième Assemblée, Conseil œcuménique des Églises

Neunte. Vollversammlung, Ökumenischer Rat der Kirchen

Índice

Cover design: Joice Elisa de Oliveira
Layout: Marie Arnaud Snakkers

ISBN 2-8254-1449-2

150 route de Ferney, P.O. Box 2100
1211 Geneva 2, Switzerland
Website: *http://www.wcc-coe.org*

Printed in Brazil

Contents

Indice

Table des matières

Inhaltsverzeichnis

Prefácio

A oração é essencial ao Cristianismo, como resposta dos fieis na presença do grande Deus onipresente e transcendente.

Este encontro entre o Deus Todo-Poderoso e misericordioso com o seu povo não é opcional ou periférico, mas necessário e fundamental como um sinal de gratidão e reconhecimento de que Deus se revela em toda a criação, através da Palavra de Deus contida nas Sagradas Escrituras e em Jesus Cristo, através da orientação do Santo Espírito e da vida eclesiástica nas igrejas. Na oração, os seres humanos encontram seu Criador e Redentor, o Deus Triúno.

A oração é indispensável para a vida de cada assembléia do *Conselho Mundial de Igrejas*, para a qual todas as pessoas são convidadas e bem-vindas. A assembléia é principalmente um local de comunhão íntima, celebração e oração com Deus Todo-Poderoso – é também um local onde a comunhão é expressa de várias maneiras em oração e práticas espirituais.

Para promover a espiritualidade da nona assembléia em Porto Alegre, Brasil, as recomendações da comissão especial para participação Ortodoxa no CMI foram cuidadosamente observadas. Interpretar e realizar as recomendações desta comissão concernentes à oração comum continua sendo um desafio, mas também uma tarefa bastante criativa do Conselho.

Este livro para oração comum durante a assembléia foi preparado com cuidado e carinho. Ele representa uma coletânea de recursos litúrgicos selecionados de várias tradições eclesiásticas e famílias confessionais, bem como de diferentes partes do mundo. Ele é oferecido numa versão em cinco línguas e é o meio principal para a celebração e louvor nesta assembléia. Esta coletânea de recursos litúrgicos pode ser utilizada além do tempo de duração da nona assembléia, em encontros ecumênicos e nas igrejas.

Todos os recursos litúrgicos incluídos nesta coletânea falam diretamente ao nosso íntimo através da graça, enquanto as palavras e música falam também aos nossos corações e entendimento, para inspirar a oração comum.

Somos gratos a todos os membros da comissãos de liturgia e planejamento desta assembléia, ao quadro de funcionários/as do CMI, ao comitê brasileiro responsável pela organização da assembléia, aos músicos, e a todas as pessoas que contribuíram de diversas maneiras na produção deste livro. Não temos palavras adequadas para expressar nossa gratidão sincera a todas estas pessoas pelo seu empenho, sua compreensão e excelente colaboração, bem como seu incentivo e esforço para realizar esta obra, fruto do amor cristão, difícil, mas recompensadora.

Sua Eminência Metropolita Genadios de Sassima
Moderador do Comitê Litúrgico da Assembléia
Aghios Nikolaos, Creta, 25 de julho de 2005

O Uso destes Recursos Litúrgicos para Oração e Louvor

Em tua graça foi preparado para ser o material litúrgico principal a ser utilizado durante a Nona Assembléia do *Conselho Mundial de Igrejas*, em Porto Alegre, Brasil, fevereiro de 2006. Os membros do comitê que produziram este livro esperam que esta coletânea de recursos litúrgicos possa ir além do tempo de duração desta assembléia, servindo como fonte de inspiração para expressar o louvor de novas maneiras.

Recomendamos aos participantes da assembléia a levarem consigo este livro não somente a eventos designados "oração comum", mas também para uso em plenários, estudos bíblicos, oficinas de estudo e outros encontros de grupos pequenos. Em algumas ocasiões, folhetos impressos com material adicional, incluindo as celebrações de abertura e encerramento, serão distribuídos.

O tema deste livro é baseado na oração-chave da Nona Assembléia: "Deus, em tua graça, transforma o mundo." Esta oração bem como suas variações estabelecem a estrutura para as liturgias de oração matutina e vespertina em Porto Alegre:

- Deus, em tua graça, transforma *o mundo*
  (14 e 15 de fevereiro)
- Deus, em tua graça, transforma *a terra*
  (16 de fevereiro)
- Deus, em tua graça, transforma *as nossas sociedades*
  (17 de fevereiro)
- Deus, em tua graça, transforma *as nossas vidas*
  18 e 21 de fevereiro)
- Deus, em tua graça, transforma *as nossas igrejas*
  (20 de fevereiro)

- Deus, em tua graça, transforma *o nosso testemunho* (22 e 23 de fevereiro)

Dentro do contexto de oração, serão utilizados símbolos e gestos simbólicos para expressar a vida de fé. Estes símbolos, descritos com maiores detalhes na seção *recursos diários*, incluem sementes e girassóis, água e pão, incenso bem como pinturas segundo a tradição Ortodoxa especialmente preparadas para este evento.

Hinos, canções, e respostas cantadas estão impressos no verso deste livro. As divisões em cinco línguas – Português, Inglês, Espanhol, Francês, e Alemão, – são traduções múltiplas do mesmo texto. Durante a assembléia e outros encontros, os participantes são encorajados a fazerem a leitura ou oração na língua de sua preferência, proporcionando em cada ocasião um clima de Pentecostes.

Nas litanias, o texto não destacado significa que apenas uma pessoa lerá o texto; ***o texto em negrito e itálico*** indica a leitura do texto por toda a congregação; *o texto em itálico* provê instruções ou alguma informação pertinente ao texto e não deve ser lido.

O comitê agradece de coração aos autores/as, compositores/as, e outros proprietários/as de direitos autorais que concederam permissão para uso de textos e música contidos neste livro, e agradece particularmente aos autores/as e musicistas que colaboraram com *o Conselho Mundial de Igrejas* na produção de novas obras para este evento.

Explicação dos Símbolos

PORTUGUÊS
ENGLISH
ESPAÑOL
FRANÇAIS
DEUTSCH

***Correntes* • 15 de fevereiro**

A "liberdade aos cativos e a libertação dos prisioneiros" *(Isaías 61; Lucas 4)* é simbolizada neste culto de oração pelas correntes quebradas. A visão profética de Isaías se tornou a marca do ministério de Jesus quando ele e seus seguidores proclamaram boas-novas aos oprimidos e cura às pessoas de coração quebrantado. No contexto das Américas, nós recordamos as correntes da escravidão, a opressão do colonialismo e o domínio do império. Fundamentados no evangelho cristão, indivíduos e comunidades da América Latina têm se destacado em conduzir as igrejas a abraçarem uma teologia de libertação transformadora.

***Girassóis* • 16 de fevereiro**

Para alguns povos indígenas da América Latina, o girassol se tornou um símbolo da ressurreição. Elevando-se do solo, esta flor altera sua posição de acordo com o movimento da luz solar. Suas cores fortes e elegância natural dão testemunho da beleza da criação. Apesar da longa história de opressão humana que tem assolado o planeta e ameaça destruir este mundo - o qual foi entregue ao nosso cuidado – o brotar e o florescer de cada uma destas flores é um sinal do potencial para renascer, para renovar, e, pela graça de Deus, um sinal da vinda do novo céu e nova terra *(Isaías 65; Apocalipse 21)*.

***Incenso* • 17 de fevereiro**

"Suba à tua presença a minha oração, como incenso," canta o salmista *(Salmo 141.2)*. Como a fumaça de suave odor do incenso, as orações de muitos povos se elevam e se reúnem diante da presença de Deus. Profetas e ninivitas, apóstolos e centuriões, galileus e cananeus, todos apresentam confissões de pecado e súplicas pela misericórdia no mais íntimo de seu ser. A resposta à oração pode ser surpreendente, inesperada, e transformadora. Em seu diálogo com Deus, os fiéis são desafiados a ampliarem seu entendimento e a progredirem em sua capacidade para amar. *(Estas sentenças estão relacionadas com as três leituras das Escrituras para o dia 17 de Fevereiro – Jonas 4; Atos 10; Mateus 15).*

***Pinturas Religiosas* • 18 de fevereiro**

A pintura de hoje do Cristo Ressurrecto representa-o destruindo os grilhões da morte e cativeiro. É uma expressão contemporânea de um ícone tradicional de Cristo, o qual, descendo ao inferno, destruiu o seu poder e abriu seus portões, libertando as pessoas que ali estavam prisioneiras *(1 Pedro 3.18-20).* Esta imagem tem sua origem na experiência de muitos mártires e pessoas que confessaram ou confessam sua fé perante sofrimentos, humilhações e privações em campos de trabalho forçado, campos de concentração, ou centros de detenção. Pela graça de Deus, Cristo continua presente no mundo como Salvador até o fim dos tempos, trabalhando pela transfiguração de toda a criação.

***Cálice* • 19 de fevereiro**

"Por acaso vocês podem beber o cálice que eu vou beber?" De acordo com a constituição do *Conselho Mundial de Igrejas*, "o propósito principal da comunhão de igrejas no CMI é chamar cada uma para a unidade visível na fé e na comunhão eucarística ..." O chamado já foi feito. No entanto, o caminho para a celebração eucarística em que todos nós podemos comer e beber juntos tem se revelado difícil e longo. O símbolo utilizado na liturgia nesta manhã é um cálice vazio, ainda coberto e aguardando para ser enchido. Nós continuamos a buscar o cumprimento da promessa de Cristo: "vocês vão beber o cálice que eu vou beber" *(Marcos 10.38-9).*

***Água* • 21 de fevereiro**

No princípio o Criador separou as águas das águas *(Gênesis 1.6).* Na plenitude do tempo, João Batista reconheceu Jesus quando ele estava nas águas do Jordão e o Espírito Santo desceu dos céus *(Mc 1.10).* A água é uma dádiva gratuita de

Deus para ser usada por todas as pessoas. É a origem da vida na terra e um símbolo do cuidado de Deus por toda criatura. A água pura é necessária para o bem-estar, e a água limpa para a cura. Jesus, que ensinou através de parábolas, descreveu a salvação que ele oferecia como "uma fonte da água a jorrar para a vida eterna" *(João 4.14)*.

Pão* • *22 de fevereiro

"O pão nosso cotidiano dá-nos a cada dia" *(Lucas 11.3)*. O pão é um símbolo de nossas necessidades mais básicas, e da dádiva graciosa de Deus, de quem dependemos para subsistir. O pão é o centro na mesa do banquete farto do Reino de Deus. Uma oração do século dois apresenta a seguinte petição: "Assim como as espigas, que estavam dispersas pelo campo, reuniram-se no pão, assim também seja tua igreja, dispersa pelos confins da terra, reunida em teu Reino." O pão que trazemos como oferta durante a oração matutina será mais tarde compartilhado em amor durante a oração vespertina segundo a tradição Ortodoxa.

Sementes* • *23 de fevereiro

"Tudo tem o seu tempo determinado, e há tempo para todo propósito debaixo do céu: há tempo de nascer, e tempo de morrer; tempo de plantar e tempo de arrancar o que se plantou ..." *(Eclesiastes 3.1-2)*. Ao nos aproximarmos do encerramento da Nona Assembléia, nos perguntamos, quais sementes foram semeadas, quão longe elas foram lançadas, e qual será sua colheita? A parábola de Jesus sugere que os resultados desta colheita não estão sob o nosso controle *(Marcos 4.27)*, entretanto somos chamados, somos chamadas para nos preparar enquanto os grãos amadurecerem, enquanto os campos são transformados pela graciosa providência divina, e finalmente para o tempo da colheita.

1 Deus, em Tua Graça, Transforma o Mundo

Confissões bíblicas:

a) Fazei justiça ao fraco e ao órfão, procedei retamente para com o aflito e o desamparado. Socorrei o fraco e o necessitado; tirai-os das mãos dos ímpios. (Salmo 82: 3-4)

b) O lobo habitará com o cordeiro, e o leopardo se deitará junto ao cabrito; o bezerro, o leão novo e o animal cevado andarão juntos, e um pequenino os guiará. A criança de peito brincará sobre a toca da áspide, e o já desmamado meterá a mão na cova do basilisco. Não se fará mal nem dano algum em todo o meu santo monte, porque a terra se encherá do conhecimento do Senhor, como as águas cobrem o mar. (Isaías 11: 6-9)

c) Sede, pois, imitadores de Deus, como filhos amados. (Efésios 5: 1)

d) O Deus que fez o mundo e tudo o que nele existe, sendo ele Senhor do céu e da terra, não habita em santuários feitos por mãos humanas. Nem é servido por mãos humanas, como se de alguma coisa precisasse; pois ele mesmo é quem a todos dá vida, respiração e tudo mais. (Atos 17:24-25)

Leituras das Escrituras Sagradas:

Isaías 61: 1-4
Lucas 4: 16-21 (-30)

Orações, leituras responsivas e litanias:

1.

Ó Jesus,
que tu sejas a canoa que me carrega pelo mar da vida;
que tu sejas o leme que me sustenta no caminho certo;
que tu sejas o guia que me mantém firme em tempos de tentação.
Que teu Espírito seja o veleiro que me conduz a cada dia,
mantendo meu corpo forte, para que eu possa remar com
firmeza na viagem da vida.
Amém.

2. Salmo 146: 5-10

Bem-aventurado aquele que tem o Deus de Jacó por seu
auxílio,
cuja esperança está no Senhor, seu Deus,
que fez os céus e a terra, o mar e tudo o que neles há
e mantém para sempre a sua fidelidade.
Que faz justiça aos oprimidos e dá pão aos que têm fome.

♪ ***2. Resposta cantada:***
Bem aventurados os pobres, porque deles é o reino do céus

O Senhor liberta os encarcerados.
O Senhor abre os olhos aos cegos,
o Senhor levanta os abatidos, o Senhor ama os justos.
O Senhor guarda o peregrino, ampara o órfão e a viúva,
porém transtorna o caminho dos ímpios.

♪ ***2. Resposta cantada:***
Bem aventurados os pobres, porque deles é o reino do céus

O Senhor reina para sempre; o teu Deus, ó Sião, reina de
geração em geração. Aleluia!

♪ ***2. Resposta cantada:***
Bem aventurados os pobres, porque deles é o reino do céus

3.

É o tempo da páscoa.
Porque Jesus ressuscitou dentre os mortos,

nós caminhamos com esperança ao encontro do futuro.
Tudo pode ser diferente.
Pedras podem ser tiradas do caminho.
Sepulturas podem se abrir para sempre.
Lágrimas podem desaparecer.
O medo terá fim.
Toda pergunta terá resposta.
A luz será mais forte que a treva.
A felicidade chega para os tristes.
A paz envolve os corações oprimidos.
Os poderosos foram derrotados e os humildes
triunfaram.
A violência e o ódio não podem resistir ao amor.
As correntes da opressão foram quebradas.
Verdade e justiça se abraçam,
justiça e paz se beijam.
A memória já não é mais dolorosa.
Sonhar não é mais um pecado.
Os portais celestes estão abertas e Deus sorri para
o mundo.
O amor triunfou.
Jesus vive,
um novo mundo é possível.

4. *Para a cura do mundo*

Que a Palavra de Deus
torne belo todo coração.
A Palavra Viva
é proclamada e ouvida para a cura do mundo.

Que o amor de Deus
em Cristo Jesus se multiplique.
A cruz da morte
é o fôlego da vida
para a cura do mundo.

Que o vento de Deus continue a soprar em todo o tempo.
O Espírito se move, examina, renova
para a cura do mundo.

Que a Igreja de Deus
seja fiel, verdadeira e ousada.
O pão que compartilhamos
em ação e oração
é para a cura do mundo.

5.

Doador de boas dádivas, em ti depositamos nossa esperança.
As pessoas doentes anseiam pela cura.
Ó Jesus, tu tragaste a morte
e todo tipo de doença
e restabeleceste a nossa saúde.

6. *(Intercessão baseada em Isaías 61: 1-4)*
Deus da graça,
ensina-nos a proclamar o ano aceitável do Senhor.

Oramos pelas pessoas prisioneiras da pobreza que oprime e do trabalho degradante, por seres humanos tratados e comercializados como itens de uma balança comercial. Atende ao nosso clamor por todas as pessoas que anseiam pela libertação de estruturas sociais injustas e regimes de opressão, especialmente a nossa súplica por aquelas pessoas que querem fugir da guerra, da fome ou da devastação econômica.

Deus da graça, que a tua Palavra se cumpra hoje em nosso ouvir.

♪ 4. ***Resposta cantada:***
Nkosi, Nkosi, yiba nenceba. Krestu, Krestu, yiba nenceba.

Deus da graça,
ensina-nos a proclamar o ano aceitável do Senhor.
Oramos pelas pessoas que sofrem em corpo, mente e espírito e por todos que desejam ardentemente a cura. Oramos pela libertação do preconceito que muitas vezes demonstramos às pessoas que sofrem de alguma debilidade ou doença.

Atende ao nosso clamor especialmente por aquelas pessoas vítimas de AIDS, tuberculose e malária; que elas possam ter acesso aos cuidados médicos e remédios que tanto necessitam.

Deus da graça, em vez de lamento derrama sobre nós o óleo da alegria.

♪ ***4. Resposta cantada:***
Nkosi, Nkosi, yiba nenceba. Krestu, Krestu, yiba nenceba.

Deus da graça,
ensina-nos a proclamar o ano aceitável do Senhor.

Neste mundo de injustiças, oramos por todas as pessoas que procuram ser cedros de retidão, por aquelas que quebram as correntes da opressão e dão testemunho de que um mundo transformado pela graça é possível.

Atende ao nosso clamor pelas pessoas que plantam sinais do teu reino de amor e justiça nas cidades e nos campos arruinados pela guerra, pelo ódio, e pelo desrespeito ao meio ambiente.

Deus da graça,
envia também teu Espírito sobre nós para que possamos proclamar boas novas.

♪ ***4. Resposta cantada:***
Nkosi, Nkosi, yiba nenceba. Krestu, Krestu, yiba nenceba.

7.

Jesus, queremos crescer no conhecimento.

Ajuda-nos a crescer em corpo, mente e espírito.
Jesus, queremos crescer na fé.

Graças te damos pelas pessoas de fé nos tempos bíblicos e em nosso tempo cujas vidas são um modelo para nós.

Jesus, queremos crescer na esperança.

Oramos por todas as pessoas que buscam promover a liberdade, a paz e a justiça em nosso mundo.

Jesus, queremos crescer no amor.

Ajuda-nos a amar uns aos outros assim com tu nos amaste e ainda hoje te ofereces em nosso favor. Oramos pelas pessoas que dão de si mesmas às outras.

Deus, em Tua Graça, Transforma a Terra

Confissões bíblicas:

a) Grande é o Senhor nosso e mui poderoso; o seu entendimento não se pode medir. O Senhor ampara os humildes e dá com os ímpios em terra. (Salmo 147: 5-6)

b) Se não oprimirdes o estrangeiro, e o órfão, e a viúva, nem derramardes sangue inocente neste lugar, nem andardes após outros deuses para vosso próprio mal, eu vos farei habitar neste lugar, na terra que dei a vossos pais, desde os tempos antigos e para sempre. (Jeremias 7: 6-7)

c) O reino dos céus é semelhante a um grão de mostarda, que um homem tomou e plantou no seu campo; o qual é, na verdade, a menor de todas as sementes, e, crescida, é maior do que as hortaliças, e se faz árvore, de modo que as aves do céu vêm aninhar-se nos seus ramos. (Mateus 13: 31-32)

d) Eis o tabernáculo de Deus com os homens. Deus habitará com eles. Eles serão povos de Deus, e Deus mesmo estará com eles. (Apocalipse 21:3)

Leituras das Escrituras Sagradas:

Isaías 65: 17-25
Mateus 20: 1-16

Orações, leituras responsivas e litanias:

8. *Salmo 65: 9-13*

Tu visitas a terra e a regas;
tu a enriqueces copiosamente;
os ribeiros de Deus são abundantes de água;
preparas o cereal,
porque para isso a dispões,
regando-lhe os sulcos,
aplanando-lhe as leivas.
Tu a amoleces com chuviscos
e lhe abençoas a produção.
Coroas o ano da tua bondade;
as tuas pegadas destilam fartura,
destilam sobre as pastagens do deserto,
e de júbilo se revestem os outeiros.
Os campos cobrem-se de rebanhos,
e os vales vestem-se de espigas;
exultam de alegria e cantam.

9.

Necessitamos de visão e imaginação
para poder ver a beleza da terra como um todo finito,
para estar atentos à nossa interdependência
e à integridade sagrada de cada membro da criação,
para celebrar a diversidade do mundo enquanto
valorizamos sua unidade.

Deus de amor pleno e de toda verdade,
ajuda-nos a enxergar com olhos
e corações abertos.

Necessitamos de reverência e admiração;
para enxergar a eternidade em um grão de areia,
para reconhecer a unidade da criação na queda de um pardal,
para ver a generosidade de duas moedas lançadas como
oferta,
para ver vida em uma semente que aparentemente morre,
para reconhecer a confiança nas mãos estendidas de um
bebê,

para enxergar Cristo Senhor da criação sorrindo com e nos mais humildes.

Deus de amor pleno e de toda verdade,
ajuda-nos a enxergar com olhos
e corações abertos.

Necessitamos de fogo e vigor;
para se indignar com estratégias políticas de pequena visão,
com práticas econômicas insensíveis e comércio sem coração,
para protestar contra a ganância e mau uso dos recursos naturais,
para desejar ardentemente com todo nosso ser a justiça,
e buscar apaixonadamente usar nossos conhecimentos, capacidades e recursos abundantes para sustentar e tratar com carinho todas as formas de vida.

Deus de amor pleno e de toda verdade,
Ajuda-nos a enxergar com olhos
e corações abertos.

10.

Senhor do Oceano,
dá-nos coragem e fé
para enfrentar as ondas da maré de nossos dias.

Senhor dos Recifes de Coral,
dá-nos coragem e fé
para enfrentar os desgastes de nossos dias.

Senhor das Ilhas,
dá-nos coragem e fé
para enfrentar os ciclones de nossos dias.

11.

Amoroso Deus criador,
surpresos admiramos
o esplendor de tua criação.
Campos ricos revestidos de grãos em abundância

e cestos transbordantes de frutos maduros.
Um banquete de vinhos finos e sustento pleno,
uma festa para ser compartilhada entre todos.
Ajuda-nos a aprender de tua generosidade,
a repartir nosso pão com as pessoas famintas,
e a se empenhar em preparar uma refeição farta para todas as pessoas,
uma mesa de ação de graças para ser compartilhada entre todos.
Amém.

12. Para além das fontes de Alice Springs

Deus dos camelos peregrinos e de lugares distantes,
de vales estreitos e semblantes aborígines;

Deus dos silêncios profundos e do belo pôr-do-sol,
dos campos iluminados pela lua e dingos correndo livres;

Deus das estiagens prolongadas e dos riachos abundantes de água,
dos campos de margaridas e árvores solitárias crescendo no deserto;

Deus dos horizontes imensos e da areia carregada pelos ventos;
desafia e ensina-nos a andar em meio a esta terra misteriosa.

13.

Dá-nos, ó Deus, uma visão de nosso mundo conforme o teu amor quer transformá-lo.
A visão de um mundo onde os fracos ao invés de serem explorados são protegidos,
e ninguém sofre de fome e pobreza.
A visão de um mundo onde os recursos e bens materiais são compartilhados,
e todas as pessoas podem desfrutá-los.
A visão de um mundo onde as diversas nações, raças, e culturas possam viver em tolerância e respeito mútuo.
A visão de um mundo onde a paz está alicerçada na justiça, e a justiça é conduzida pelo amor.

E dá-nos a coragem e inspiração para construir este mundo,
em Jesus Cristo nosso Senhor.
Amém.

14.

Perdoa-nos Senhor,
nossa indiferença diante da destruição da natureza;
nossa ambição por lucros desmedidos, sem respeito à vida.

Perdoa-nos Senhor,
nossa violência contra a terra;
nosso silêncio diante das florestas devastadas e dos rios poluídos.

Perdoa-nos Senhor,
nossa complicidade na extinção das espécies;
nossa pressa em destruir o que é diferente de nós.

Perdoa-nos Senhor,
nossa sede voraz de consumir, sem considerar as futuras gerações;
nossa fixação no presente, sem levar em conta o amanhã.

Perdoa-nos Senhor,
nossa arrogância em pensar que somos o centro do universo;
nossa falta de zelo em preservar a tua criação.

Ensina-nos, em tua graça,
a amar toas as tuas criaturas, nossas irmãs,
e a cuidar da vida em todas as suas manifestações.

Deus, em Tua Graça, Transforma as nossas Sociedades

3

Confissões bíblicas:

a) Se o estrangeiro peregrinar na vossa terra, não o oprimireis. Como o natural, será entre vós o estrangeiro que peregrina convosco; amá-lo-eis como a vós mesmos, pois estrangeiros fostes na terra do Egito. Eu sou o Senhor, vosso Deus. (Levítico 19: 33-34)

b) A tua justiça é como as montanhas de Deus; os teus juízos, como um abismo profundo. Tu, Senhor, preservas os homens e os animais. (Salmo 36: 6)

c) Procurai a paz da cidade para onde vos desterrei e orai por ela ao Senhor; porque na sua paz vós tereis paz. (Jeremias 29: 7)

d) Em verdade vos afirmo que, sempre que o fizestes a um destes meus pequeninos irmãos, a mim o fizestes. (Mateus 25: 40)

Leituras das Escrituras Sagradas:

Atos 10: 9-35
Mateus 15: 21-28

Orações, leituras responsivas e litanias:

15. Oração matutina

(baseada na tradição das igrejas ortodoxas orientais)

Invocação

Em nome do Pai, do Filho, e do Espírito Santo, o verdadeiro e único Deus.

Amém.

Santo, Santo, Santo és tu, ó Deus Todo-Poderoso; os céus e a terra estão cheios de tua glória. Hosana nas alturas. Bendito o que vem em nome do Senhor. Hosana nas alturas.

♪ 11 A oração do Pai Nosso – Aboun Dbashmayo *(em aramaico)*

Do Ocidente ao Oriente,
do Norte ao Sul
todas as raças e nações
com uma nova bênção bendizem
ao Criador de todas as coisas.
Pois Deus fez a luz do sol
brilhar hoje sobre a terra.

Leitura do Novo Testamento – Atos 10: 9-35

Hino: Asato maa sad gamaya *(em sânscrito)*

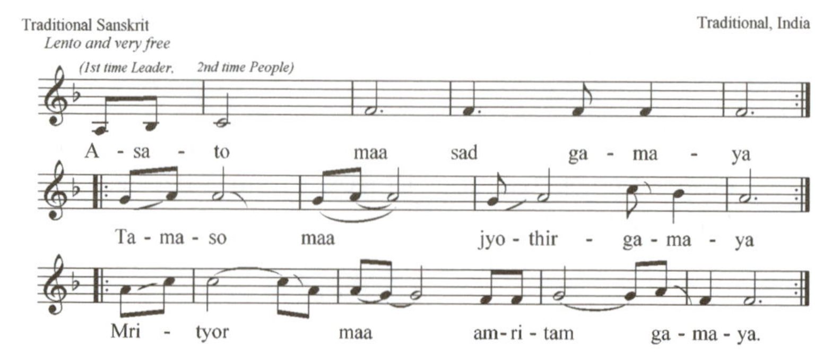

Traditional Sanskrit
Traditional, India
Lento and very free
(1st time Leader, 2nd time People)
A - sa - to maa sad ga - ma - ya
Ta - ma - so maa jyo - thir - ga - ma - ya
Mri - tyor maa am - ri - tam ga - ma - ya.

Lead me from falsehood to truth, from darkness to light, from death to life.
Führe mich von der Unwahrheit zur Wahrheit, aus Dunkelheit zum Licht, vom Tod zum Leben.
Conduis-moi du mensonge à la verité, des tenèbres à la lumière, de la mort à la vie.
Condúceme de la falsedad a la verdad, de la oscuridad a la luz, de la muerte a la vida.
Conduze-me da falsidade à verdade, das trevas à luz, da morte à vida.

Leitura responsiva

Damos graças a Deus nosso Pai que criou tudo em seu amor
e gerou cada ser humano na imagem e semelhança de Deus.

Bendito seja Deus nosso Criador
que nos uniu nesta hora de alegria e paz,
em perdão e reconciliação.

Deus de compaixão,
perdoa o nosso pecado por falharmos em reconhecer em nosso próximo a tua santa imagem.

Mantém todos nós como um corpo em teu Santo Nome guardados em tua paz neste e em todos os dias de nossas vidas.

Nosso Senhor Jesus Cristo, tu disseste aos teus santos discípulos: "Muitos profetas e pessoas justas desejaram ver o que vedes, e não viram, e ouvir o que ouvis, e não ouviram. Bem-aventurados, porém, os vossos olhos, porque vêem, e os vossos ouvidos, porque ouvem."
Senhor, faça-nos dignos de ouvir tua Palavra e viver de acordo com teu Santo Evangelho.

Hino copta

Leitura do Evangelho segundo Mateus 15: 21-28

Hino da Etiópia com tambores

Orações de intercessão

Oremos ao Senhor por graça e paz:

Resposta cantada: Natha kripa chei *(em malayalam)*

Kyrie eleison
in Malayalam
India
Na - tha kri - pa chei thee de - na - me Na - tha kri - pa chei
thee de-na-me Na - tha kri-pa chei thee de - na - me
Lord, have mercy on us.
Seigneur, aie pitié de nous.
Herr, erbarme dich.
Señor, ten piedad de nosotros.
Senhor, tem piedade de nós.

Oremos por esta assembléia e por todas as pessoas que se reúnem aqui no espírito de unidade, reconciliação e amor.

Resposta cantada: Natha kripa chei

Damos graças a Deus pela sua grande compaixão revelada em toda a criação
e pela dádiva de poder reconhecer o amor de Deus em cada membro da criação.

Resposta cantada: Natha kripa chei

Damos graças ao Deus trino pelas muitas pessoas que dão testemunho da bondade e do perdão de Deus em todas as nações e culturas em todas as épocas, e oramos por compreensão mútua e harmonia.

Resposta cantada: Natha kripa chei

Oremos por esta cidade, este país, e todos os países e as pessoas que neles habitam para que estejam protegidas da violência e da guerra, de conflitos religiosos e sociais e de catástrofes naturais.

Resposta cantada: Natha kripa chei

Lembremos as pessoas doentes e aflitas, os refugiados e sem-teto, as crianças forçadas a trabalhar para sobreviverem, e as mulheres e homens que na pobreza sofrem injustiça e humilhação, e oremos por sua cura e libertação.

Resposta cantada: Natha kripa chei

Oremos por condições climáticas favoráveis, pela abundância de frutos da terra, pela proteção ao meio-ambiente; que todas as pessoas possam compartilhar das dádivas de Deus em gratidão e respeito mútuo.

Resposta cantada: Natha kripa chei

Em fé e esperança, oremos pela transformação de nosso mundo pela graça do Todo-Poderoso; que uma nova ordem mundial seja estabelecida em justiça e paz para todos.

Hino da Etiópia com tambores
(Graça de Deus, graça de Deus, dada a nós, graça de Deus)

Oração conclusiva

Ó Deus, concede-nos neste dia pessoas amantes da justiça, novas de paz, pensamentos puros e oportunidade para te servir com alegria livre das preocupações deste mundo.
Concede-nos pensamentos puros e um falar santo,
bem como um senso de justiça para guiar as nossas decisões.
Concede-nos saúde, o pão nosso de cada dia,
mentes iluminadas e discernimento.
Salva-nos de desejos pecaminosos e do maligno,
de toda escuridão, e nos santifique com teu amor e temor
para que nós nos tornemos filhos e filhas da luz em palavra e ação.
Amém.

Bênção

Supliquemos a bênção de Deus:

A Bênção da Trindade Santa e Gloriosa,
o Pai, o Filho, e o Espírito Santo
seja conosco hoje e sempre.
Amém.

16.

Confessando que somente olhos cheios de compaixão, nascida da graça, podem enxergar um mundo transformado, somos convidados a rezar, pedindo:
Abre nossos olhos para que possamos enxergar.

Deus, existem divisões em meio ao teu povo.
Necessitamos do poder restaurador de teu evangelho.
Percebemos o que nos separa, mas não enxergamos o que nos une.
Transforma-nos em construtores da unidade e amantes do respeito mútuo.

Abre nossos olhos para que possamos enxergar.
Em tua graça, transforma-nos em discípulos e discípulas do Cristo compassivo.

Deus, nosso país está ferido pela violência.
Necessitamos do poder restaurador do amor ao próximo.
Transforma-nos em pessoas que promovem mudanças pela não-violência
e amantes da paz e justiça.

Abre nossos olhos para que possamos enxergar.
Em tua graça, transforma-nos em discípulos e discípulas do Cristo compassivo.

Deus, existem crianças morando nas ruas.
Elas necessitam de lares e esperança para o futuro.
Transforma-nos em pessoas que promovem a vida abundante.

Ajuda-nos a praticar o que Jesus disse: "quem receber uma criança em meu nome, a mim me recebe."

Abre nossos olhos para que possamos enxergar.
Em tua graça, transforma-nos em discípulos e discípulas do Cristo compassivo.

Deus, oramos pelas pessoas que ocupam cargos de poder e de governo em nosso país. Que elas possam liderar com sabedoria, integridade, trabalhando a favor do bem comum.

Abre nossos olhos para que possamos enxergar.
Em tua graça, transforma-nos em discípulos e discípulas do Cristo compassivo.

17.

Bondoso Deus,
semeador da Nova Terra.
Em tua graça, nossos olhos vislumbram novos horizontes,
onde os oprimidos conhecem a lbertação;
os entristecidos, a alegria;
o mundo fragmentado, a unidade.

Que a utopia de teu Reino esteja acesa em nossos corações
qual chama que não se apaga,
até encontrar seu derradeiro sentido.

Que nossos passos sejam de esperança,
nossos braços trabalhem pela paz,
e que nossos lábios proclamem, enamorados,
uma litania de paixão pela vida.

18.

Eterno Deus, Criador do Universo, não existe outro deus além de ti.
Grandes e magníficas são as tuas obras, maravilhosos são os teus caminhos.
Graças te damos pela admirável diversidade de tua criação.
Graças de damos pelas muitas maneiras que podemos afirmar tua presença e propósito,
e a liberdade para assim o fazer.
Perdoa-nos pela violência que cometemos contra tua criação.
Perdoa-nos pela violência que cometemos uns contra os outros.
Ficamos perplexos e gratos diante de teu amor persistente
por cada pessoa e por todos os teus filhos e filhas:
Cristãos, Judeus, Muçulmanos,

bem como pessoas que confessam outra fé.
Concede a todas as pessoas e aos nossos líderes
qualidades firmes que inspiram confiança, respeito
mútuo em palavras e ação,
prudência no uso do poder, e a vontade de promover a
paz com justiça para todos.
Eterno Deus, Criador do Universo, não existe outro deus
além de ti.

19.

Deus nosso Pai:
Tu ordenaste ao teu povo em tempos antigos
'vocês amarão também o estrangeiro…'

Ajuda-nos a recordar
que estas pessoas são filhos e filhas amadas,
por quem Jesus, nosso Salvador,
deu a sua própria vida para nossa redenção.

Concede-nos a convicção
para testemunhar em paz a essência de nossa fé,
e o caminho que tu nos chamaste para seguir.

Ajuda-nos a sermos hospitaleiros,
e a ouvir o testemunho de nosso próximo:
seus anseios, suas esperanças e temores.

Preserva-nos
de manifestar nossa justiça-própria
e de julgar as outras pessoas
de acordo com a nossa visão estreita da verdade.

Numa sociedade onde existem tantas pessoas com
espírito quebrantado,
ajuda-nos a sermos um povo de paz, justiça, e amor.

Deus, em Tua Graça, Transforma as nossas Vidas

4

Confissões bíblicas:

a) Se há, pois, alguma exortação em Cristo, alguma consolação de amor, alguma comunhão do Espírito, se há entranhados afetos e misericórdias, a minha alegria, de modo que penseis a mesma coisa, tenhais o mesmo amor, sejais unidos de alma, tendo o mesmo sentimento. Nada façais por partidarismo ou vanglória, mas por humildade, considerando cada um os outros superiores a si mesmo. Não tenha cada um em vista o que é propriamente seu, senão também cada qual o que é dos outros. Tende em vós o mesmo sentimento que houve também em Cristo Jesus. (Filipenses 2: 1-5)

b) Nunca mais se ouvirá de violência na tua terra, de desolação ou ruínas, nos teus limites; mas aos teus muros chamarás Salvação, e às tuas portas, Louvor. (Isaías 60: 18)

c) Reconcilia-te, pois, com o Senhor e tem paz, e assim te sobrevirá o bem. (Jó 22: 21)

d) Quando ia chegando, vendo a cidade, chorou e dizia: Ah! Se conheceras por ti mesma, ainda hoje, o que é devido à paz! Mas isto está agora oculto aos teus olhos. (Lucas 19: 41-42)

Leituras das Escrituras Sagradas:

Ezequiel 36: 26-27
Ezequiel 47: 1-12

2 Coríntios 12: 6-10
João 4: 7-15

ORAÇÕES, LEITURAS RESPONSIVAS E LITANIAS:

20. *Oração matutina*
(baseado no ofício matutino do Igreja Ortodoxa Oriental)

Em nome do Pai, e do Filho, e do Espírito Santo.
Glória a ti, nosso Deus, glória a ti!

Ó Rei Celestial, Consolador, Espírito da Verdade, presente em todos os lugares, em quem tudo subsiste, Fonte de boas dádivas, e Doador da Vida, vem fazer tua habitação conosco, nos limpar de toda mancha, nos salvar, ó Deus da graça.

♪ 12. ***Hino: Sfinte Dumnezeule*** *(em romeno)*

(Santo Deus, Santo Poderoso, Santo Imortal: tem misericórdia de nós.)

Glória ao Pai, ao Filho e ao Espírito Santo,
agora e por séculos sem fim. Amém.

Oração do Pai Nosso
(cada pessoa ora em seu próprio idioma)

Salmo 143

Atende, Senhor, a minha oração, dá ouvidos às minhas súplicas. Responde-me, segundo a tua fidelidade, segundo a tua justiça. Não entres em juízo com o teu servo, porque à tua vista não há justo nenhum vivente. Pois o inimigo me tem perseguido a alma; tem arrojado por terra a minha vida; tem-me feito habitar na escuridão, como aqueles que morreram há muito. Por isso, dentro de mim esmorece o meu espírito, e o coração se vê turbado. Lembro-me dos dias de outrora, penso em todos os teus feitos e considero

nas obras das tuas mãos. A ti levanto as mãos; a minha alma anseia por ti, como terra sedenta. Dá-te pressa, Senhor, em responder-me; o espírito me desfalece; não me escondas a tua face, para que eu não me torne como os que baixam à cova. Faze-me ouvir, pela manhã, da tua graça, pois em ti confio; mostra-me o caminho por onde devo andar, porque a ti elevo a minha alma. Livra-me, Senhor, dos meus inimigos; pois em ti é que me refugio. Ensina-me a fazer a tua vontade, pois tu és o meu Deus; guie-me o teu bom Espírito por terreno plano. Vivifica-me, Senhor, por amor do teu nome; por amor da tua justiça, tira da tribulação a minha alma. E, por tua misericórdia, dá cabo dos meus inimigos e destrói todos os que me atribulam a alma, pois eu sou teu servo.

Troparia da Ressurreição

Resposta cantada: Blagosloven yesi Gospodi
(em eslavônico)

Obikhod Tone 5 melody: Russia
Bla- go- slo- ven ye- si Gos- po -di; Na - u- chi mya o - prov - da - ni - em Tvo - im.

Blessed are You, O Lord, teach me Your statutes
Bendito és tu, Senhor, ensina.me teus estatutos.
Bendito eres tú, Señor; enseñame tus leyes.
Gesegnet bist Du, Herr, lehre mich Deine Ordnungen.
Tu es béni, Seigneur, apprends-moi tes volontés.

Coro: A multidão angelical estava admirada quando viu Tu entre os mortos. Ao destruir a morte, Ó Salvador, tu deste nova vida aos descendentes de Adão e salvaste as pessoas do inferno.

Resposta cantada: Blagosloven yesi Gospodi

Coro: Na sepultura o anjo de luz proclamou às pessoas que carregavam mirra: Porque vocês mulheres misturam a mirra com suas lágrimas? Olhem para a sepultura e creiam! O Salvador foi levantado dentre os mortos.

Resposta cantada: Blagosloven yesi Gospodi

Coro: Cedo de manhã as pessoas que carregavam mirra saíram apressadamente e aflitas de tua sepultura, mas um anjo achegou-se à elas e lhes disse: o tempo da tristeza é findo, não chorem, mas anunciem a ressurreição aos apóstolos.

Resposta cantada: Blagosloven yesi Gospodi

Coro: As mulheres que carregavam a mirra estavam tristes quando se achegaram a tua sepultura, mas um anjo disse a elas: Por que vocês buscam entre os mortos aquele que vive? Porque ele é Deus, ele levantou de sua sepultura.

Resposta cantada: Glory to the Father and to the Son and to the Holy Spirit. *(em inglês)*

Gloria seja ao Pai e ao Filho e ao Espírito Santo.
Gloria sea al Padre, y al Hijo y al Espíritu Santo.
Ehre sei dem Vater und dem Sohn und dem Heiligen Geist,
Gloire au Père et au Fils et au Saint-Esprit.

Coro: Nós adoramos o Pai, e seu Filho, e o Espírito Santo:
A Trindade Santa, una em essência!
Clamamos junto com os serafins: Santo, Santo, Santo, és tu, Ó Senhor!

Resposta cantada: Now and ever and unto ages of ages. Amen. *(em inglês)*

Agora e sempre, pelos séculos dos séculos. Amém.
Ahora y siempre, por los siglos de los siglos. Amén.
Jetzt und immerdar und in alle Ewigkeit. Amen.
Maintenant, et toujours, et dans les siècles des siècles. Amen.

Coro: Porque deste luz ao Doador da vida, Ó Virgem, tu libertaste Adão de seu pecado!
Tu concedeste a Eva alegria ao invés de tristeza!
O Deus-homem, nascido de teu ventre, restaurou a vida para todos que dela se afastaram.

Resposta cantada: Aleluia

Al - le - lui - a, Al - le - lui - a, Al - le - lui - a, Glo - ry to You, O God.

Aleluia, aleluia, aleluia, gloria a ti, Ó Deus.
Aleluya, aleluya, aleluya, gloria a tí, Oh Dios.
Halleluja, halleluja, halleluja, Ehre sei Dir, o Herr.
Alleluia, alleluia, alleluia, gloire à toi, ô Dieu.

Que o céu e a terra possam dançar hoje e em harmonia louvar a Cristo nosso Deus quem libertou as pessoas prisioneiras do cativeiro da morte. Toda a criação oferece hinos dignos de louvor ao nosso Criador e Salvador.
Hoje, como doador da vida, Ele chama a raça humana para longe do inferno e ressuscita a todos consigo mesmo para o céu.
Ele derrotou a soberba do inimigo e pelo seu poder divino abalou os portais do inferno.

Leitura das Escrituras: 2 Coríntios 12: 6-10

Resposta cantada: Thoxa Si Kyrie thoxa Si *(em grego)*

Greek Orthodox

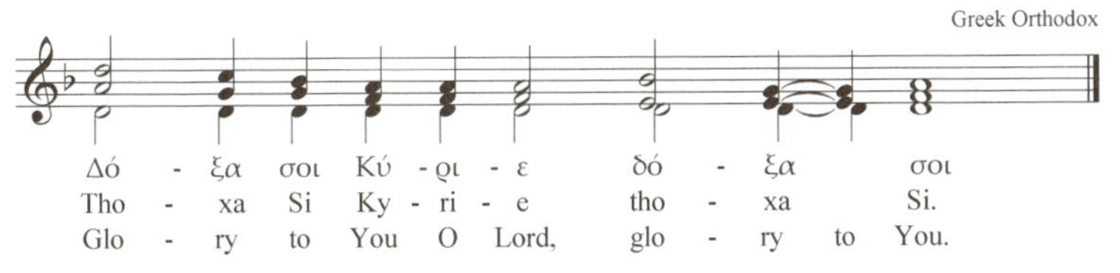
Δό - ξα σοι Κύ - ρι - ε δό - ξα σοι
Tho - xa Si Ky - ri - e tho - xa Si.
Glo - ry to You O Lord, glo - ry to You.

Glória a ti, Senhor, glória a ti! / ¡Gloria a tí, Señor, gloria a tí!
Gloire à toi, Seigneur, gloire à toi! / Ehre sei Dir, o Herr, ehre sei Dir!

Litanias para a reconciliação, cura, e superação da violência.

Ó Cristo, nosso Senhor, que oraste pelas pessoas que te crucificaram,
e pediu a nós, teus servos e servas, para orar pelos nossos inimigos;
perdoa as pessoas que nos odeiam e oprimem
e, pela tua graça e amor à humanidade,
transforma suas vidas de maldade e injustiça
em amor ao próximo e uma vida repleta de bondade.
Que nenhuma dessas pessoas se perca por nossa causa,
pelo contrário que nós e elas sejamos salvos pelo arrependimento;
oramos a ti, Senhor, ouve-nos e tem misericórdia:

Resposta cantada: Kyrie eleison

Orthodox liturgy of Kiev
Ky- ri e e- lei -son. Ky - ri- e e- lei - son. Ky- ri- e e- le - i- son.

Ó Cristo, nosso Senhor, que oraste pelas pessoas que te crucificaram,
e pediu a nós, teus servos e servas, para orar pelos nossos inimigos;
perdoa as pessoas que nos odeiam e oprimem
e, pela tua graça e amor à humanidade,
transforma suas vidas de maldade e injustiça
em amor ao próximo e uma vida repleta de bondade.
Que nenhuma dessas pessoas se perca por nossa causa,
pelo contrário que nós e elas sejamos salvos pelo arrependimento;
oramos a ti, Senhor, ouve-nos e tem misericórdia:

Resposta cantada: Kyrie eleison

Ajuda-nos, Ó Senhor, no que depender de nós,
para guardar teu mandamento de amar nossos inimigos
e fazer o bem às pessoas que nos odeiam.
Nós te suplicamos e oramos:
Tu, cheio de compaixão,

transforma as astúcias de nossos inimigos em gestos de amor e reconciliação,
e que seus pensamentos sejam voltados para ti e tua Santa Igreja
para que não pereçam fazendo o mal;
oramos a ti, Senhor da compaixão, ouve-nos e tem misericórdia:

Resposta cantada: Kyrie eleison

Senhor, nosso Deus, compassivo e amoroso,
vigia nossos corações especialmente onde falta o amor e a unidade,
onde os espinhos do ódio e outros pecados florescem.
Que uma gota de tua graça possa cair sobre nossos corações
e fazer florir em todos nós uma colheita abundante de boas obras
e uma vida em amor e unidade uns para com os outros.
Pela graça de teu Santo Espírito desfaça o ódio que em nós habita
e aquece nossos corações e almas com a chama de teu amor
e o amor ao próximo.
Diligentemente te imploramos, ouve-nos, Ó Senhor, a fonte de toda bondade, ouve-nos e tem misericórdia:

Resposta cantada: Kyrie eleison

Senhor, ajuda-nos a aceitar com espírito tranqüilo tudo o que este dia reserva para nós e a nos consagrarmos à tua santa vontade. Guia-nos e nos auxilia a cada hora do dia. Controla nossos pensamentos e sentimentos em todas as nossas palavras e ações. Quando circunstâncias imprevisíveis surgirem, não permite que esqueçamos que tudo vem de ti.
Ensina-nos a sermos justos com os nossos irmãos e irmãs, a não provocar a ira ou causar tristeza. Controla nossos desejos e ensina-nos a orar, a crer, a esperar, a sofrer, a perdoar, e a amar.
Senhor, faça de nós um instrumento da tua paz.
Que, onde haja ódio, levemos o amor,

onde haja ofensa, o perdão,
onde haja discórdia, a união,
onde haja desespero, a esperança,
onde haja trevas, a luz
onde haja tristeza, a alegria
Ó Mestre divino, que nós possamos nos empenhar mais em dar do que receber consolo, em compreender os outros do que ser compreendido, em amar do que ser amado. Porque perdoando se é perdoado, dando se recebe, e morrendo se nasce para a vida eterna.
Espírito Santo, ajuda-nos a dedicar este dia ao nosso Senhor e Salvador.
Senhor Jesus, Filho de Deus, é melhor não viver do que viver sem ti. Agradecemo-te, Ó Deus, por este dia, uma dádiva tua, e por todas os gestos de bondade que Tu irás nos ajudar a realizar hoje.
Dá-nos a coragem para te servir dignamente, para colocar a justiça acima do lucro, para realizar ações generosas acima de prazeres transitórios, para considerar as outras pessoas antes de nós mesmos, e guardar teu mandamento de amor. Que a luz de tua beleza, bondade e amor brilhe em nós. Amém.

Bênção

Vamos rogar a bênção de Deus:

Que a bênção de Deus descenda sobre nós
por sua graça e amor pela humanidade
agora e sempre e pelo século dos séculos. Amém.

♪ **13.*Troparia da Ressurreição – Let all things rejoice*** *(em grego e inglês)*

21. Salmo 63: 1-5

♪ ***34. Resposta cantada: O God, you are my God, I seek you, my soul thirsts for you;***
(Ó Deus, tu és o meu Deus forte; eu te busco ansiosamente; a minha alma tem sede de ti;)
meu corpo te almeja, como terra árida, exausta, sem água.

♪ 34. Resposta cantada: O God, you are my God, I seek you, my soul thirsts for you;

Assim, eu te contemplo no santuário, para ver a tua força e a tua glória.

♪ 34. Resposta cantada: O God, you are my God, I seek you, my soul thirsts for you;

Porque a tua graça é melhor do que a vida; os meus lábios te louvam.

♪ 34. Resposta cantada: O God, you are my God, I seek you, my soul thirsts for you;

Assim, cumpre-me bendizer-te enquanto eu viver; em teu nome, levanto as mãos.

♪ 34. Resposta cantada: O God, you are my God, I seek you, my soul thirsts for you;

Como de banha e de gordura farta-se a minha alma; e, com júbilo nos lábios, a minha boca te louva.

22.

Oremos:
Às margens dos rios de Fortaleza
nos sentamos e choramos pelas vítimas de cólera.
Naqueles que ali moravam percebíamos tristeza
e não sabíamos o que falar.
Lá, os seus moradores, não tinham nos lábios canções.
Queriam alegria, mas sem água e sem saúde não havia como se alegrar.

Como poderíamos cantar louvores ao Senhor em meio a tanto sofrimento?
Se nos esquecermos de vocês que também nos venha a sede.
Que sequem os nossos lábios se nos esquecermos de vocês,
se não trouxermos de volta água, saúde e alegria.
Julga, Senhor, nossas elites,
pois seu descaso e cobiça já muito nos maltrataram.
Mas lembra-te de Fortaleza, dos filhos e filhas do Ceará
que sofrem de sede e de cólera; não deixe a terra secar.

Corra o juízo como as águas, e a justiça como ribeiro perene.

Amém.

23.

Ó Senhor, Deus da Vida, que cuidas de toda a criação,
dá-nos a paz!
Que a nossa segurança não venha das armas, mas do
respeito.
Que a nossa força não seja a violência, mas o amor.
Que a nossa riqueza não seja o dinheiro, mas a partilha.
Que o nosso caminho não seja a ambição, mas a justiça.
Que a nossa vitória não seja a vingança, mas o perdão.
Desarmados e confiantes, queremos defender a
dignidade de toda a criação, partilhando, hoje e
sempre, o pão da solidariedade e da paz.
Por Jesus Cristo teu filho divino, nosso irmão,
que, feito vítima da nossa violência,
ainda do alto da cruz, deu a todos o teu perdão.
Amém!

24.

Que Deus te abençoe com o inconformismo diante de
respostas fáceis, meia-verdades, e relações superficiais,
para que tu possas viver na intimidade de teu coração.

Que Deus te abençoe com a indignação diante da
injustiça, da opressão e abuso das pessoas para que tu
possas trabalhar a favor da justiça, igualdade e paz.

Que Deus te abençoe com lágrimas pelas pessoas que
sofrem vítimas da dor, rejeição, fome e guerra, para
que tu possas estender tua mão para consolar e
transformar a sua dor em alegria.

E que Deus te abençoe com a insensatez para pensar que
tu podes fazer uma diferença neste mundo, para que
faças algo que outras pessoas dizem não ser possível.

25.

Senhor, nosso Deus Todo-Poderoso,
transformador e criador,
contemplamos tua imagem
no rosto de mulheres e homens
que se reúnem em tua presença

com súplicas angustiadas
e corações Esperançosos.

Deus cheio de graça, tua igreja
sofreu as dores de parto
e viveu sua infância às margens do Mar Mediterrâneo.
Sê com tua igreja enquanto ela continua a crescer
em todo o mundo até atingir maturidade e plena unidade.

Oramos pela dádiva da transformação que vem de ti.
Desperta em nós um espírito de comunidade.
Que os nossos pensamentos sejam moldados pelo amor.

Cria em nós a aspiração à paz e à reconciliação que vêm de ti.

Dá-nos coragem e flexibilidade para aceitar a transformação
de nós mesmos e de outras pessoas,
dos que sofrem e dos que causam sofrimento,
das vítimas e dos algozes.
e de todos que te pertencem.

Em um mundo repleto de violência e ódio,
dá-nos coragem para semear o amor e a harmonia.
Em um mundo marcado pela violência da discriminação e da desigualdade,
cria em nós as sementes de unidade
e a capacidade de prever e superar nossas divisões.

Prepara nossos corações, nossas mentes e nossas mãos
para o labor da tua colheita.
Amém.

26.

Espírito da criação, tu pairavas sobre a terra sem forma e vazia e separaste as águas das águas:
Suplicamos tua orientação em cuidar da água, que nosso zelo possa promover a bondade de tua criação.
Oramos pelos cientistas, pelas pessoas que planejam e executam diretrizes políticas, para que possam nos orientar com sabedoria.
Oramos pelos engenheiros e trabalhadores civis, que eles possam implementar os melhores projetos.

Oramos por todos os habitantes da terra, para que nós possamos reconhecer nosso lugar em tua criação e viver em harmonia com todos os membros do universo, uma dádiva tua.

♪ *24. **Resposta cantada: Ouve, Deus de Amor, nosso clamor!***

Espírito de coragem, tu ofereceste sinais de esperança em meio ao dilúvio, provendo a todas as criaturas a segurança de uma arca e providenciando um ramo de oliveira para que a pomba trouxesse ao retornar para a arca:

Oramos pelas vítimas de águas violentas de tsunamis, tufões, furacões e enchentes de todos os tipos.

Oramos pelas pessoas que em luto lamentam seus mortos, que elas possam ser confortadas em reconhecer teu eterno cuidado.

Oramos pelas pessoas pobres, e por todos e todas que se dedicam juntas a reconstruírem as comunidades na esperança de um mundo melhor.

Oramos pela geração que falhou em enfrentar o aquecimento global e as mudanças climáticas;

Salva-nos, Senhor, das tormentas severas da natureza, mas acima de tudo, salva-nos de nós mesmos.

♪ *24. **Resposta cantada: Ouve, Deus de Amor, nosso clamor!***

Espírito de fraternidade, tu nos conduziste ao novo nascimento e adoção como filhos e filhas pelas águas do batismo:

Oramos a favor das pessoas perdidas e solitárias, marginalizadas e que buscam o amor.

Oramos pela tua capacitação espiritual em nos ajudar para que possamos estender nosso apoio a outras pessoas, onde quer que elas estejam, para que possamos oferecer um copo de água ao sedento, e a palavra da vida a todos.

♪ *24. **Resposta cantada: Ouve, Deus de Amor, nosso clamor!***

Espírito de amor, assim como a água tranqüila e pura

concede novo vigor a uma terra seca, intercede por nós em nossas orações para que nosso espírito também seja fortalecido. Em nome do Deus Trino oramos. Amém.

27.

De palavras e ações que provocam discórdia, preconceito e ódio,
Ó Deus, liberta-nos.

De desconfianças e medos que são obstáculos no caminho para a reconciliação,
Ó Deus, liberta-nos.

De acreditar e dizer mentiras sobre outros povos e nações,
Ó Deus, liberta-nos.

Da indiferença cruel ao clamor dos famintos e desabrigados,
Ó Deus, liberta-nos.

De tudo que nos impede de cumprir tua promessas de paz,
Ó Deus, liberta-nos.

Salva-nos de nossa própria ruína, oramos, Ó Deus,
e por tua graça e presença restauradora resgata-nos...

Para as águas de descanso e pastos verdejantes,
Ó Deus Criador, salva-nos.

Para a liberdade e perdão que encontramos em ti,
Ó Cristo Ressurrecto, salva-nos.

Para a difícil tarefa de amar os nosso inimigos,
Ó Jesus, salva-nos.

Para servir-te em alegria no teu nome,
Servo de todos e todas, salva-nos.

Para a promessa de novo céu e nova terra,
para a integridade da justiça,
para o poder de sua paz,
Ó Espírito Santo, salva-nos hoje e nos dias porvir.

Transforma as nossas vidas e as nossas igrejas com o poder de tua paz, Ó Deus.

Domine nossos medos e enganos com a promessa de tua presença.
Faça de nós sinais de tua generosidade e justiça.
Ilumina nossos dias com a tua esperança, para que andemos em tua verdade e em teu nome sejamos uma encarnação de teu amor.
Amém.

28.

Quando o sofrimento for por demais doloroso, que ouçamos Jesus dizendo:
A minha graça te basta!
Quando o desânimo tomar conta de nossos corpos e mentes, que ouçamos Jesus dizendo:
A minha graça te basta!
Quando as injustiças assolarem nossos olhos e nossas vidas, que ouçamos Jesus dizendo:
A minha graça te basta!
Quando o desejo da morte for maior do que a luta pela vida, que ouçamos Jesus dizendo:
A minha graça te basta!
Porque o poder do amor se aperfeiçao na fraqueza, ouçamos Jesus dizendo:
A minha graça te basta!

Deus, em Tua Graça, Transforma as nossas Igrejas

5

Confissões bíblicas:

a) Portanto, assim diz o Senhor Deus: Eis que eu assentei em Sião uma pedra, pedra já provada, pedra preciosa, angular, solidamente assentada; aquele que crer não foge. Farei do juízo a régua e da justiça, o prumo. (Isaías 16-17a)

b) Porventura, o cálice da bênção que abençoamos não é a comunhão do sangue de Cristo? O pão que partimos não é a comunhão do corpo de Cristo? Porque nós, embora muitos, somos unicamente um pão, um só corpo; porque todos participamos do único pão. (1 Coríntios 10: 16-17)

c) Dessarte, não pode haver judeu nem grego; nem escravo nem liberto; nem homem nem mulher; porque todos vós sois um em Cristo Jesus. (Gálatas 3: 28)

d) Levai as cargas uns dos outros e, assim, cumprireis a lei de Cristo. (Gálatas 6: 2)

Leituras das Escrituras Sagradas:

Marcos 10: 32-45
Filipenses: 2: 1-11

ORAÇÕES, LEITURAS RESPONSIVAS E LITANIAS:

29. Salmo 133

Oh! Como é bom e agradável
viverem unidos os irmãos!
É como o óleo precioso sobre a cabeça,
o qual desce para a barba, a barba de Arão,
e desce para a gola de suas vestes.
É como o orvalho do Hermom, que desce sobre os montes de Sião.
Ali, ordena o Senhor a sua bênção e a vida para sempre.

30.

Senhor, achegamo-nos a ti, mas não isoladamente,
e sim na companhia uns dos outros.

Nós repartimos nossas alegrias uns com os outros -
e elas se tornam maiores.

Nós repartimos nossas dificuldades uns com os outros -
e elas se tornam menores.

Nós repartimos as nossas aflições e fardos -
e seu peso torna-se mais leve para carregar.

Que nunca sejamos tão egoístas para dar,
nem tampouco tão orgulhosos para receber.

Pois ao dar e receber
aprendemos a amar e sermos amados;
encontramos o sentido da vida,
o mistério da nossa existência –

e conhecemos a tua presença.

31.

Deus Amoroso e Todo-Poderoso,
oramos para que a Igreja descubra sua unidade em Cristo,

uma comunhão verdadeira de uma nuvem de
testemunhas e de pessoas que neste tempo que se
chama hoje amam e servem ao Senhor Jesus Cristo.
Com arrependimento e pesar confessamos diante de ti
que nós ainda estamos separados e nossa divisão
é muitas vezes um mal-testemunho perante o mundo.

♪ 17. **Resposta cantada: A ti, Señor, te pedimos**

Tua santa mesa está sempre diante de nós,
enquanto tu ofereces continuamente teu corpo e sangue
para a cura e salvação do mundo.
Mas o NOSSO cálice está vazio e não podemos
compartilhá-lo.

♪ 17. **Resposta cantada: A ti, Señor, te pedimos**

Nós ainda somos prisioneiros e prisioneiras de nosso
preconceito e orgulho.
Ajuda-nos a sarar e reconciliar nossas divisões históricas;
ajuda-nos a redescobrir nossa unidade na confissão da
mesma fé apostólica
para que nossas almas estejam em chamas pelo desejo da
unidade
e pela vontade de compartilhar da mesma mesa e do
mesmo cálice de gratidão.

♪ 17. **Resposta cantada: A ti, Señor, te pedimos**

Senhor Jesus Cristo,
tu és o caminho da paz, da reconciliação e cura.
Achega-te em meio ao quebrantamento de nossas vidas e
de nossas nações
com o teu amor restaurador.
Ajuda-nos a nos prostrar diante de ti em arrependimento
verdadeiro
e diante uns dos outros em perdão genuíno.

♪ 17. **Resposta cantada: A ti, Señor, te pedimos**

Pelo fogo da graça de teu Santo Espírito
derrete nossos corações endurecidos,
e consome o preconceito e orgulho que nos separa.

Enche-nos, O Senhor, com teu perfeito amor,
que dissipa o medo e nos une na mesma unidade
que compartilhas com o Pai e com o Espírito Santo.

♪ 17. ***Resposta cantada: A ti, Señor, te pedimos***

32.

Deus Trino,
achegamo-nos a ti com nosso desejo pela verdadeira comunhão
ente jovens e idosos, homens e mulheres, pobres e ricos, entre todas as nações.
Desejamos superar as divisões entre os Cristãos.
Ajuda-nos a superar os muitos obstáculos que nós mesmos erguemos.
Ajuda-nos a arremessar para longe as nossas suspeitas
para que possamos reconhecer as boas intenções das pessoas ao nosso redor.

Ajuda-nos a colocar de lado nossa própria desconfiança
para que possamos valorizar a dignidade de outras pessoas.

Ajuda-nos a lançar fora os nossos medos
para que possamos abrandar o medo de outras pessoas.

Ajuda-nos a dominar nosso orgulho-próprio
para que possamos amar nosso próximo como a nós mesmos.

Concede-nos o dom da comunidade genuína em reconciliação uns com os outros.
Amém.

33.

Ó Deus, a Fonte de nossa vida em comunidade,
nenhum de nós pode dar algo a nossas irmãs e irmãos
se não pertencermos a ti em primeiro lugar;
dá-nos teu Espírito num laço de perfeita comunhão
para que o Espírito nos transforme numa nova humanidade,

livre e unida em teu amor,
por nosso Senhor Jesus Cristo, teu Filho, o qual é Deus,
quem vive e reina contigo na unidade do Espírito, por toda a eternidade. Amém.

34.

Somos chamados para ser a Igreja,
o testemunho de Cristo no mundo,
os discípulos e discípulas que seguem os passos
daquele que viveu entre e para os marginalizados – as pessoas excluídas da sociedade.
Somos chamados para acolher o estrangeiro em nosso meio.
Mas nossas ansiedades bloqueiam a nossa hospitalidade.
Nossos braços abertos se fecham devido aos nossos medos.
Inflama-nos com a chama da solidariedade
para que tenhamos compromisso com o agir.
Que pelos nossos pensamentos, palavras e sonhos,
o estrangeiro em meio a nós possa se sentir em casa.

35. Uma oração das completas

Ó Cristo, nosso Deus, o qual em todos os tempos e em toda hora, tanto no céu como na terra, é adorado e glorificado, servo-sofredor cheio de misericórdia; que ama o justo e concede graça aos pecadores; que chama todas as pessoas para a salvação pela promessa de bênção porvir: Atende, Senhor, às nossas súplicas neste tempo presente, e dirige nossas vidas de acordo com teus mandamentos. Santifica nossas almas, ilumina nossas mentes, e nos protege de toda aflição, mal, e angústia. Acampa teus santos anjos ao nosso redor para que guardados e guiados por sua presença, possamos alcançar a unidade da fé e do conhecimento de tua glória inexprimível; pois bendito és tu pelo século dos séculos. Amém.

36.

Santo Deus, doador da paz, fundamento da verdade,
confessamos nossas divisões e dificuldades de relacionamento uns com os outros.

Confessamos que um espírito mau se levantou entre nós
e nos colocou contra o teu Santo Espírito de amor e paz.
Retira de nós a desconfiança, o espírito partidário, as
contendas,
e todo mal que presentemente nos divide.
Desperta em nós o desejo pela reconciliação,
para que, deixando de lado mágoas pessoais,
possamos te servir num só firme propósito,
consagrados ao nosso Senhor e Salvador, Jesus Cristo.
Amém.

Deus, em Tua Graça, Transforma o nosso Testemunho

6

CONFISSÕES BÍBLICAS:

a) Porei dentro de vós o meu Espírito e farei que andeis nos meus estatutos, guardeis os meus juízos e os observeis. (Ezequiel 36: 27)

b) Que formosos são sobre os montes os pés do que anuncia as boas-novas, que faz ouvir a paz, que anuncia coisas boas, que faz ouvir a salvação, que diz a Sião: O teu Deus reina! (Isaías 52: 7)

c) Pois não me envergonho do evangelho, porque é o poder de Deus para a salvação de todo aquele que crê, primeiro do judeu e também do grego. (Romanos 1: 16)

d) d) Estejam sempre preparados para responder a todo aquele que vos pedir razão da esperança que há em vós. (1 Pedro 3:15)

LEITURAS DAS ESCRITURAS SAGRADAS:

2 Coríntios 3: 18
Marcos 4: 26-29
Lucas 13: 20-21

ORAÇÕES, LEITURAS RESPONSIVAS E LITANIAS:

37. Salmo 130: 1-6

Das profundezas clamo a ti, Senhor.
Escuta, Senhor, a minha voz; estejam alertas os teus

ouvidos às minhas súplicas.
Se observares, Senhor, iniqüidades, quem, Senhor, subsistirá?
Contigo, porém, está o perdão, para que te temam.
Aguardo o Senhor, a minha alma o aguarda; eu espero na sua palavra.
A minha alma anseia pelo Senhor mais do que os guardas pelo romper da manhã. Mais do que os guardas pelo romper da manhã.

38. Salmo 116: 1-6, 13-19

Amo o Senhor, porque ele ouve a minha voz e as minhas súplicas.
Porque inclinou para mim os seus ouvidos, invocá-lo-ei enquanto eu viver.
Laços de morte me cercaram, e angústias do inferno se apoderaram de mim;
caí em tribulação e tristeza.
Então, invoquei o nome do Senhor: ó Senhor, livra-me a alma.
Compassivo e justo é o Senhor; o nosso Deus é misericordioso.
O Senhor vela pelos simples; achava-me prostrado, e ele me salvou.

♪ ***31. Resposta cantada: Senhor, tem piedade de nós***

Tomarei o cálice da salvação e invocarei o nome do Senhor.
Cumprirei os meus votos ao Senhor, na presença de todo o seu povo.
Preciosa é aos olhos do Senhor a morte dos seus santos.
Senhor, deveras sou teu servo, teu servo, filho da tua serva.

♪ ***31. Resposta cantada: Senhor, tem piedade de nós***

Quebraste as minhas cadeias.
Oferecer-te-ei sacrifícios de ações de graças e invocarei o nome do Senhor.
Cumprirei os meus votos ao Senhor, na presença de todo o seu povo,

nos átrios da Casa do Senhor, no meio de ti, ó Jerusalém.
Aleluia!

♪ ***31. Resposta cantada: Senhor, tem piedade de nós***

39.

Querido Deus, nosso arquiteto,
tu tens tudo o que é necessário para reconstruir as nossas sociedades.
Tens a sabedoria indispensável para reformar o que está quebrantado em nossas vidas.
Tens o conhecimento adequado para refazer o nosso mundo.
Inspira-nos com teu saber, poder e amor,
para reconstruirmos os muros despedaçados de nossas comunidades. Amém.

40.

Senhor, esta vida está repleta de contradições.
Eu mesmo sou um sinal desta contradição,
pois em minha vida são visíveis:
o amor e o ódio,
a força e a fraqueza,
a luz e a escuridão,
a aflição e a alegria,
a humildade e o orgulho,
a verdade e a mentira,
o controle e o caos,
o egoísmo e o altruísmo,
a vida e a morte.
Todas estas contradições fazem parte do meu ser,
e apesar de tu teres conhecimento disso, Pai celestial,
tu ainda queres me usar
para cumprir os teus propósitos no mundo.
Portanto, ajuda-me:
a enxergar a mim mesmo,
a enxergar as outras pessoas
e a enxergar esta vida
com os teus olhos.

41.

Quando contemplamos tamanha beleza,
a imensidão diante de nós,
florescendo com cores e aromas,
a surpreendente diversidade que nos rodeia a todos,
as florestas verdejantes, os animais,
o conhecimento que permite que nós, seres humanos,
possamos juntamente contigo, Deus,
gerar sinais de tua graça a nosso favor,
então somente podemos expressar nosso alegria em sermos teus filhos e filhas
e com júbilo cantar a generosidade de teu amor. Amém.

42.

Nosso Senhor celestial, nosso Consolador, Espírito da verdade, Criador e sustentador da vida.
O manancial das cores, dos sons, da textura, do silêncio, e da beleza de todos os seres vivos.
A origem do mar azul, dos bancos de coral, dos coqueiros e da suave brisa do Pacífico.
Tudo o que é belo, a riqueza e diversidade na terra e céu é bom diante de teus olhos. Nós, filhas e filhos de teu amor, criaturas de tua bondade, guardiões de tua criação, te bendizemos,
Deus, em tua graça, transforma o nosso testemunho.

Teu amor e tua graça duram para sempre.
Quando somos infiéis, tua fidelidade resplandece.
Quando escolhemos as trevas, tua luz nos ilumina para o arrependimento.
Quando caímos, tu nos levanta para um terreno seguro.
Nossa fraqueza se submete à tua misericórdia.
Teu amor ultrapassa os limites e entendimento humano.
Perdoa-nos por rejeitar tua bondade e sabedoria, por confiar em nosso próprio entendimento e força, por causar dano à tua bela criação e à humanidade.
Deus, em tua graça, transforma o nosso testemunho.

Oramos por tua orientação, nós que aspiramos a paz, a harmonia e a solidariedade no mundo.
Guia as nossas mentes, nossas mãos, nossos pés,

ouvidos, todo nosso ser e corações para que teu nome seja glorificado pelas nossas palavras, pensamentos e ações.
Guia-nos para que sejamos fiéis a ti no amor ao próximo, incluindo os nossos inimigos, e para que possamos ser responsáveis perante ti em semear alegria ao mundo.
Que o teu caminho seja o nosso para que continuemos a buscar a tua vontade para as nossas vidas.
Bendito és, por tua criação, por tua bondade sem-fim, plena de amor e digna de confiança.
Deus, em tua graça, transforma o nosso testemunho.
Amém.

43.

Por todas as pessoas que buscam a Deus,
que elas possam encontrá-lo.

Por aqueles que acham que já têm Deus,
que eles possam buscá-lo.

Por todas as pessoas que temem o futuro,
que elas possam ter confiança.

Por todos os que fracassaram,
que eles possam ter novas oportunidades.

Por todas as pessoas que têm dúvidas,
que elas não fiquem desesperadas.

Por todos os que vagam sem rumo,
que eles possam encontrar um teto.

Pelas pessoas solitárias,
que elas possam encontrar alguém.

Pelos que têm fome dia e noite,
que eles possam ser saciados.

Por aquelas pessoas que têm o que comer,
que elas possam sentir o que é ter fome.

Por aqueles para os quais tudo vai bem,
que eles não se tornem indiferentes.

Pelos que têm poder,
que eles tomem consciência de que são vulneráveis.

Por todos os que vivem no mundo
entre esperança e medo,
e também por nós,
oremos ao Senhor.

Liberta-nos do medo,
de um sentimento enganoso de segurança,
e concede-nos todas as coisas que são para o nosso bem,
por Jesus Cristo, nosso Senhor.

44.

Espírito de paz, enche toda a terra com tua presença renovadora.
Que as lideranças de todas as nações possam governar com maturidade e justiça.
Que todas as nações possam desfrutar de tranqüilidade e que seus filhos e filhas sejam benditos.
Que os povos e seus rebanhos e manadas estejam livres de moléstias.
Que os campos possam produzir fruto abundante e que a terra seja fértil.
Que a face de todos os inimigos possa se voltar em direção à paz.

♪ ***32. Resposta cantada:***
Oré poriajú verekó Ñandeyara

Espírito da unidade, oramos por tua Igreja.
Enche teu povo com toda verdade e paz.
Onde há corrupção, nos torne puros. Onde há erro, nos corrige.
Onde há faltas, nos transforme. Onde há justiça, nos fortaleça.
Onde há necessidade, nos sustente. Onde há divisão, nos aproxime um do outro.

♪ ***32. Resposta cantada:***
Oré poriajú verekó Ñandeyara

Espírito de amor, zela pelas pessoas que passam a noite acordadas em vigília ou em pranto, e guarda com teus anjos aquelas pessoas que dormem.
Atende às pessoas doentes, provê repouso aos cansados, concede coragem às mulheres prestes a dar à luz,
conforto aos sofredores, e abençoa as pessoas que estão à beira da morte.

♪ ***32. Resposta cantada:***
Oré poriajú verekó Ñandeyara

Deus da criação, do plantio, da produção e da colheita.
Assim como a semente se dispersa nos campos e terrenos férteis,
semeia em meio a este mundo o potencial pleno de tua Palavra em nossas vidas.
Pela presença de teu Filho, nossa luz e nossa vida,
sustenta as sementes de fé para que elas cresçam fortes e sadias.
Pelo poder de teu Espírito, ajuda-nos a ceifar uma colheita
de fé sincera, unidade, justiça, paz e amor. Amém.

45.

Doador de todas as boas dádivas:
Graças te damos pela oração respondida no pão nosso de cada dia.
Ao teu comando a semente germina, e o grão floresce da terra,
e os lavradores atendem ao chamado para trabalhar nos campos prontos para a colheita.
Pela tua graça os moleiros moem os grãos, e os padeiros preparam o pão, para que cidades e nações sejam abastecidas com alimentos.
Suplicamos, concede a todas as pessoas desta terra o seu pão diário.

♪ ***26. Resposta cantada: Bendice, Señor, nuestro pan***

Cabeça da família da fé, tu conheces pelo nome cada membro desta casa:
Imploramo-te para nos reunir em torno de tua mesa farta.
Abre nossos olhos e ouvidos, desperta cada um de nossos sentidos,
para que possamos achar no pão que graciosamente nos é concedido
um sinal de seu poder e providência.

♪ 26. Resposta cantada: Bendice, Señor, nuestro pan

Pão da vida, tu és a fonte maior de nosso sustento para o corpo e espírito:
quando mulheres e homens estão em grande necessidade, e sua fé vacila,
novamente tu nos surpreende derramando dons de misericórdia - semelhantes ao maná -
para as pessoas que estão enfrentado a morte, que estão de luto, que sofrem e sentem-se abandonadas.
Dá-nos o pão nosso de cada dia, e conduz-nos para compartilhá-lo com as pessoas famintas.

♪ 26. Resposta cantada: Bendice, Señor, nuestro pan

Ensina-nos a orar com nossos corações, Senhor, para que possamos confiar plenamente em ti.
Pois tu estás presente na dádiva do pão nosso de cada dia, e também és nossa companhia nos períodos de jejum, e em tempos de sofrimento, pobreza e necessidade.
Preserva-nos em tua bondade, e concede que nós possamos demonstrar amor a ti e ao próximo.
Oramos em nome de Jesus, quem partiu e compartilhou o pão generosamente. Amém.

Recursos Litúrgicos Opcionais

Chamadas para oração e acolhida

46.

Glória ao Pai, ao Filho
e ao Espírito Santo.
Como era no princípio, é hoje e para sempre.
Amém.

47.

Lanternas e tubos fluorescentes,
velas e luz do sol –
porque precisamos de mais luz?

Em nosso labor há muitas trevas:
ignorância e egoísmo,
ambição pelo poder e
medo do desconhecido.

Jesus é a luz da Vida.
Ele nos chama para sermos
luz para todo o mundo.

Portanto, não vamos escondê-la!
Pelo contrário, que nossa fé
brilhe com ousadia em nosso viver –
para que outras pessoas vejam Jesus Cristo
e se acheguem a Ele.

48.

Senhor, apesar de não sermos dignos de estar em tua presença,

e embora sejamos apenas uma pequena parte de tua criação,
achegamo-nos a ti trazendo nosso louvor.
Tu nos despertaste com o desejo de te adorar,
e nos criaste para se alegrar em te exaltar.
Pois fomos moldados para ti, Senhor,
e nossos corações não desfrutam a paz,
enquanto não encontrarem descanso em ti.
Amém.

Intercessões

49.

Nosso Deus, livra-nos de estruturas sociais injustas, que condenam muitas pessoas à pobreza e as sujeitam às infecções. Livra-nos da miséria que subjuga o corpo a fraquezas e nos expõe a comportamentos perigosos.
Restaura-nos, Senhor, em tua graça, e transforma o mundo.

Livra-nos da injustiça internacional que impõe políticas econômicas comerciais opressoras e que negam a milhões o acesso aos remédios que combatem o HIV.
Restaura-nos, Senhor, em tua graça, e transforma o mundo.

Livra-nos da violência que propaga o HIV.
Livra-nos de guerras étnicas e civis que espalham o vírus.
Restaura-nos, Senhor, em tua graça, e transforma o mundo.

Livra-nos de màs relações de gênero, que enfraquecem a mulher e expõem parceiros e esposos à infecções de HIV e outras doenças.
Restaura-nos, Senhor, em tua graça, e transforma o mundo.

Livra-nos de relações familiares prejudiciais que toleram a infidelidade conjugal e provocam dor e dano a todos membros da família, de todas as gerações.
Restaura-nos, Senhor, em tua graça, e transforma o mundo.

Livra-nos do preconceito e estigma social que estimula gestos sem compaixão como a marginalização das pessoas doentes e o menosprezo em providenciar proteção e prevenção adequadas.
Restaura-nos, Senhor, em tua graça, e transforma o mundo.

Livra-nos da resignação e fadiga que causa desesperança e passividade e nos torna cegos para a vida abundante que tu nos prometestes.
Restaura-nos, Senhor, em tua graça, e transforma o mundo.

Livra-nos do quebrantamento e das angústias em nossos corações que enfraquecem nosso espírito e mente e retiram de nós o valor da vida.
Restaura-nos, Senhor, em tua graça, e transforma o mundo.

Cura-nos com o poder da ressurreição.
Levanta-nos do medo e desespero.
Levanta-nos para a esperança da ressurreição.
Levanta-nos para reivindicar nosso direito à vida e vida abundante.
Transforma-nos pela alegria de teu Espírito
e pela tua paz que excede todo nosso entendimento.
Amém.

50.

Por uma consciência alerta, pelo perdão da nossa culpa,
por um coração aberto e tranqüilo,
oremos:
Deus, tem piedade.

Pela nossa compreensão das outras pessoas, pela disposição em ajudá-las,
e pela coragem de dizer a verdade,
oremos:
Deus, tem piedade.

Pela aptidão de fazer com que as pessoas conheçam o amor de Deus

mediante o nosso encontro com elas,
oremos:
Deus, tem piedade.

Pela nossa igreja e pela igreja em todo o mundo,
para que a divisão seja superada e a Igreja seja uma
na fé e na ação, oremos:
Deus, tem piedade.

Pelo nosso povo e por todos os povos do mundo,
para que prevaleça a justiça e haja paz onde houver
guerra,
oremos:
Deus, tem piedade.

Pelas pessoas carentes e desamparadas,
para que recebam ajuda,
oremos:
Deus, tem piedade.

Fica conosco, ó Deus,
com a tua Palavra e com os dons que a tua graça nos
concede.
Que venha o teu reino.
Oferecemos-te essas orações pela fé em Jesus Cristo,
nosso Senhor.

CREDOS E CONFISSÕES DE FÉ

51. Credo Niceno-Constantinopolitano.

Cremos em um só Deus,
o Pai Onipotente,
criador do céu e da terra,
e de todas as coisas, visíveis e invisíveis.

Cremos em um só Senhor, Jesus Cristo,
Filho Unigênito de Deus; eternamente gerado de seu Pai,
Luz de Luz,
Verdadeiro Deus de Verdadeiro Deus,
gerado, não feito,
consubstancial com o Pai,

por quem todas as coisas foram feitas,
o qual por nós e pela nossa salvação desceu do Céu,
e encarnou, por obra do Espírito Santo,
na Virgem Maria,
e foi feito homem,
foi também crucificado por nós,
sob o poder de Pôncio Pilatos,
padeceu e foi sepultado,
e ao terceiro dia ressuscitou, segundo as Escrituras,
e subiu ao Céu,
e está assentado à direita do Pai,
e virá outra vez, com glória, para julgar os vivos e os mortos,
e o seu Reino não terá fim.

Cremos no Espírito Santo, Senhor, Doador da Vida,
procedente do Pai,
o qual com o Pai e o Filho juntamente é adorado e glorificado,
o qual falou pelos profetas.
Cremos na Igreja Una, Santa, Católica e Apostólica,
reconhecemos um só batismo para a remissão de pecados,
e esperamos a ressurreição dos mortos,
e a vida no mundo vindouro. Amém.

52.

Nós cremos em Deus, o Pai Todo-Poderoso,
Criador dos céus e da terra,
Criador de todos os povos e culturas,
Criador de todas as línguas e raças.

Nós cremos em Jesus Cristo, seu Filho, nosso Senhor,
Deus incarnado numa pessoa para toda a humanidade,
Deus incarnado num tempo para todos os tempos,
Deus incarnado numa cultura para todas as culturas,
Deus incarnado em amor e graça para toda a criação.

Nós cremos no Espírito Santo,
por quem Deus se torna carne em Jesus Cristo
fazendo sua presença conhecida em nossos povos e culturas;

por quem o Deus criador de todas as coisas
dá-nos o poder de sermos feitos novas criaturas;
cujos dons sem limite nos transformam em um só povo:
o Corpo de Cristo.

Nós cremos na Igreja Universal
porque ela é um sinal do Reino de Deus,
cuja fidelidade é revelada de muitas maneiras,
onde as várias cores pintam uma só paisagem,
onde as várias línguas entoam um só louvor.

Nós cremos no Reino de Deus – o dia da grande Festa -
quando todas as cores da criação formarão um arco-íris
harmonioso,
quando todos povos se reunirão num banquete de
alegria,
quando todas as línguas do universo irão cantar a mesma
canção.

E porque nós cremos, nos comprometemos:
a crer por aquelas pessoas que não crêem,
a amar por aquelas pessoas que não amam,
a sonhar por aquelas pessoas que não sonham
até o dia em que a esperança se torna uma realidade.
Amém.

53. O Deus da minha fé

NÃO CREIO NO DEUS dos magistrados
nem no deus dos generais ou das orações patrióticas.

NÃO CREIO NO DEUS dos hinos fúnebres
nem no deus das salas de audiência
ou dos prólogos das constituições
e dos epílogos dos discursos eloqüentes.

NÃO CREIO NO DEUS da sorte dos ricos
nem no deus do medo dos opulentos
ou da alegria dos que roubam o povo.

NÃO CREIO NO DEUS da paz mentirosa
nem no deus da justiça impopular
ou das venerandas tradições nacionais.

NÃO CREIO NO DEUS dos sermões vazios
nem no deus das saudações protocolares
ou dos matrimônios sem amor.

NÃO CREIO NO DEUS construído
à imagem e semelhança dos poderosos,
nem no deus inventado para sedativo
das misérias e sofrimentos dos pobres.

NÃO CREIO NO DEUS deus que dorme nas paredes
ou se esconde no cofre das igrejas.

NÃO CREIO NO DEUS dos natais comerciais
nem no deus das propagandas coloridas.

NÃO CREIO NESSE DEUS feito de mentiras
tão frágeis como o barro,
nem no deus da ordem estabelecida
sobre a desordem consentida.

O DEUS DA MINHA FÉ
nasceu numa gruta.
Era judeu,
foi perseguido por um rei estrangeiro
e caminhava errante pela Palestina.
Fazia-se acompanhar por gente do povo,
dava pão aos que tinham fome,
luz, aos que viviam nas trevas,
liberdade, aos que jaziam acorrentados,
paz, aos que suplicavam por justiça.

O DEUS DA MINHA FÉ
punha o homem
acima da lei
e o amor no lugar das velhas tradições.
Ele não tinha uma pedra onde recostar a cabeça
e confundia-se entre os pobres.
Só conheceu os doutores
quando estes duvidaram de sua palavra.
Esteve com juízes,
que procuravam condená-lo.
Foi visto entre a polícia,
preso.

Pisou o palácio do governador
para ser chicoteado.

O DEUS DA MINHA FÉ
trazia uma coroa
de espinhos.
Vestia uma túnica toda tecida
de sangue.
Dispôs de batedores que lhe abriram o caminho
do Calvário,
onde morreu entre ladrões,
na cruz.

O DEUS DA MINHA FÉ
não é outro senão
o filho de Maria,
Jesus de Nazaré.

Todos os dias ele morre
crucificado pelo nosso egoísmo.
Todos os dias ele ressuscita.

ORAÇÕES ESPECIAIS E MEDITAÇÕES

54.

Ó Deus misericordioso,
em Teu Filho eterno e pelo Teu Santo Espírito
Tu criaste o mundo do nada,
e todas as coisas do nada surgiram
não por necessidade, mas por um ato de Tua soberana vontade,
de Tua misericórdia, de Tua graça.
Tu criaste este mundo, com o qual Tu te compraz.
Como coroa e ápice da criação Tu geraste a nós, seres humanos,
os quais foram criados à Tua imagem e semelhança
para se deleitarem com o mundo e com Tua glória.

Mas nós abusamos de nossa liberdade,
nós corrompemos Tua imagem e nos separamos de Tua presença cheia de vida.

Através de nós e juntamente conosco, toda a criação está decaída.
Entretanto, Tu não abandonaste o mundo que Tu tanto amas.
Por Tua soberana vontade, Tua misericórdia e Teu amor,
Tu enviaste Teu Filho
para salvar o mundo,
para transformar a terra,
para regenerar a criação.

Em Teu Filho, nosso Senhor, Deus e Salvador Jesus Cristo,
Tu nos renovaste.
Porém persistimos em rejeitar esta dádiva.
Nós caímos de novo, e precisamos do chamado ao arrependimento.
Afastamo-nos de Ti: não Te lembres de nossas transgressões!
Continua a nos chamar, para que retornemos a Ti,
até quando Tu nos acolher em teu Reino vindouro,
até quando Tu nos transformar em participantes de Tua natureza divina.
Em Tua graça somos salvos pelo Teu Filho no Espírito Santo:
Ó Deus, em tua graça, transforma as nossas vidas!

Em Teu Filho e pelo Teu Santo Espírito
Tu nos concedeste a Igreja – o Corpo de Cristo,
a qual Tu a fizestes una, santa, católica, e apostólica.
Em Tua Igreja conhecemos o Teu Reino vindouro.
Em Tua Igreja conhecemos a salvação, a transformação e regeneração do mundo.
Em Tua Igreja somos curados e reconciliados.
Pelo Teu Santo Espírito mantém nos fiéis
à unidade, santidade, catolicidade e fé apostólica da Tua Igreja.
Continua a nos chamar ao arrependimento, à transformação,
para que possamos genuinamente ser a Tua Igreja.
Em Tua graça, Tu nos concedeste a santa Igreja:
Ó Deus, em Tua graça, transforma-nos pelo amor à Tua Igreja!

Em Teu Filho, o qual foi transfigurado diante de seus discípulos,
Tu revelaste a luz divina de Tua graça infinita,

Tu revelaste que aquele que haveria de ser crucificado
é vida e luz.
Em Teu Filho, o qual a si mesmo se esvaziou, assumindo a
forma de servo,
e caminhando em direção à sua morte voluntária,
Tu nos ensinaste que o caminho da transfiguração é o amor
ao próximo –
incluindo os nosso inimigos – e o amor por nós mesmos.
Tu nos ensinaste a carregar a nossa cruz dia a dia, a servir uns
aos outros.
Em nossa avareza, nossa soberba, e ambição por poder,
nós ferimos a dignidade das pessoas ao nosso redor, inclusive
a nossa,
perdemos de vista a Tua imagem estampada em cada pessoa,
ofendemos e quebrantamos o próximo com violência.
Continua a nos chamar ao arrependimento,
ao testemunho perante o mundo, à transformação.
Em Tua Graça, Tu nos concedeste tudo o que é essencial
para vivermos juntos em harmonia e justiça:
Ó Deus, em Tua Graça, transforma as nossas vidas pelo
amor ao mundo!

Tu concedeste a criação
- a criação que é uma manifestação de Tua glória infinita -
para que nela nos jubilemos, para dela zelar, nela produzir o
fruto,
para exercer o cuidado carinhoso sobre todos os seres vivos e
toda a criação.
Homens e mulheres - santos e santas - nos servem de exemplo,
pois seu relacionamento com os animais e a natureza
prefiguram a nova vida,
quando o leão se deitará junto ao cordeiro.
Mas com corações endurecidos,
nós maltratamos os animais e causamos a extinção de muitos.
Em nossa ganância e falta de visão,
dissipamos os recursos naturais do mundo,
nós derrubamos florestas e envenenamos a água e o ar.
Nós somos uma ameaça a nós mesmos e às gerações futuras.
Ofendemos a Tua glória.
Devido aos nosso pecados e transgressões,
toda a criação geme, desejando ardentemente a transformação.

Em Tua graça, Tu nos concedeste um mundo glorioso –
em nós o mundo está decaído, em nós que o mundo seja levantado:
Ó Deus, em Tua graça, transforma toda tua criação!

55.

Ó Senhor Divino de tudo o que existe,
com teu Santo Espírito e graça
tu iluminaste os apóstolos e teus filhos e filhas amados
para te glorificar e te adorar,
e pela graça que nasceu em nós
tu semeaste a paz, a justiça e a reconciliação em todo o mundo.

Ilumina e dirige nossas almas e entendimento.
Guia os pensamentos destes teus servos e servas indignos,
que sejamos dignos de estampar tua imagem divina e graciosa,
discípulos e discípulas dignos de teu chamado para sermos transformados
para a glória, alegria e adorno de tua Santa Igreja.

Perdoa os nossos pecados,
e os pecados de todas as pessoas que se prostram diante de ti em reverência.
Confiantes pela tua divina graça, ouve-nos ao oramos
pelas pessoas oprimidas, os pobres, os doentes, e as pessoas que praticam injustiça.
Protege-nos de todo mal, de todas as formas de separatismo e hostilidade,
e nos fortalece com tua graça para proclamar teu Santo Evangelho.

Ó Senhor Divino,
isto suplicamos em acordo com os apóstolos, mártires e todos os santos.
Que pelas intercessões de todos que a ti pertencem
tua Santa Igreja possa te louvar e glorificar de eternidade a eternidade.
Amém.

Orações matutinas

56.

Graças te dou, meu Pai celeste, por Jesus Cristo, teu amado Filho, por me haveres defendido de todo dano e de todos os perigos da noite passada; e peço-te que me preserves também neste dia do peado e de todo o mal, para que todas as minhas ações e a minha vida te agradem. Nas tuas mãos em entrego, de corpo e alam, bem como todas as coisas. Esteja comigo o teu santo anjo, para que o inimigo maligno não tenha poder algum sobre mim. Amém.

57.

Sê tu uma chama ardente diante de mim,
Sê tu uma estrela-guia acima de mim,
Sê tu uma vereda plana abaixo de mim,
Sê tu um pastor bondoso atrás de mim,
Hoje, esta noite, e sempre.

58.

Ó Senhor, permite que eu acolha este novo dia em paz.
Ajuda-me a confiar em tua vontade em tudo o que eu fizer.
Em todo momento do dia revela tua vontade para mim.
Abençoa o meu relacionamento com as pessoas ao meu redor.
Ensina-me a receber tudo neste dia com paz de espírito
e firme confiança de que tua vontade é soberana.
Em todos os meus gestos e palavras
guia meus pensamentos e sentimentos.
Nos acontecimentos imprevisíveis não permita que eu
me esqueça de que estes são enviados por ti.
Ensina-me a agir com convicção e sabedoria,
sem machucar nem ofender outras pessoas.
Dá-me o vigor para carregar o fardo deste novo dia
com tudo que dele receber.
Dirige meus desejos, ensina-me a orar,
que o meu caminhar seja de acordo com a tua oração por mim.
Amém.

59.

Obrigado Senhor, pelo descanso da noite,
Pelas horas de repouso e sonho.
Abre nossas mentes e corações
para todas as pessoas que encontrarmos neste dia.

Nós formamos uma unidade um com o outro.
Revela as pessoas a quem devemos servir
e o trabalho que devemos fazer.

Não podemos viver por nós mesmos.
Deus, permanece próximo de nós
e nos mantenha firmes.

Anda conosco,
Passo a passo, de hora em hora.

Nós oramos a Deus, nossa luz e salvação,
Nas palavras que Jesus nos ensinou:
Pai Nosso, que estás nos céus

Esteja ao nosso redor, Deus nosso escudo,
Mantém perto a proteção
e longe o perigo.

Esteja ao nosso redor, Deus nosso sol,
Mantém perto a luz
e longe a escuridão.

Esteja ao nosso redor, Deus nossa moradia,
Mantém perto a paz
e longe o maligno.

Que Deus te abrace
E te guie com amor.
Amém.

60.

Ó Deus,
tu permitiste meu repouso em paz nesta noite.
Concede que eu caminhe neste dia em paz.

Onde quer que eu vá, Ó Deus,
dirige os meus passos.
Ao falar, afasta de mim as mentiras.
Ao sentir fome, afasta de mim a murmuração.
Ao estar saciado, afasta de mim a soberba.
Clamando por ti, eu caminho neste dia,
ó Senhor, além de ti, não há outro senhor.

61.

Pai celeste,
Eu te louvo e te agradeço pela noite de paz,
Eu te louvo e te agradeço por este novo dia.
Eu te louvo e te agradeço pela tua bondade e fidelidade ao longo da minha vida.
Tu me tens abençoado ricamente,
Que eu possa agora aceitar de tuas mãos o que acho difícil.
Tu não colocarás sobre meus ombros mais do que posso suportar.
Tu fazes com que todas as coisas coloborem para o bem dos teus filhos e filhas.
Senhor, o que quer que o dia de hoje me reserve, que teu nome seja louvado.
Amém.

62. Lamento solitário do pássaro

É passada meia-noite,
o silêncio é despedaçado
em milhares de fragmentos
pelo lamento solitário de um pássaro.

Teu lamento, Ó Deus,
tua aflição por nós –
nós que ferimos,
nós que crucificamos uns aos outros e o nosso mundo,
e ainda o fazemos em teu nome.

O prego despedaça os ossos,
mas não é forte o suficiente para
destruir nossas intenções mais secretas
que nos mantém presos à cruz.

Orações vespertinas

63. *(Um chamado à oração baseado no Salmo 134)*
Bendizei ao Senhor, vós todos, servos do Senhor,
que assistis na Casa do Senhor, nas horas da noite;
erguei as mãos para o santuário e bendizei ao Senhor!

64.
Graças te dou, meu Pai celeste, por Jesus Cristo, teu amado Filho, por me haveres protegido bondosamente neste dia, e peço-te que me perdoes todos os pecados e o mal que fiz e me protejas por tua graça nesta noite. Nas tuas mãos me entrego, de corpo e alma, bem como todas as coisas. Esteja comigo o teu santo anjo, para que o inimigo maligno não tenha poder algum sobre mim. Amém.

65.
Vem, Senhor, estende o manto da noite sobre mim.
Espalha tua graça sobre nós conforme tua palavra.
Tuas promessas são mais numerosas que as estrelas no céu;
tua misericórdia é mais intensa que a escuridão da noite.
Senhor, o frio me rodeia.
A noite se achega com seu fôlego de morte.
A noite vem, o fim está próximo,
mas Jesus também se aproxima.
Senhor, nós esperamos por Ele dia e noite.
Amém.

Bênçãos

66. *(Bênção baseada em Números 6: 24-26)*
O Senhor nos abençoe, e nos guarde.
O Senhor faça resplandecer sua face sobre nós, e tenha misericórdia de nós.
O Senhor sobre nós levante sua face, e nos dê a paz.
Amém.

67.
A graça do nosso Senhor Jesus Cristo -
do Senhor a quem servimos

e que um dia será Senhor até mesmo dos
que hoje se chamam "senhores",

A graça do nosso Senhor Jesus Cristo
e o amor de Deus -
do Pai que nos criou e nos redimiu,

A Graça do nosso Senhor Jesus Cristo
e o amor de Deus
e a comunhão do Espírito Santo,
que conhecemos na comunhão do seu povo
quando o servimos e o seguimos,

A graça, o amor e a comunhão do Deus triuno
permaneçam conosco. Amém.

68.

Que a bênção do Deus da Paz e Justiça esteja conosco;
que a bênção do Filho, que também derrama lágrimas
pelo sofrimento no mundo, esteja conosco;
que a bênção do Espírito, que nos inspira para
reconciliação e esperança, esteja conosco;
agora e sempre.
Amém.

69.

Que Deus te abençoe,
e derrame sobre ti a cada instante
as bênçãos do deserto:
a serenidade,
o frescor da água,
os horizontes vastos,
o céu aberto,
as estrelas para iluminar teu caminho nas trevas.

Que a terra que pisas
faça teus pés dançar e fortaleça teus braços;
que ela encha teus ouvidos de música
e que teu nariz aspire suaves aromas.

Que os céus sobre tua cabeça
encham tua alma de ternura e teus olhos de luz,
que os céus façam nascer alegria no teu coração
e música nos teus lábios.

70.

Que a graça de nosso Senhor Jesus Cristo
Nos proteja de causar danos uns aos outros;
E que o amor de Deus encha as nossas vidas
Com a paz que estende suas mãos ao próximo
Num gesto de verdadeira reconciliação e amizade.

71.

Que vocês cresçam na graça e no conhecimento
de nosso Senhor e Salvador, Jesus Cristo.
A ele seja a glória, com o Pai e o Espírito Santo,
tanto agora como no dia eterno. Amém.
(2 Pedro 3: 18)

O Senhor seja com o teu espírito.
A graça seja convosco.
(2 Timóteo 4: 22)

Povo de Deus: espere no Senhor!
Porque em Deus há misericórdia e abundante redenção.
É o próprio Deus quem remirá seu povo
De todas as suas transgressões.
(Salmo 130: 7-8)

72.

Que Deus Pai nos conceda a graça transformadora.
Que Deus Filho nos conceda a graça salvadora.
Que o Espíritu da vida nos conceda a graça libertadora.
E em nossos caminhos seja celebrada a paz.

Agradecimentos

Queremos agradecer a todas as pessoas que permitiram o uso das orações, hinos canções, e outros recursos litúrgicos, bem sua respectiva tradução neste livro. Nós fizemos todo o esforço necessário para identificar e assegurar o direito de reproduzir estes textos com a devida permissão. Caso tenhamos cometido uma falha, seja esta de autoria ou transgressão involuntária de direitos autorais, expressamos as nossas mais sinceras desculpas.

Os direitos autorais para a música estão indicados no rodapé do texto musical.

As citações das Escrituras Sagradas neste livro são da:
- A Bíblia Sagrada – Traduzida em português por João Ferreira de Almeida. Revista e atualizada no Brasil. Segunda Edição 1993 © Sociedade Bíblica do Brasil.

Preface

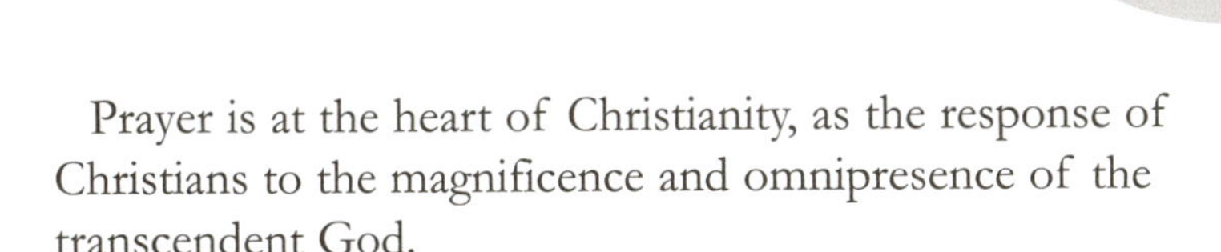

Prayer is at the heart of Christianity, as the response of Christians to the magnificence and omnipresence of the transcendent God.

This meeting of the Almighty and Merciful God with God's people is not optional and peripheral, but necessary and fundamental as a token of our appreciation and acknowledgment of the fact that God reveals to us the whole of the creation, through God's Word in Holy Scripture and in Jesus Christ, by the guidance of the Holy Spirit and the ecclesial life of the churches. In prayer, human beings encounter their Creator and Redeemer, the Triune God.

Prayer is central to the life of each assembly of the World Council of Churches, where all are invited and welcomed. The assembly is primarily a place of togetherness, a place of celebration and prayer to Almighty God – it is also a place where this togetherness is lived out in various ways and expressed in a deep spiritual encounter and prayerful life.

In order to implement this spiritual encounter at the Ninth Assembly in Porto Alegre, Brazil, the recommendations of the Special Commission on Orthodox Participation in the WCC have been followed very carefully. Interpreting and putting into practice the parts of the Special Commission's report and recommendations relating to common prayer continues to be a demanding but also a creative part of the work undertaken by the Council.

This resource book for the assembly's daily prayer life has been prepared with care. It is a collection of liturgical material selected from various church traditions and confessional families as well as from all the world's regions. It is presented in five languages and forms the key resource for the worship life of this assembly. This resource book also may be used later, beyond the Ninth Assembly, at ecumenical gatherings and in the churches.

All the liturgical materials included in this collection speak to the soul of each of us through grace, as their words and music also address the heart and the mind, to inspire *common prayer.*

How thankful we are to all members of the Assembly Worship Committee, the Assembly Planning Committee, the WCC Worship Staff Group, the Brazilian staff and musicians - we cannot find words to express our sincere thanks to all of them for their hard work on this publication, for their understanding and excellent collaboration, as well as for their encouragement and efforts in undertaking this most arduous, but most rewarding, work of Christian love.

Metropolitan Gennadios of Sassima
Moderator of the Assembly Worship Committee
Aghios Nikolaos, Crete, 25 July 2005

Using This Resource for Praise and Prayer

Em tua graça has been prepared as the primary resource for common prayer at the Ninth Assembly of the *World Council of Churches*, meeting in Porto Alegre, Brazil during the month of February 2006. It is the hope of committee members who produced it that this collection may continue to provide ideas that will inspire creative acts of praise beyond the lifetime of the assembly.

Participants at the assembly have been encouraged to carry this book as an aid not only in events designated as "common prayer" but also for use in plenaries, Bible studies, workshops and other small group meetings. On some occasions, including the opening and closing celebrations, additional materials may be distributed in the form of printed handouts.

The overarching theme is found in the prayer that has been identified as the Ninth Assembly's theme: "God, in your grace, transform the world." This theme and a series of sub-themes set the framework for morning and evening prayer in Porto Alegre:

- God, in your grace, transform *the world* (14 & 15 February)
- God, in your grace, transform *the earth* (16 February)
- God, in your grace, transform *our societies* (17 February)
- God, in your grace, transform *our lives* (18 & 21 February)
- God, in your grace, transform *our churches* (20 February)
- God, in your grace, transform *our witness* (22 & 23 February)

Within the context of prayer, a number of symbols and symbolic actions will provide means of exploring the life of faith. Symbols to be used, described in greater detail under daily resources, include seeds and sunflowers, water and bread, incense and a specially commissioned religious painting in the Orthodox tradition.

Hymns, songs and musical responses are printed at the back of this book. The five language sections – Portuguese, English, Spanish, French, German, – are multiple translations of the same text. At the assembly and in other multicultural settings, participants join the responses in the language they know best or prefer, lending to each occasion a sensation of Pentecost.

In the litanies, plain type signifies that one person is to read a line; ***bold type and italic***s indicates that the congregation reads the line; and *italics* carry information or an instruction not to be read aloud.

The committee is profoundly grateful to the authors, composers and other holders of copyrights who have granted permission for the use of texts and music contained in this resource, and particularly to those writers and musicians who collaborated with the WCC in producing new works for publication.

Statements on Symbols

Chains* • *15 February

"Liberty to the captives and release to prisoners" *(Is. 61; Lk. 4)* is symbolized in this service of prayer by the sign of broken chains. The prophetic vision of Isaiah became the emblem of Jesus' ministry as he and his followers brought good news to the oppressed and healing to the broken-hearted. In the context of the Americas, we are reminded of the chains of slavery, the oppression of colonialism and the domination of empire. On the basis of the Christian gospel, Latin Americans have been prominent in leading churches to embrace a transformational theology of liberation.

Sunflowers* • *16 February

For some indigenous peoples in Latin America the sunflower has become a symbol of resurrection. Rising from the ground, this flower turns toward the source of light in the heavens. Its bold colours and simple elegance testify to the original beauty of creation. Despite a long history of human transgression that has sullied the planet and threatens the world entrusted to our care, the growth and flowering of each young plant reminds us of the potential for rebirth, renewal and, through the Creator's grace, the coming of a new heaven and a new earth *(Is. 65; Rev. 21)*.

Incense* • *17 February

"Let my prayer be counted as incense before you," sang the psalmist *(Ps. 141:2)*. Like sweet-smelling smoke from incense, the prayers of many peoples rise and mingle in the sight and hearing of God. Prophets and Ninevites, apostles and centurions, Galileans and Canaanites, all offer confessions of sin and pleas for mercy from the depths of their being. The response to prayer may be astounding, unexpected, life-altering. In spiritual dialogue with God, believers are challenged to enlarge their understanding and increase their capacity to love.

(Phrases in 3rd sentence refer to the 3 scripture readings for 17 Feb – Jonah 4, Acts 10, Matthew 15)

Religious painting • ***18 February***

Today's painting of the Risen Christ shows him destroying the fences of death and captivity. It is a contemporary expression of the ancient icon of Christ who, by his descent into hell, destroyed its power and opened its gates, liberating the people of old who were captives there *(1 Peter 3:18-20)*. It comes out of the experiences of the many martyrs and confessors of our time who endured and are enduring humiliation and hardship in gulags, concentration camps, detention centres or reservations. Through the grace of the Holy Spirit, Christ remains present as our Saviour in the world until the end of time, working towards the transfiguration of the whole creation.

Chalice • ***19 February***

"Are you able to drink the cup that I drink?" According to the WCC's constitution, "The primary purpose of the fellowship of churches in the World Council of Churches is to call one another to visible unity in one faith and in one eucharistic fellowship…" The call has been issued, but the way proves long and difficult to that eucharistic celebration at which we all may eat and drink together. The symbol for worship this morning is an empty chalice, still covered and waiting to be filled. We continue to seek the fulfillment of Christ's promise: "The cup that I drink you will drink" *(Mark 10:38-9)*.

Water • ***21 February***

In the beginning, the Creator separated waters from waters *(Gen. 1:6)*. In the fullness of time, John the Baptist recognized Jesus as he stood in the flowing stream of Jordan and the Holy Spirit made its descent from the skies *(Mark 1:10)*. Water is a free gift offered for the use of all. It is the foundation of terrestrial life and a symbol of God's care for every creature. Pure water is necessary for health, and clean water for healing. Jesus, who taught in parables, described the redemption he offered as "a spring of water gushing up to eternal life" *(John 4:14)*.

***Bread* • 22 February**

"Give us each day our daily bread" *(Luke 11:3)*. Bread is symbolic of our most basic common needs, and of God's gracious gifts on which our lives depend. It is central to the setting of the table at the promised feast in God's realm. A second-century prayer made this petition: "As this bread, once spread as wheat upon the hillsides, was brought into one loaf, so may your church be brought from the ends of the earth into your kingdom." The bread that we bring as an offering in morning prayer will be shared in love at the Orthodox confessional vespers service this evening.

***Seeds* • 23 February**

"For everything there is a season, and a time for every matter under heaven: a time to be born, and a time to die; a time to plant, and a time to pluck up what is planted…" *(Ecclesiastes 3:1-2)*. As the time of the Ninth Assembly draws to a close, we may wonder what seeds have been sown. How far are they being scattered, and what product will they yield? The parable of Jesus suggests that the results are not within our control *(Mark 4:27)*, yet we are called to prepare ourselves as the grain ripens, the fields are transformed through God's gracious providence, and the crop comes ripe for harvest.

God, in Your Grace, Transform the World

Biblical Affirmations

a) Give justice to the weak and the orphan; maintain the right of the lowly and the destitute. Rescue the weak and the needy; deliver them from the hand of the wicked. (Psalm 82: 3-4)

b) The wolf shall live with the lamb, the leopard shall lie down with the kid, the calf and the lion and the fatling together, and a little child shall lead them. The cow and the bear shall graze, their young shall lie down together; and the lion shall eat straw like the ox. The nursing child shall play over the hole of the asp, and the weaned child shall put its hand on the adder's den. They will not hurt or destroy on all my holy mountain; for the earth will be full of the knowledge of the Lord as the waters cover the sea. (Isaiah 11: 6-9)

c) Therefore be imitators of God, as beloved children. (Ephesians 5: 1)

d) The God who made the world and everything in it, he who is Lord of heaven and earth, does not live in shrines made by human hands, nor is he served by human hands, as though he needed anything, since he himself gives to all mortals life and breath and all things. (Acts 17: 24-25)

Scripture Passages

Isaiah 61: 1-4
Luke 4: 16-21 (-30)

Prayers, responsive readings and litanies

1.

Jesus,
Be the canoe that holds me up in the sea of life;
Be the rudder that keeps me in the straight road;
Be the outrigger that supports me in times of temptation.
Let your Spirit be my sail that carries me through each day.
Keep my body strong, so I can paddle steadfastly on in the voyage of life.
Amen.

2. Psalm 146: 5-10

Happy are those whose help is the God of Jacob,
whose hope is in the Lord their God,
who made heaven and earth, the sea, and all that is in them;
who keeps faith forever;
who executes justice for the oppressed; who gives food to the hungry.

♪ ***2. Sung response: Bem aventurados os pobres, porque deles é o reino do céus.***

The Lord sets the prisoners free; the Lord opens the eyes of the blind.
The Lord lifts up those who are bowed down; the Lord loves the righteous.
The Lord watches over the strangers; he upholds the orphan and the widow,
but the way of the wicked he brings to ruin.

♪ ***2. Sung response: Bem aventurados os pobres, porque deles é o reino do céus.***

The Lord will reign forever, your God, O Zion, for all generations.
Praise the Lord!

♪ ***2 Sung response: Bem aventurados os pobres, porque deles é o reino do céus.***

3.

It is Easter time,
and Jesus' rising from death
gives us hope for new times ahead.
Everything can be different.
Stones can be rolled aside.
Graves can be opened forever.
Tears can be overcome.
There will be an end to fear.
Every question will receive an answer.
Light is stronger than any darkness.
Happiness comes to those who are sad.
Peace touches downcast hearts.
The powerful have lost and the humble are triumphant.
Violence and hate cannot withstand love.
The chains of oppression are broken.
Truth embraces justice,
and justice and peace kiss each other.
Memories are no longer painful.
And it is no longer a sin to dream.
The gates of heaven are opened and God smiles down.
LOVE has triumphed.
Jesus is alive,
and a new world is a possibility.

4.

Let there be the Word of God,
in every heart impearled.
The living Word
is told and heard for the healing of the world.

Let there be the Love of God
In Jesus Christ unfurled.
The Cross of death
gave life its breath
for the healing of the world.

Let there be the Wind of God.
Through all times it has whirled.

The Spirit moves,
reviews, renews
for the healing of the world.

Let there be the Church of God,
committed, true and bold.
The bread we share
in deed and prayer
for the healing of the world.

5.
Giver of good gifts, we are waiting for you.
And the sick are waiting for medicine.
O Jesus, you have swallowed death
and every kind of disease
and have made us whole again.

6. *(based on Isaiah 61: 1-4)*
God of Grace,
teach us to proclaim the year of your favour.

We pray for all those imprisoned by grinding poverty and degrading work,
for human beings treated and traded like items on a balance sheet.
Hear our prayer for all who yearn for liberation from unjust systems and oppressive regimes
and especially for those fleeing war, famine or economic devastation.

God of Grace, may your word be fulfilled in our and their hearing today.

♪4 ***Sung response: Nkosi, Nkosi, yiba nenceba. Krestu, Krestu, yiba nenceba.***

God of Grace,
teach us to proclaim the year of your favour.

We pray for all who suffer in mind, body or spirit and for all people longing for healing.

We pray for liberation from stigmatising attitudes
towards disabled and ill people.

Hear our prayer particularly for those with HIV, AIDS,
tuberculosis and malaria,
may they all have equal access to the health care and
drugs they need.

God of Grace, give us the oil of gladness instead of
mourning.

♪4 ***Sung response: Nkosi, Nkosi, yiba nenceba. Krestu, Krestu, yiba nenceba.***

God of Grace,
teach us to proclaim the year of your favour.

In a world in bondage we pray for all who try to be oaks
of righteousness,
for those who break the chains of injustice and bear
witness
that a world transformed through grace is possible.

Hear our prayer for those who plant signs of your
kingdom of love and justice in cities and countryside
ruined by war, hatred or ecological disaster.

God of Grace, send your Spirit upon us that we too may
proclaim good news.

♪4 ***Sung response: Nkosi, Nkosi, yiba nenceba. Krestu, Krestu, yiba nenceba.***

7.

Jesus, we want to grow in knowledge.

Help us to grow in body, mind and spirit.

Jesus, we want to grow in faith.

We thank you for the people of faith in biblical times and in our times whose lives are an example to us.

Jesus, we want to grow in hope.

We pray for all who are helping to bring freedom, peace and justice in our world.

Jesus, we want to grow in love.

Help us to love one another as you have loved us and given yourself for us. We pray for those who today are giving their lives for others.

God, in Your Grace, Transform the Earth

Biblical Affirmations

a) Great is our Lord, and abundant in power; his understanding is beyond measure. The Lord lifts up the downtrodden; he casts the wicked to the ground. (Psalm 147: 5-6)

b) If you do not oppress the alien, the orphan and the widow, or shed innocent blood on this place, and if you do not go after other gods to your own hurt, then I will dwell with you in this place. (Jeremiah 7: 6-7)

c) The kingdom of heaven is like a mustard seed that someone took and sowed in his field; it is the smallest of all the seeds, but when it has grown it is the greatest of shrubs and becomes a tree, so that the birds of the air come and make nests in its branches. (Matthew 13: 31-32)

d) The home of God is among mortals. He will dwell with them; they will be his peoples, and God himself will be with them. (Revelation 21: 3)

Scripture Passages

Isaiah 65: 17-25
Matthew 20: 1-16

PRAYERS, RESPONSIVE READINGS AND LITANIES

8. Psalm 65: 9-13

You visit the earth and water it,
You greatly enrich it;
The river of God is full of water;
You provide the people with grain,
So you have prepared it.
You water its furrows abundantly
Settling its ridges,
Softening it with showers,
And blessing its growth.
You crown the year with your bounty;
Your wagon tracks overflow with richness.
The pastures of the wilderness overflow,
The hills gird themselves with joy,
The meadows clothe themselves with flocks,
The valleys deck themselves with grain,
They shout and sing together for joy.

9.

We have need of vision and imagination;
that we may see the beauty of the earth as a finite whole;
that we may be aware of interdependence and the sacred integrity
of each part of creation;
that we may celebrate diversity while valuing wholeness.

God of all love and every truth,
help us to look with open eyes
to see with open hearts.

We have need of awe and wonder;
that we may see eternity in a grain of sand;
that we may see the understanding of all in the fall of a sparrow;
that we may see greatness in two pennies on a plate;
life in a seed that seems to die;
trust in a baby's reaching hands;
that we may see how Christ the Lord of all smiles from the small.

God of all love and every truth,
help us to look with open eyes
to see with open hearts.

We have need of fire and vigour;
that we may be angry at short-sighted policies,
cold-blooded economics and heartless trading;
that we may protest at greed
and the misuse of earth's resources;
that we may desire justice with all our being
and seek passionately the use of our abundant
knowledge,
skills and resources to sustain and cherish all life.

God of all love and every truth,
help us to look with open eyes
to see with open hearts.

10.

Lord of the Ocean,
Grant us the courage and faith
To face the tidal waves of our time.

Lord of the Reefs,
Grant us the courage and faith
To face the erosions of our time.

Lord of the Islands
Grant us the courage and faith
To face the cyclones of our time.

11.

Loving Creator God,
we gaze in wonder
at the splendour of your creation.
Rich carpeted fields of yellowing grain
and overflowing baskets of ripe fruit.
A banquet of fine wines and rich food,
a feast spread out for all to share.
Help us to learn from your generosity
how to share our bread with the hungry

and to commit ourselves to preparing
a banquet for all peoples,
a generous feast for all to share.
Amen.

12. Beyond Alice Springs

God of wandering camels and faraway places,
Of remote red gorges and Aboriginal faces;

God of deep silences and awesome setting sun,
Of the moonlit plains and dingoes on the run;

God of broken droughts and creek beds flowing,
Of inland daisy fields and the desert pea growing;

God of immense horizons and blowing sand;
Confront us and teach us within this cryptic land.

13.

Give us, God, a vision of our world as your love would make it.
A world where the weak are protected rather than exploited,
and none go hungry or poor.
A world where the benefits and resources of the world are shared,
and everyone can enjoy them.
A world where different nations, races and cultures live in tolerance
and mutual respect.
A world where peace is built with justice, and justice is guided by love:
And give us the courage and inspiration to build it,
through Jesus Christ our Lord.
Amen.

14.

Forgive us, Lord,
for our indifference in face of the destruction of nature,
for our desire for excessive profits, with no respect for life.

Forgive us, Lord,
for our violence against the earth,
for our silence in face of the devastation of forests and
the pollution of rivers.

Forgive us, Lord,
for our complicity in making species extinct,
for our readiness to destroy what is different from
ourselves.

Forgive us, Lord,
for our burning desire to consume, inconsiderate of
future generations,
for our concentration on the present without taking
account of tomorrow.

Forgive us, Lord,
for our arrogance in thinking that we are the centre of
the universe,
for our lack of zeal to preserve your creation.

Teach us, by your grace,
to love all your creatures, our sisters,
and to care for life in all its forms.

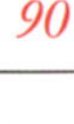

God, in Your Grace, Transform our Societies

3

Biblical Affirmations

a) When an alien resides with you in your land, you shall not oppress the alien. The alien who resides with you shall be to you as the citizen among you; you shall love the alien as yourself, for you were aliens in the land of Egypt: I am the Lord your God. (Leviticus 19: 33-34)

b) Your righteousness is like the mighty mountains, your judgements are like the great deep; you save humans and animals alike, O Lord. (Psalm 36: 6)

c) But seek the welfare of the city where I have sent you into exile, and pray to the Lord on its behalf, for in its welfare you will find your welfare. (Jeremiah 29: 7)

d) Truly I tell you, just as you did it to one of the least of these who are members of my family, you did it to me. (Matthew 25: 40)

Scripture Passages

Acts 10: 9-35
Matthew 15: 21-28

Prayers, responsive readings and litanies

15. Morning Prayer *(based on elements from the prayers of all the Oriental Orthodox Church traditions)*

Invocation

In the name of the Father, the Son and the Holy Spirit, the One true God.

Amen.

Holy, holy, holy are You, O Lord Almighty, whose glory fills heaven and the earth. Hosanna in the highest. Blessed is He who came and is to come in the name of the Lord. Hosanna in the highest.

♪ ***11. The Lord's Prayer – Aboun Dbahmayo*** *(in Aramaic)*

From the East to the West
from the North and from the South
all races and peoples
bless with a new blessing
the Maker of all things.
For God made the light of the sun
rise today upon the world.

New Testament reading – Acts 10: 9-35

Chant: Asato maa sad gamaya *(sung in Sanscrit)*

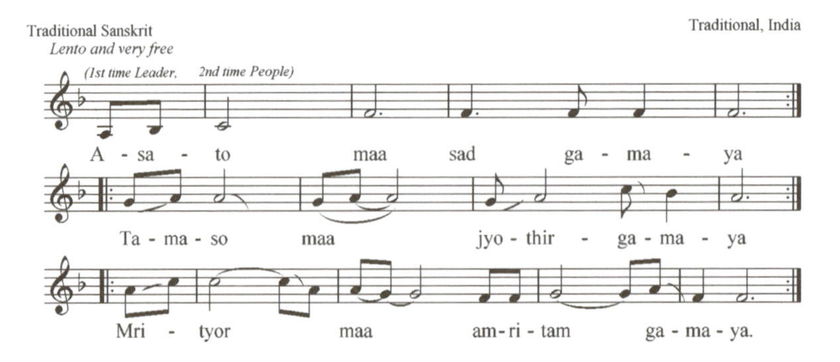
Traditional Sanskrit
Traditional, India
Lento and very free
(1st time Leader, 2nd time People)
A - sa - to maa sad ga - ma - ya
Ta - ma - so maa jyo - thir - ga - ma - ya
Mri - tyor maa am - ri - tam ga - ma - ya.

Lead me from falsehood to truth, from darkness to light, from death to life.
Führe mich von der Unwahrheit zur Wahrheit, aus Dunkelheit zum Licht, vom Tod zum Leben.
Conduis-moi du mensonge à la verité, des tenèbres à la lumière, de la mort à la vie.
Condúceme de la falsedad a la verdad, de la oscuridad a la luz, de la muerte a la vida.
Conduze-me da falsidade à verdade, das trevas à luz, da morte à vida.

Responsive reading

Let us give thanks to God our Father who created everything out of love
and made every human person in God's image and likeness.

Blessed be God our Creator
who brought us all together to this hour in joy and peace,
in forgiveness and reconciliation.

Compassionate God,
forgive our sin of not recognizing your holy image in others.

Keep us all as one body in your Holy Name in peace this day
and all days of our life.

Our Lord Jesus Christ, you said to your holy disciples: "Many prophets and righteous people have desired to see the things which you see, and have not seen them, and to hear the things which you hear but have not heard them. But blessed are your eyes for they see, and your ears for they hear."
Lord, make us worthy to hear your Word and live according to your Holy Gospel.

Coptic hymn

Gospel reading – Matthew 15: 21-28

Ethiopian hymn with drums

Intercession

Let us pray to the Lord for grace and peace:

Sung response: Natha kripa chei *(in Malayalam)*

Kyrie eleison
in Malayalam
India
Na - tha kri - pa chei thee de - na - me Na - tha kri - pa chei
thee de-na-me Na - tha kri-pa chei thee de - na - me

Lord, have mercy on us.
Seigneur, aie pitié de nous.
Herr, erbarme dich.
Señor, ten piedad de nosotros.
Senhor, tem piedade de nós.

Let us pray for this assembly and all those who are gathered here in the spirit of unity, reconciliation and love.

Sung response: Natha kripa chei

Let us thank God for the great divine compassion manifested in the whole of creation and for the gift of recognizing God's love in every created being.

Sung response: Natha kripa chei

Let us praise the Triune God for giving us many witnesses to God's goodness and forgiveness in all nations and cultures in all ages and pray for mutual understanding and concord.

Sung response: Natha kripa chei

Let us pray for this city, this country, all our countries and for the people who inhabit them that they may be protected from violence and war, communal and religious conflicts and natural calamities.

Sung response: Natha kripa chei

Let us remember the sick and afflicted, the refugees and the homeless, the children who are forced to work for a living, and the poor women and men who suffer injustice and humiliation, and pray for their healing and liberation.

Sung response: Natha kripa chei

Let us pray for favourable seasons and times, for the abundant fruits of the earth, for the protection of the environment that all may share from God's gifts in gratitude and mutual care.

Sung response: Natha kripa chei

In hope and faith, let us pray for the transformation of our world by the grace of the Almighty that a new world order be established with justice and peace for all.

Ethiopian hymn with drums

(Grace of God, Grace of God, Given to us, Grace of God)

Closing prayer

O God, give us this day righteous companions, news of peace,
pure thoughts and fulfilling work free from the cares of this world.
Give us pure thoughts and holy mouths,
and justice in our judgements.
And give us health, daily bread, enlightened minds and clear discernment.
Save us from sinful desires and from the evil one,
from all darkness, sanctify us with your love and fear
that we may become the children of light in word and deed. Amen.

Blessing

Let us ask for God's blessing:

The Blessings of the Holy and Glorious Trinity,
the Father, the Son and the Holy Spirit be with us all for ever and ever.
Amen.

❋ ❋ ❋

16.

Recognizing that only compassionate eyes born from grace can see a transformed world, we are invited to pray, asking: Open our eyes to see.

God, there are divisions among our people.
We need the healing power of the gospel.
We see what separates us and do not see what brings us together.
Make us builders of unity and lovers of respect for one another.

Open our eyes that we may see.
In your grace, transform us into followers of the compassionate Christ.

God, our country is wounded by violence.
We need the healing power of caring for one another.
Make us agents of non-violent change and lovers of peace with justice.

Open our eyes that we may see.
In your grace, transform us into followers of the compassionate Christ.

God, there are children living on the streets.
They need homes and hope for the future.
Make us agents of life in abundance.
Help us to practice what Jesus said: "whoever welcomes one such a child in my name, welcomes me."

Open our eyes that we may see.
In your grace, transform us into followers of the compassionate Christ.

God, we pray for those in power and governance in our country.
That they be able to lead with wisdom, integrity and for the benefit of the common good.

Open our eyes that we may see.
In your grace, transform us into followers of the compassionate Christ.

17.

Generous God,
sower of seeds in the New Earth,
by your grace, our eyes glimpse new horizons,
where the oppressed know liberation,
where the saddened know happiness,
and where this broken world knows unity.

May the utopia that is your Kingdom blaze in our hearts,
like a flame that continues to burn,
until it finally achieves its goal.

May we step out in hope,
may our arms work for peace,
may our lips lovingly speak a litany of passion for life.

18.

Eternal God, Creator of the universe, there is no God but You.
Great and wonderful are Your works, wondrous are your ways.
Thank You for the many splendoured variety of Your creation.
Thank You for the many ways we affirm Your presence and purpose,
and the freedom to do so.
Forgive our violation of Your creation.
Forgive our violence toward each other.
We stand in awe and gratitude for Your persistent love
for each and all of Your children:
Christian, Jew, Muslim,
as well as those of other faiths.

Grant to all and our leaders attributes of the strong;
mutual respect in words and deed,
restraint in the exercise of power,
and the will for peace with justice, for all.
Eternal God, Creator of the universe, there is no God
but You. Amen.

19.

Father God:
You commanded your people of old
'You shall also love the stranger…'

Help us to remember
they are your beloved children;
people for whom Jesus died
and, apart from whom, we will not be saved.

Grant us confidence
to witness peacefully to the heart of our faith,
and the path
you have called us to follow.

Help us to be hospitable,
and to listen to our neighbour's story:
their aspirations, hopes and fears.

Save us
from asserting our own righteousness
and from judging others
by our own narrow grasp of truth.

In a society where so many spirits are broken,
help us to be people of peace, justice and love.

God, in Your Grace, Transform our Lives

4

Biblical Affirmations

a) If then there is any encouragement in Christ, any consolation from love, any sharing in the Spirit, any compassion and sympathy, make my joy complete: be of the same mind, having the same love, being in full accord and of one mind. Do nothing from selfish ambition or conceit, but in humility regard others as better than yourselves. Let each of you look not to your own interests, but to the interests of others. Let the same mind be in you that was in Christ Jesus. (Philippians 2: 1-5)

b) Violence shall no more be heard in your land, devastation or destruction within your borders; you shall call your walls Salvation, and your gates Praise. (Isaiah 60: 18)

c) Agree with God, and be at peace; in this way good will come to you. (Job 22: 21)

d) As Jesus came near and saw the city, he wept over it, saying, "If you, even you, had only recognized on this day the things that make for peace! But now they are hidden from your eyes." (Luke 19: 41-42)

Scripture Passages

Ezekiel 36: 26-27
Ezekiel 47: 1-12

2 Corinthians 12: 6-10
John 4: 7-15

Prayers, responsive readings and litanies

20. Morning Prayer

(based on the Eastern Orthodox Matins service)

In the name of the Father, and of the Son and of the Holy Spirit.
Glory to You, our God, glory to You!

O Heavenly King, O Comforter, the Spirit of truth, Who art in all places, and who fill all things; Treasury of good things, and Giver of Life, come dwell in us and cleanse us from our every stain, and save us, O gracious Lord.

♪ 12 .***Hymn: Sfinte Dumnezeule*** *(in Romanian)*

Glory to the Father, and to the Son, and to the Holy Spirit.
Now and ever and to the ages of ages. Amen.

The Lord's Prayer *(each in his or her own language)*

Psalm 143

O Lord, hear my prayer, listen to my cry for mercy; in your faithfulness and righteousness come to my relief. Do not bring your servant into judgment, for no one living is righteous before you. The enemy pursues me, he crushes me to the ground; he makes me dwell in darkness like those long dead. So my spirit grows faint within me; my heart within me is dismayed. I remember the days of long ago; I meditate on all your works and consider what your hands have done. I spread out my hands to you; my soul thirsts for you like a parched land. Answer me quickly, O Lord; my spirit fails. Do not hide your face from me or I will be like those who go down to the pit. Let the morning

bring me word of your unfailing love, for I have put my trust in you. Show me the way I should go, for to you I lift up my soul. Rescue me from my enemies, O Lord , for I hide myself in you. Teach me to do your will, for you are my God; may your good Spirit lead me on level ground. For your name's sake, O Lord, preserve my life; in your righteousness, bring me out of trouble. In your unfailing love, silence my enemies; destroy all my foes, for I am your servant.

Troparia of the resurrection

Sung response: Blagosloven yesi Gospodi *(in Slavonic)*

Obikhod Tone 5 melody: Russia
Bla- go- slo- ven ye- si Gos- po -di; Na - u- chi mya o - prov - da- ni- em Tvo - im.

Blessed are You, O Lord, teach me Your statutes
Bendito és tu, Senhor, ensina.me teus estatutos.
Bendito eres tú, Señor; enseñame tus leyes.
Gesegnet bist Du, Herr, lehre mich Deine Ordnungen.
Tu es béni, Seigneur, apprends-moi tes volontés.

Choir: The angelic host was filled with awe when it saw You among the dead. By destroying the power of death, O Savior, You raised Adam and saved people from hell.

Sung response: Blagosloven yesi Gospodi

Choir: In the tomb the radiant angel cried to the myrrh bearers: Why do you women mingle myrrh with your tears? Look at the tomb and understand! The Savior is risen from the dead.

Sung response: Blagosloven yesi Gospodi

Choir: Very early in the morning the myrrh-bearers ran with sorrow to Your tomb, but an angel came to them and said: the time for sorrow has come to an end, do not weep but announce the resurrection to the Apostles.

Sung response: Blagosloven yesi Gospodi

Choir: The myrrh-bearers were sorrowful as they neared Your tomb, but an angel said to them: Why do you number the living among the dead? Since He is God, He is risen from the tomb.

Sung response: Glory to the Father and to the Son and to the Holy Spirit. *(in English)*

Gloria seja ao Pai e ao Filho e ao Espírito Santo.
Gloria sea al Padre, y al Hijo y al Espíritu Santo.
Ehre sei dem Vater und dem Sohn und dem Heiligen Geist,
Gloire au Père et au Fils et au Saint-Esprit.

Choir: We worship the Father, and the Son, and the Holy Spirit:
The Holy Trinity, one in essence!
We cry with the seraphim: Holy, Holy, Holy are you, O Lord!

Sung response: Now and ever and unto ages of ages. Amen. *(in English)*

Agora e sempre, pelos séculos dos séculos. Amém.
Ahora y siempre, por los siglos de los siglos. Amén.
Jetzt und immerdar und in alle Ewigkeit. Amen.
Maintenant, et toujours, et dans les siècles des siècles. Amen.

Choir: Since you gave birth to the Giver of Life, O Virgin, you delivered Adam from his sin!
You gave joy to Eve instead of sadness!
The God-man who was born of you has restored to life those who had fallen from it.

Sung response: Alleluia

Al - le - lui - a, Al - le - lui - a, Al - le - lui - a, Glo - ry to You, O God.

Aleluia, aleluia, aleluia, gloria a ti, Ó Deus.
Aleluya, aleluya, aleluya, gloria a tí, Oh Dios.
Halleluja, halleluja, halleluja, Ehre sei Dir, o Herr.
Alleluia, alleluia, alleluia, gloire à toi, ô Dieu.

Let heaven and earth dance today and harmoniously praise Christ our God who has raised the captives of death from the tombs.
All creation rejoices offering worthy hymns to the Creator of all and our Redeemer.
Today, as the giver of life, he draws the human race from Hell and raises them with himself to heaven.
He crushed the pride of the enemy and shattered the gates of Hell by the power of his divinity.

Scripture Reading: 2 Corinthians 12: 6-10

Sung response: Thoxa Si Kyrie thoxa Si (in Greek)

Greek Orthodox

Δό - ξα σοι Κύ - ρι - ε δό - ξα σοι
Tho - xa Si Ky - ri - e tho - xa Si.
Glo - ry to You O Lord, glo - ry to You.

Glória a ti, Senhor, glória a ti! / ¡Gloria a tí, Señor, gloria a tí!
Gloire à toi, Seigneur, gloire à toi! / Ehre sei Dir, o Herr, ehre sei Dir!

Litanies for reconciliation, healing and overcoming violence

O Christ, Our God, who prayed for those who crucified You,
and asked us, Your servants, to pray for our enemies;
forgive those who hate and oppress us
and, through Your Grace and love for humanity,

change their lives from doing wrong and wickedness
to love for their neighbours and life filled with goodness.
That none of them may perish because of us
but rather they and we together be saved through penitence;
we pray to You, Lord, hear us and have mercy:

Sung response: Kyrie eleison

Orthodox liturgy of Kiev
Ky- ri e e- lei -son. Ky - ri- e e- lei-son. Ky- ri- e e-le - i- son.

Help us, O Lord, as much as it is in our power,
to fulfil Your commandment to love our enemies
and to do good to those who hate us.
We entreat You and pray:
You, the Compassionate One,
turn the cunning of our enemies into acts of love and reconciliation,
and their thoughts towards You and your Holy Church
so that they might not perish in that state of doing wrong;
we pray to You, our Compassionate Lord, hear us and have mercy:

Sung response: Kyrie eleison

Lord, our God, Compassionate and caring God,
look to our hearts which are in lack of love and unity
but are encircled by the thorns of hatred and of other sin.
May a drop of the Grace of Your Holy Spirit fall on them
so that we all may bring forth abundant fruits of good works
and live in love and unity with one another.
By the grace of Your Holy Spirit melt the hatred which inhabits us
and heat our hearts and souls with the flame of Your love

and with that for one another, diligently we implore You,
hear us, O Lord,
the source of all goodness, hear us and have mercy:

Sung response: Kyrie eleison

Lord, let us accept calmly all that this day might bring us and let us devote ourselves completely to Your sacred will. Direct us and help us each hour of this day. Control our thoughts and feelings in all our deeds and words. When unpredictable circumstances arise, do not let us forget that everything comes from You.

Teach us to be just towards our brothers and sisters, never to provoke wrath or cause sorrow. Control our will and teach us to pray, to believe, to hope, to suffer, to forgive and to love.

Lord, let us be an instrument of Your peace, where there is hatred, let us spread love, where there are insults – forgiveness, where there is discord – unity, hope where there is despair, light where there is darkness, joy where there is sadness.

O, Divine Teacher, let us give, rather than receive, consolation, let us understand others, rather than be understood, let us love others, rather than be loved. For when we forgive, we are forgiven, when we give, we receive and when we die, we are born into eternal life.

Holy Spirit, help us to dedicate this day to our Lord and Saviour.

Lord Jesus, Son of God, it is better not to live than to live without You. We thank you, God, for the gift of this day and for all the good deeds that You will help us do today.

Give us courage to serve You worthily, to place justice above profit, the realization of noble deeds above momentary pleasures, to put others before ourselves and to fulfil Your commandment of love. Let the light of Your beauty, goodness and love shine in us. Amen.

Blessing

Let us ask for God's blessing:

May the blessings of the Lord descend upon us all
through his grace and love for humanity,
now and ever and to the ages of ages. Amen.

♪ ***13.Resurrectional Troparion: Let all things rejoice*** *(in Greek and English)*

21. Psalm 63: 1 – 5

♪ ***34. Sung reponse: O God, you are my God, I seek you, my soul thirsts for you***

my flesh faints for you, as in a dry and weary land where there is no water.

♪ ***34. Sung reponse: O God, you are my God, I seek you, my soul thirsts for you***

So I have looked upon you in the sanctuary, beholding your power and glory.

♪ ***34. Sung reponse: O God, you are my God, I seek you, my soul thirsts for you***

Because your steadfast love is better than life, my lips will praise you.

♪ ***34. Sung reponse: O God, you are my God, I seek you, my soul thirsts for you***

So I will bless you as long as I live; I will lift up my hands and call on your name.

♪ ***34. Sung reponse: O God, you are my God, I seek you, my soul thirsts for you***

My soul is satisfied as with a rich feast, and my mouth praises you with joyful lips.

22.

Let us pray:

By the rivers in Fortaleza, we sat down and cried for the cholera victims.

In those who lived there we saw sadness and we didn't know what to say.
People who lived there did not have songs on their lips.
They wanted joy but, with neither water nor health, there was no way to be joyful.

How could we sing praise to the Lord in the midst of such suffering?
If we forget you, may we go thirsty.
May our lips be dry if we forget you, if we don't bring back water, health, and joy.
Judge, Lord, our elites, for their neglect and greed have long mistreated us.
But remember Fortaleza, your children in Ceara who suffer from thirst and cholera;
don't let the earth go dry.

Let justice roll down like waters, and righteousness like an everflowing stream.
Amen.

23.

O Lord, God of life, you care for all creation: grant us peace.
May our security not be in weapons, but in respect.
May our strength not be in violence, but in love.
May our wealth not be in money, but in sharing.
May our path not be that of ambition, but of justice.
May our victory not be in taking vengeance, but in forgiving.
Unarmed and confident, our desire is to defend the dignity of all creation,
Sharing, today and always, the bread of solidarity and peace.
Through Jesus Christ, your divine Son, our brother, who, as a victim of human violence, yet raised on the cross, gave your forgiveness to all.
Amen!

24.

May God bless you with discomfort at easy answers, half truths, superficial relationships, so that you will live deep within your heart.

May God bless you with anger at injustice, oppression and exploitation of people so that you will work for justice, equality and peace.

May God bless you with tears to shed for those who suffer from pain, rejection, starvation and war, so that you will reach out your hand to comfort them and change their pain into joy.

And may God bless you with the foolishness to think that you can make a difference in the world, so that you will do the things which others tell you cannot be done.

25.

Lord, our God Almighty,
Transformer and Creator.
Your image is seen in the faces of men and women
gathered before you with pleas of despair
and with hearts filled with hope.

Gracious God, your church has experienced
the pangs of birth and its infancy
on the shores of the Mediterranean.
Be with your church as it continues its growth
across the world into adulthood and full unity.

We pray for your gift of transformation.
Revive in us a spirit of community.
Mould our thoughts into ones of love.
Instill in us a sense of your peace and reconciliation.

Give us the courage and resilience to accept transformation
for ourselves and for others,
for the ones who suffer and those who inflict suffering,
for the victims and the perpetrators
and for all your people.

In a world filled with violence and hatred
give us the courage to sow love and harmony.
In a world rampant with discrimination and inequity,
grow among us the seeds of unity
and the foresight to see and resolve our divisions.

Prepare our hearts, minds and hands to reap your harvest.
Amen.

26.

Spirit of creation, you hovered over the formless void and separated waters from waters:
we ask your guidance in our stewardship of water, that it may enhance the goodness of your world.
We pray for scientists, planners and policy makers, that they may direct us wisely.
We pray for civil engineers and construction workers, that they may implement the best ideas.
We pray for all the people of the earth, that we may realize our place within nature
and live in harmony with all the elements and organisms that are your abiding gift.

♪ ***24. Sung response: Ouve, Deus de amor nosso clamor!***

Spirit of encouragement, you offered signs of hope despite the flood,
providing creatures the safety of an ark and extending an olive branch for the dove to carry home:
we pray for those who have suffered through the rising tide
of tsunamis, typhoons, hurricanes and floodwaters of every kind.
We pray for those who mourn, that they may be comforted in the knowledge of your eternal care.
We pray for the poor, and for all who work together to rebuild societies in hope of a better world.
We pray for a generation that has failed to confront global warming and rapid climate change;
save us, Lord, from the harsh storms of nature, but most of all save us from ourselves.

♪ ***24. Sung response: Ouve, Deus de amor nosso clamor!***

Spirit of community, you have brought us to rebirth
and adopted us as your children through the waters of
baptism:
we pray on behalf of the lost and lonely, the alienated
and those who search for love.
We pray for spiritual resources to aid us in reaching out
to others, meeting them where they are,
so that we may offer a cup of fresh water to the thirsty,
and the word of life to all.

♪ ***24. Sung response: Ouve, Deus de amor nosso clamor!***

Pray in our prayers, loving Spirit, that our own spirits
may be revitalized
just as gentle, healing water brings new growth to a
parched and barren land.
In the name of the Triune God we pray. Amen.

27.

From words and deeds that provoke discord, prejudice
and hatred,
O God, deliver us.

From suspicions and fears that stand in the way of
reconciliation,
O God, deliver us.

From believing and speaking lies about other peoples or
nations,
O God, deliver us.

From cruel indifference to the cries of the hungry and
homeless,
O God, deliver us.

From all that prevents us from fulfilling your promise of
peace,
O God, deliver us.

Deliver us from our brokenness, we pray, O God,
and by your grace and healing presence deliver us to you…

To still waters and green pastures,
O Creating God, lead us.

To the freedom and forgiveness we find in you,
O Risen Christ, lead us.

To the tough task of loving our enemies,
O Jesus, lead us.

To joyful service in your name,
O Servant of All, lead us.

To the promise of a new heaven and a new earth,
to the wholeness of justice,
to the power of your peace,
O Holy Spirit, lead us now and in the days to come.

Charge our lives and our churches with the power of your peace, O God.
Overcome our fears and self-deceptions with the promise of your presence.
Make us signs of your generosity and justice.
Light us each day with hope, we pray, so that we may walk in your truth
and be love in your Name.
Amen.

28.

When suffering is too painful to bear, may we hear Jesus saying:
My grace is sufficient for you.

When discouragement takes hold of our bodies and minds, may we hear Jesus saying:
My grace is sufficient for you.

When injustice assails our eyes and our lives, may we hear Jesus saying:
My grace is sufficient for you.

When our wish for death is greater than our struggle for
life, may we hear Jesus saying:
My grace is sufficient for you.

Because the power of love is made perfect in weakness,
may we hear Jesus saying:
My grace is sufficient for you.

God, in Your Grace, Transform our Churches

5

Biblical Affirmations

a) Therefore thus says the Lord God: "See, I am laying in Zion a foundation stone, a tested stone, a precious cornerstone, a sure foundation: 'One who trusts will not panic.' And I will make justice the line and righteousness the plummet." (Isaiah 28: 16-17a)

b) The cup of blessing that we bless, is it not a sharing in the blood of Christ? The bread that we break, is it not a sharing in the body of Christ? Because there is one bread, we who are many are one body, for we all partake of the one bread. (1. Corinthians 10: 16-17)

c) There is no longer Jew or Greek, there is no longer slave or free, there is no longer male and female; for all of you are one in Christ Jesus. (Galatians 3:28)

d) Bear one another's burdens, and in this way you will fulfill the law of Christ. (Galatians 6: 2)

Scripture Passages

Mark 10: 32-45
Philippians 2: 1-11

Prayers, responsive readings and litanies

29. Psalm 133

How very good and pleasant it is
when kindred live together in unity!
It is like the precious oil on the head,
running down upon the beard, on the beard of Aaron,
running down over the collar of his robes.
It is like the dew of Hermon, which falls on the
mountains of Zion.
For there the Lord ordained his blessing, life
forevermore.

30.

Lord, we come before you, not alone,
but in the company of one another.

We share happiness with each other –
and it becomes greater.

We share our troubles with each other –
and they become smaller.

We share one another's griefs and burdens –
And their weight becomes possible to bear.

May we never be too mean to give,
nor too proud to receive.

For in giving and receiving
we learn to love and be loved;
we encounter the meaning of life,
the mystery of existence –

and discover you.

31.

Loving and Almighty God,
we pray that the church may discover its unity in Christ,
a true fellowship of the cloud of witnesses and of those

who now love and serve our Lord Jesus Christ.
In repentance and sorrow, we confess before you
that we are still divided and our brokenness is often
perceived
as a counter-witness to the world.

♪ 17.*Sung response: A ti, Señor, te pedimos*

Your holy table is always before us,
as you are continually offering your body and blood
for the healing and salvation of the world.
But OUR chalice is empty and we cannot partake of it.

♪ 17.*Sung response: A ti, Señor, te pedimos*

We are still imprisoned by our own prejudices and pride.
Help us heal and reconcile our historical divisions;
help us rediscover our unity in the confession of the same
apostolic faith
so that our souls may be enflamed with the desire of unity
and of partaking from the same Eucharistic table and cup.

♪ 17.*Sung response: A ti, Señor, te pedimos*

Lord Jesus Christ,
you are the way of peace, reconciliation and healing.
Come into the brokeness of our lives and of our lands
with your healing love.
Help us to be willing to bow before you in true
repentance and
to bow to one another in real forgiveness.

♪ 17.*Sung response: A ti, Señor, te pedimos*

By the fire of the Grace of Your Holy Spirit
melt our hard hearts and consume the pride and the
prejudice, which separate us.
Fill us, O Lord, with your perfect love,
which casts out fear and binds us together in that unity
which you share with the Father and the Holy Spirit.

♪ 17.*Sung response: A ti, Señor, te pedimos*

32.

Triune God,
we come before you with our deep longing for true community
between young and old, men and women, rich and poor, between all nations.
We long to overcome the divisions between Christians.
Help us to overcome the many barriers we erect.
Help us to dispel our suspicions
that we may see the good intentions in those we meet.

Help us to put aside our own uncertainty
that we may appreciate the dignity of others.

Help us to cast out our fears
that we may allay the fears of others.

Help us to conquer our own pride
that we may love our neighbours as ourselves.

Grant us the gift of true community in reconciliation with others.
Amen.

33.

O God, the source of our belonging to one another,
none of us can give anything to our sisters and brothers
if we have not first of all belonged to you;
give us your Spirit in the bond of perfect unity
so that the Spirit may transform us into a new humanity,
free and united in your love,
through our Lord Jesus Christ, your Son, who is God,
who lives and reigns with you in the unity of the Holy Spirit, world without end. Amen.

34.

We are called to be the Church
the witness of Christ in the world.
The disciples who follow in the steps
of the one who lived within and for the marginalized
- those kept to the outside of society.

We are called to welcome the stranger in our midst.
But our hospitality is hindered by our anxieties.
Our open arms are closed by our fears.
Stir within us the flame of solidarity
so that we will commit ourselves to action.
That by our thoughts, our words, our dreams
the strangers in our midst will find their home.

35. A Prayer from the Great Compline

O Christ our God, who at all times and at every hour, both in heaven and on earth, are worshipped and glorified, long-suffering and plenteous in mercy and compassion; who love the just and show mercy to the sinners; who call all people to salvation through the promise of the blessings to come: Do you, the same Lord, receive also our supplications at this present time, and direct our lives according to your commandments. Sanctify our souls; purify our bodies; set our minds right; clear up our thoughts, and deliver us from every sorrow, evil and distress. Surround us with your holy Angels so that being guarded and guided by their presence, we may arrive at the unity of the faith and the knowledge of your ineffable glory; for blessed are you unto the ages of ages. Amen.

36.

Holy God, giver of peace, author of truth,
we confess that we are divided and at odds with one another,
that a bad spirit has arisen among us
and set us against your Holy Spirit of peace and love.
Take from us the mistrust, party spirit, contention,
and all evil that now divide us.
Work in us a desire for reconciliation,
so that, putting aside personal grievances,
we may go about your business with a single mind,
devoted to our Lord and Saviour, Jesus Christ. Amen.

6 God, in Your Grace, Transform our Witness

Biblical Affirmations

a) I will put my spirit within you, and make you follow my statutes and be careful to observe my ordinances. (Ezechiel 36: 27)

b) How beautiful upon the mountains are the feet of the messenger who announces peace, who brings good news, who announces salvation, who says to Zion, "Your God reigns." (Isaiah 52: 7)

c) For I am not ashamed of the gospel; it is the power of God for salvation to everyone who has faith, to the Jew first and also to the Greek. (Romans 1: 16)

d) Always be ready to make your defense to anyone who demands from you an accounting for the hope that is in you. (1 Peter 3: 15)

Scripture Passages

2 Corinthians 3: 18
Mark 4: 26-29
Luke 13: 20-21

Prayers, responsive readings and litanies

37. Psalm 130: 1-6

Out of the depths I cry to you, O Lord.
Lord, hear my voice! Let your ears be attentive to the voice of my supplications!

If you, O Lord, should mark iniquities, Lord, who could stand?
But there is forgiveness with you, so that you may be revered.
I wait for the Lord, my soul waits, and in his word I hope;
my soul waits for the Lord more than those who watch for the morning,
more than those who watch for the morning.

38. Psalm 116: 1-6, 13-19

I love the Lord, because he has heard my voice and my supplications.
Because he inclined his ear to me, therefore I will call on him as long as I live.
The snares of death encompassed me; the pangs of Sheol laid hold on me;
I suffered distress and anguish.
Then I called on the name of the Lord: "O Lord, I pray, save my life!"
Gracious is the Lord, and righteous; our God is merciful.
The Lord protects the simple; when I was brought low, he saved me.

♪ ***31. Sung response: Senhor, tem piedade de nós***

I will lift up the cup of salvation and call on the name of the Lord,
I will pay my vows to the Lord in the presence of all his people.
Precious in the sight of the Lord is the death of his faithful ones.
O Lord, I am your servant; I am your servant, the child of your serving girl.

♪ ***31. Sung response: Senhor, tem piedade de nós***

You have loosed my bonds.
I will offer to you a thanksgiving sacrifice and call on the name of the Lord.
I will pay my vows to the Lord in the presence of all his people,

in the courts of the house of the Lord, in your midst, O Jerusalem.
Praise the Lord!

♪ *31. **Sung response: Senhor, tem piedade de nós***

39.

Dear God, our builder,
you have all the building materials needed to construct our societies.
You have all the strength to put wisdom on all that has fallen apart in our lives.
You have the wisdom to re-shape our world.
Inspire us with all your wisdom, strength and love,
to rebuild the broken walls in our community. Amen.

40.

Lord this life is full of contradiction,
I myself am an embodiment of that contradiction
in that my life is characterised by:
both love and hatred,
strengths and weaknesses,
light and darkness,
sorrow and joy,
humiliation and inspiration,
truth and falsehood,
direction and chaos,
self and others,
life and death.
All these are weighing so heavily on me,
yet you, God of heaven, who know all these,
have decided that you will use me
in your world, for your purposes.
Help me then:
to see myself,
to see others,
and to see this life with your eyes.

41.

When we contemplate such beauty,
the immensity before us,
blossoming with colour and scent,

the surprising diversity of all that surrounds us,
the green forests, the animals,
the intelligence which allows us humans
to create with you, God
the acts of your grace on our behalf,
we can only express our joy at being your children
and gladly sing of the generosity of your love. Amen.

42.

Our Heavenly Lord, our comforter, the Spirit of truth.
Creator and sustainer of life.
Maker of colour, sound, texture, quietness and the restless beauty in living things.
Maker of the blue seas, coral reefs, coconut trees and the gentle Pacific breeze.
All that is beautiful, the richness and the diversity on land and water was good in your sight.
We, the children of your love, the creatures of your kindness, the guardians of your creation, bless you.
God in your grace, transform our witness.

Your Love and Grace endure forever.
When we are unfaithful, your faithfulness shines through.
When we choose darkness, your light illuminates our sorrows.
When we fall, you lift us up to higher ground,
Our weaknesses are overcome by your mercy,
Your love transcends boundaries and the comprehension of all humanity.
Forgive us for turning away from your goodness and wisdom, relying on our own understanding and strength, doing harm to your beautiful creation and to humanity.
God in your grace, transform our witness.

We pray for your guidance, as we aspire for peace, harmony and solidarity in the world.
Guide our minds, our hands, our feet, our eyes, ears, our entire body and our hearts so that your name may be glorified through our words, thoughts and actions.
Guide us so that we may be faithful to you by loving our

neighbour, our enemy, so that we may be accountable to you Lord by sowing happiness to the world.
Have your way in our lives as we continue to seek your will in our lives.
We bless you for your creation, your trusting, your loving, your never-ending goodness.
God in your grace, transform our witness.
Amen.

43.

For all who reach out to God,
That they may find him.

For those who think they possess God,
That they may seek him.

For all who fear the future,
That they may have confidence.

For all who have failed,
That they may be given new opportunities.

For all who doubt,
That they may not despair.

For all who wander aimlessly,
That they may find a fixed abode.

For the lonely,
That they may meet another.

For all who are constantly hungry,
That they may be satisfied.

For those who have enough to eat,
That they may discover what it is to be hungry.

For those for whom all goes well,
That they may not become hardhearted.

For the powerful,
That they may be aware that they are vulnerable.

For all who live in this world
Between hope and fear,
And for ourselves, we pray to God.

Free us from fear,
And from a false sense of security,
And give us all those things that are for our good,
through Jesus Christ our Lord.

44.

Spirit of peace, fill all the world with your transforming presence.
May the leaders of all countries rule with maturity and justice.
May all nations have tranquility and their sons and daughters be blessed.
May the people and the flocks and the herds prosper and be free from illness.
May the fields bear much fruit and the land be fertile.
May the face of all enemies be turned towards peace.

♪ *32. **Sung response: Oré poriajú verekó Ñandeyara***

Spirit of unity, we pray for your church.
Fill your people with all truth and peace.
Where we are corrupt, purify us. Where we are in error, direct us.
Where anything in us is amiss, reform us. Where we are right, strengthen us.
Where we are in need, provide for us. Where we are divided, reunite us.

♪ *32. **Sung response: Oré poriajú verekó Ñandeyara***

Spirit of love, watch over those who wake or watch or weep,
and give your angels charge over those who sleep.
Tend the sick, rest the weary, give courage to women in childbirth,
soothe the suffering, and bless the dying.

♪ *32. **Sung response: Oré poriajú verekó Ñandeyara***

God of Creation, of planting, growth and harvest:
Sow the potential of your Word in our lives, in the midst of this world,

like seed broadcast across a field of fertile soil.
Through the presence of your Son, our Light and our Life,
nurture the tender shoots of faith as they grow strong and tall.
By the power of your Spirit, help us to reap a harvest
of honest belief, unity, justice, peace and love. Amen.

45.

Giver of all good things:
we thank you for answered prayer in the gift of daily bread.
At your command the seed germinates, and grain rises from the ground,
and labourers heed the call to work fields ripe for harvest.
By your grace the millers grind and bakers bake, so that cities and nations are fed.
Give all the people of this earth their daily bread, we pray.

♪ ***26. Sung response: Bendice, Señor, nuestro pan***

Head of the household of faith, you recognize every family by name:
we ask you to gather us together at the table of your abundance.
Open our eyes and ears, enliven each of our senses,
so that we may find in the bread that is so graciously given for all
clear proof of your sovereignty and providence.

♪ ***26. Sung response: Bendice, Señor, nuestro pan***

Bread of life, you are the ultimate source of our nourishment in body and spirit:
when women and men are most in need, and least confident,
surprise us again with merciful gifts appearing like manna
in the midst of those who face death, who mourn, who suffer and feel abandoned.
Give us the bread we need for each day, and lead us to share it willingly with the hungry.

♪ ***26. Sung response: Bendice, Señor, nuestro pan***

Teach us how to pray from our hearts, Lord, that we may
come to trust entirely in you.
For you are with us in the gift of daily bread, yet
accompany us too in times of fasting,
and remain our companion even in seasons of suffering,
poverty and want.
Keep us in your love, and grant that we too may show
love to you and to our neighbours.
We pray in the name of Jesus, who broke bread and
shared it freely. Amen.

Other resources

CALLS TO PRAYER AND OPENING PRAYERS

46.

Glory to the Father and to the Son
and to the Holy Spirit.
As it was in the beginning, is now and shall be forever.
Amen.

47.

Flashlights and fluorescent tubes,
candles and sunlight –
what need do we have for more light?

In our work there is much darkness:
ignorance and self-centredness
love of power and
fear of the unknown.

Jesus is the Light of Life.
He calls us to be like
light for all the world.

So, let us not hide!
Rather let our faith
shine boldly in our living –
so that all may see Jesus Christ
and draw near to Him.

48.

Lord, although we are not worthy to stand in your
presence,

and though we are only a small part of your creation,
we have come to bring you praise.
You have prompted us with the desire to worship,
and have created us to delight in praising you.
For you have made us for yourself, Lord,
and our hearts are restless, until they find their rest in you. Amen.

INTERCESSIONS

49.

Our God, heal us from exploitative social structures, that condemn many to poverty and expose them to infections.
Heal us from poverty that renders the body susceptible and forces us into unsafe behavior.
Heal us, God in your grace, and transform the world.

Heal us from international injustice, that sets up exploitative economic policies of trade and denies millions access to HIV drugs.
Heal us, God in your grace, and transform the world.

Heal us from violence that spreads HIV.
Heal us from ethnic and civil wars that spread the virus.
Heal us, God in your grace, and transform the world.

Heal us from unhealthy gender relations that leave women powerless to protect themselves, and that exposes partners and spouses to infections of HIV and other diseases with it.
Heal us, God in your grace, and transform the world.

Heal us from unhealthy family relations that tolerate unfaithfulness and bring pain and hurt to all family members of all generations.
Heal us, God in your grace, and transform the world.

Heal us from social stigma and discrimination that lead us to uncompassionate acts of isolation and failure to provide quality care and prevention.

Heal us, God in your grace, and transform the world.
Heal us from resignation and exhaustion that make us hopeless and inactive and blind for the life in fullness that you promised to provide.
Heal us, God in your grace, and transform the world.

Heal us from our broken hearts and grief that continue to pain our spirits and minds and leave us empty about the meaning of life.
Heal us, God in your grace, and transform the world.

Heal us with resurrection power.
Cause us to rise from fear and hopelessness.
Cause us to rise into your resurrection hope.
Cause us to reclaim our right to life and to quality of life.
Transform us through the joy of your spirit
and your peace that surpasses all our understanding.
Amen.

50.

For an alert conscience, for forgiveness of our guilt,
and an open, tranquil heart,
let us pray: God, have mercy.
God, have mercy.

For understanding of other people, for willingness to help,
and for courage to tell the truth,
let us pray: God, have mercy.
God have mercy.

For the ability so to meet others,
that they may know God's love through us
let us pray: God, have mercy.
God, have mercy.

For our church and the Church throughout the world,
that division may be overcome and the Church become one.
In faith and in action, let us pray:
God, have mercy.

For our people and all the peoples of the world,
that justice may be established and, where there is war,
  peace
let us pray.
God, have mercy.

For those in need and distress,
that they may receive help
let us pray.
God, have mercy.

Abide with us, God,
With your Word and the gifts that you in your grace give us.
May your kingdom come.
We offer these prayers in faith in Jesus Christ our Lord.

Creeds and affirmations of faith

51. Nicene-Constantinopolitan Creed

We believe in one God,
the Father, the Almighty,
maker of heaven and earth,
of all that is, seen and unseen.

We believe in one Lord, Jesus Christ,
the only Son of God,
eternally begotten of the Father,
Light from Light,
true God from true God,
begotten, not made,
of one Being with the Father;
through him all things were made.
For us and for our salvation he came down from heaven;
by the power of the Holy Spirit he became incarnate
from the Virgin Mary
and was made man.
For our sake he was crucified under Pontius Pilate;
he suffered death and was buried;
on the third day he rose again in accordance with the
  Scriptures;
he ascended into heaven.

He is seated at the right hand of the Father,
he will come again in glory
to judge the living and the dead,
and his kingdom will have no end.

We believe in the Holy Spirit,
the Lord, the giver of life,
who proceeds from the Father;
with the Father and the Son
he is worshiped and glorified;
he has spoken through the Prophets.
We believe in the holy catholic and apostolic Church.
We acknowledge one baptism for the forgiveness of sins.
We look for the resurrection of the dead,
and the life of the world to come. Amen.

52.

We believe in God, the Father Almighty
Creator of heavens and the earth;
Creator of all peoples and cultures;
Creator of all tongues and races.

We believe in Jesus Christ, his Son, our Lord,
God made flesh in a person for all humanity,
God made flesh in an age for all the ages,
God made flesh in one culture for all cultures,
God made flesh in love and grace for all creation.

We believe in the Holy Spirit
through whom God incarnate in Jesus Christ
makes his presence known in our peoples and our
cultures;
through whom God, Creator of all that exists,
gives us power to become new creatures;
whose infinite gifts make us one people:
the Body of Christ.

We believe in the Church universal
because it is a sign of God's reign,
whose faithfulness is shown in its many hues
where all the colours paint a single landscape,
where all tongues sing the same praise.

We believe in the Reign of God – the day of the Great Fiesta
when all the colours of creation will form a harmonious rainbow,
when all the peoples will join in a joyful banquet,
when all the tongues of the universe will sing the same song.

And because we believe, we commit ourselves:
to believe for those who do not believe,
to love for those who do not love,
to dream for those who do not dream,
until the day when hope becomes reality.
Amen.

53. The God I Believe in

I DO NOT BELIEVE IN THE GOD of the magistrates
nor in the god of the generals or of patriotic oratory.

I DO NOT BELIEVE IN THE GOD of gloomy hymns
nor in the god of courtrooms
or of preambles or constitutions
and epilogues to eloquent speeches.

I DO NOT BELIEVE IN THE GOD of good fortune of the rich
nor in the god of fear of the wealthy
nor in the god of happiness of those who rob the people.

I DO NOT BELIEVE IN THE GOD of false peace
nor in the god of justice which is not of the people
nor in the god of venerable national traditions.

I DO NOT BELIEVE IN THE GOD of vacuous sermons
nor in the god of formal greetings
or of loveless marriages.

I DO NOT BELIEVE IN THE GOD made
in the image and likeness of the powerful

nor in the god invented as a sedative
for the misery and suffering of the poor.

I DO NOT BELIEVE IN THE GOD who sleeps
within church walls
or lies hidden in church safes.

I DO NOT BELIEVE IN THE GOD of the
commercialized Christmas
nor in the god of slick advertising.

I DO NOT BELIEVE IN THE GOD made out of lies
as fragile as clay pots
nor in the god of the established order
which rests on disorder
and acquiesces in it.

THE GOD I BELIEVE IN was born in a cave.
He was a Jew.
He was hounded by a foreign king
and wandered through Palestine.
He made the people his companions
and gave bread to the hungry,
light to those in darkness,
freedom to those who lay in bondage
and peace to those who prayed for justice.

THE GOD I BELIEVE IN
put human beings before law
and love in place of old traditions.
He had no stone on which to lay his head
and mixed with the poor.
His only dealings with learned people
were when they questioned his word.
He appeared before judges
who tried to find him guilty.
He was seen with the police
as a prisoner.
He entered the governor's palace
to be flogged.

THE GOD I BELIEVE IN
wore a crown of thorns.

His tunic was woven entirely of blood.
He had escorts to clear his way before him to Calvary,
where he died, between thieves,
on the cross.

THE GOD I BELIEVE IN
is no other than
the son of Mary,
Jesus of Nazareth.

Every day he dies
crucified by our selfish acts.
Every day he rises from death
by the power of our love.

Special Prayers and Meditations

54.

O merciful God,
by Your eternal Son and by Your Holy Spirit,
You have created the world out of nothing.
You have brought all things from non-existence into being,
not out of necessity, but in Your free will,
out of Your own loving-kindness, in Your grace.
You have created the world in which You were well pleased.
As the crown and fulfilment of creation, You made us, human beings,
whom You endowed with Your own image, after Your own likeness,
to delight in the world and in Your glory.

But we abused our freedom,
we have distorted Your image, and became alienated from Your living presence.
Through us and with us, the whole of creation is also fallen.
Yet You have not turned away from the world which You love.
In Your own free will, in Your mercy and loving-kindness,

You have sent Your Son to redeem the world,
to transform the world,
to recreate the world.

In Your Son, our Lord and God and Saviour Jesus Christ,
You have renewed us.
Yet we continue to deny this gift.
We fall away, and need to be called back in repentance.
We have distanced ourselves from You:
do not remember our sinfulness!
Call us again, so that we might return to You,
until You have brought us into Your kingdom which is to come,
until You have made us to be partakers of Your nature.
In Your grace, You have redeemed us by Your Son in the Holy Spirit:
O God, in Your grace, transform our lives!

In Your Son and by Your Holy Spirit,
You have granted us the Church – the Body of Christ,
which You have made to be one, holy, catholic, and apostolic.
In Your Church we experience Your kingdom which is to come.
In Your Church we experience the redemption, transformation, recreation of the world.
In Your Church we are healed and reconciled.
By Your Holy Spirit, keep us faithful to the unity, holiness, catholicity, and apostolicity of Your Church.
Call us to repentance, to transformation, that we may truly be Your Church.
In Your grace, You have given us the holy Church:
O God, in Your grace, transform us for the sake of Your Church!

In Your Son, who was transfigured in front of his disciples,
You showed us the divine brightness of uncreated grace,
You showed us that the one who would be crucified is life and light.
In Your Son, who emptied himself, taking the form of a servant,

and went to his voluntary life-giving death,
You have taught us that the way to transfiguration is to
love one another – even our enemies – as ourselves,
to take up our cross daily,
to be servants of one another.
In our pettiness, our pride, and our lust for power,
we demean each other's dignity,
we lose sight of Your image in each other,
we wound and break each other with violence.
Call us to repentance, to witness to the world, to
transformation.
***In Your grace, You have given us all that we require to
live together in harmony and justice,***
***O God, in Your grace, transform us, for the sake of the
world!***

You have given us a world to delight in,
the manifestation of Your own uncreated glory,
and gave us the charge to till it and keep it,
to exercise a responsible stewardship over all living things
and the whole creation.
You have given us the examples of Your saints,
whose relationship to the animals and to nature
prefigures the new life, when the lion shall lie down
with the lamb.
But in our callousness, we have mistreated animals, and
brought many to extinction.
In our greed and our short-sightedness,
we have squandered the resources of the world,
we have razed forests,
we have poisoned the air and the waters.
We threaten ourselves, each other, and future
generations,
and we offend Your glory.
Because of our sin, the whole of creation groans in
travail, awaiting transformation.
***In Your grace, You have given us a glorious world – in
us it has fallen, in us let it be raised again:***
O God, in Your grace, transform the whole creation!

55.

O Divine Lord of all that exists,
with Your Holy Spirit and grace
You have illuminated the Apostles and Your beloved children
so that we might glorify and adore You,
and by Your grace which has been born in us
You have spread peace, justice and reconciliation throughout the world.

Enlighten and direct our souls, hearts and minds.
Guide the thoughts of Your unworthy servants,
that we may be worthy of Your divine and gracious image,
worthy followers of Your call that we be transformed
for the glory, joy and adornment of Your Holy Church.

Forgive our sins,
and the sins of all those who kneel before You in veneration.
Hear us as we pray in faith for Your divine grace,
for the oppressed, the poor, the sick, and the unjust.
Protect us from all evil, from all forms of division and hostility,
and strengthen us with Your grace to proclaim Your Holy Gospel.

O Divine Lord,
this we ask in concert with Apostles, martyrs and all the saints,
that through the intercessions of all Your peoples
Your Holy Church may praise and glorify You for ever and ever.
Amen.

Morning Prayers

56.

I thank You, my heavenly Father, through Jesus Christ, Your dear Son, that You have kept me this night from all harm and danger; and I pray that You would keep me this day also from sin and every evil, that all my doings and life may please You. For into Your hands I commend myself, my body and soul, and all things. Let Your holy angel be with me, that the evil foe may have no power over me. Amen.

57.

Be thou a bright flame before me,
Be thou a guiding star above me,
Be though a smooth path below me,
Be thou a kindly shepherd behind me,
Today, tonight, and for ever.

58.

O Lord, grant me to greet the coming day in peace.
Help me in all things to rely upon your holy will.
In every hour of the day reveal your will to me.
Bless my dealings with all who surround me.
Teach me to treat all that comes to me throughout the day with peace of soul,
and with firm conviction that your will governs all.
In all my deeds and words guide my thoughts and feelings.
In unforeseen events let me not forget that all are sent by you.
Teach me to act firmly and wisely,
Without embittering and embarrassing others.
Give me the strength to bear the fatigue of the coming day
with all that it shall bring.
Direct my will, teach me to pray,
pray yourself in me.
Amen.

59.

Thank you, God, for this night's rest,
For the hours of sleep and dreams.
Open our minds and hearts
to all we meet today.

We are one with each other.
Show us the people to serve
and the work we are to do.

We cannot live by ourselves.
God, be near us
and lift us up.

Walk with us,
Step by step, hour by hour.

We pray to God, our light and salvation,
In the words Jesus taught us:
Our Father in heaven …

Circle us, God our shield,
Keep protection near
and danger afar.

Circle us, God our sun,
Keep light near
and darkness afar.

Circle us, God our home,
Keep peace within
and keep evil out.

May God embrace you
And lead you with love.
Amen.

60.

O God, you have let me pass the night in peace,
let me pass the day in peace.
Wherever I may go upon my way
which you made peaceable for me,
O God, lead my steps.
When I have spoken, keep lies away from me.
When I am hungry, keep me from murmuring.
When I am satisfied, keep me from pride.
Calling upon you, I pass the day,
O Lord, who have no lord.

61.

Heavenly Father,
I praise and thank you for the peace of the night,
I praise and thank you for this new day.
I praise and thank you for all your goodness and faithfulness throughout my life.
You have granted me many blessings,
now may I also accept from your hand that which is hard.
You will lay on me no more than I can bear.
You make all things work together for the good of your children.
Lord whatever this day may bring, your name be praised.
Amen.

62. The Lone Bird's Cries

Past mid-night
the quiet shattered
into a thousand pieces
by that lone bird's cries.

Your cries O God,
Your distress
at what we are about –
wounding, crucifying one another
and our world
and in Your name –

the nail that shatters bone
but not our vested interests
and keeps Us hanging there.

Evening Prayers

63. (Call to Worship based on Psalm 134)

Come, bless the Lord, all you servants of the Lord,
who stand as night falls in the house of God!
Lift up your hands in God's presence
and bless the Lord!

64.

I thank you, my heavenly Father, through Jesus Christ, Your dear Son, that You have graciously kept me this day; and I pray that You would forgive me all my sins where I have done wrong, and graciously keep me this night. For into Your hands, I commend myself, my body and soul, and all things. Let Your holy angel be with me, that the evil foe may have no power over me. Amen.

65.

Come, Lord, and cover me with the night.
Spread your grace over us as you assured us you would do.
Your promises are more than all the stars in the sky;
your mercy is deeper than the night.
Lord, it will be cold.
The night comes with its breath of death.
Night comes, the end comes,
but Jesus comes also.
Lord, we wait for him day and night.
Amen.

Blessings

66. *(Based on Numbers 6: 24-26)*

The Lord bless us and keep us.
The Lord make his face to shine upon us and be gracious to us.
The Lord lift up his countenance upon us and give us peace.
Amen.

67.

The grace of our Lord Jesus Christ -
of the Lord in whom we believe,
and whom even those called 'lords' today
will one day serve.

The grace of our Lord Jesus Christ
and the love of God -
Of the Father who has created and redeemed us.

The grace of our Lord Jesus Christ
and the love of God
and the fellowship of the Holy Spirit -
whom we know in the community of his people,
as we serve him,
and as we follow his guidance.

The grace and the love and the fellowship of the triune God
be with us all. Amen.

68.

May the blessing of the God of peace and justice be with us;
may the blessing of the Son who weeps the tears of the world's suffering be with us;
and may the blessing of the Spirit who inspires us to reconciliation and hope be with us;
from now into eternity.
Amen.

69.

God bless you
and bestow on you ever anew
the blessings of the wilderness:
stillness,
fresh water,
wide horizons,
an open sky,
and stars,
to lighten your way
when it is dark.

May the earth beneath
make your feet dance,
and your arms strong;
and fill your ears with music,
and your nose with sweet smells.

May the heavens above
fill your soul with tenderness,

and your eyes with light;
put joy in your heart
and a song in your mouth.

70.

May the grace of our Lord Jesus Christ
protect us from killing one another;
and may God's love fill our lives
with a peace that extends its hand to others
in true reconciliation and friendship.

71.

Grow in the grace and knowledge
of our Lord and Saviour, Jesus Christ.
To him be the glory, with the Father and the Holy Spirit,
both now and to the day of eternity. Amen.
(2 Peter 3:18, alt.)

The Lord be with your spirit.
Grace be with you.
(2 Timothy 4:22)

People of God: hope in the Lord!
For with the Lord there is steadfast love,
and with God there is power to redeem.
It is God who will redeem the people
from all their iniquities.
(Psalm 130:7-8, alt.)

72.

May God the Father grant us the grace that changes us.
May God the Son grant us the grace that saves us.
May the Spirit of life grant us the grace that makes us free.
And as we go on our way may we celebrate peace.

Acknowledgements

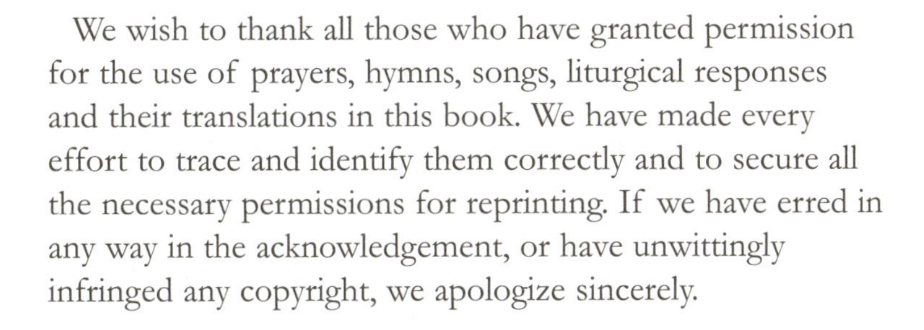

We wish to thank all those who have granted permission for the use of prayers, hymns, songs, liturgical responses and their translations in this book. We have made every effort to trace and identify them correctly and to secure all the necessary permissions for reprinting. If we have erred in any way in the acknowledgement, or have unwittingly infringed any copyright, we apologize sincerely.

Copyright acknowledgements for music appear directly under the music.

The Scripture quotations contained in the book are from The New Revised Standard Version of the Bible © 1989, by the Division of Christian Education of the National Council of Churches of Christ in the USA. All rights reserved.

Prefacio

La oración está en el centro del cristianismo, como respuesta de los cristianos a la magnificencia y omnipresencia del Dios trascendente.

Esta reunión de Dios todopoderoso y misericordioso con el pueblo de Dios no es facultativa ni secundaria, sino que es necesaria y fundamental como prueba de nuestro agradecimiento y reconocimiento del hecho de que Dios nos revela la totalidad de la creación mediante la Palabra divina en las Santas Escrituras y en Jesucristo, por la orientación del Espíritu Santo y la vida eclesial de las iglesias. Por la oración, los seres humanos entran en contacto con su Creador y redentor, el Dios trino y uno.

La oración está en el centro de cada asamblea del Consejo Mundial de Iglesias, a la que todos están invitados/as y bienvenidos/as. La Asamblea es ante todo un lugar de unión, un lugar de celebración y de oración al Dios todopoderoso – también es el lugar en el que esa unión se vive concretamente de diversas formas y se expresa en un encuentro espiritual y una vida de oración profundos.

Con objeto de que ese encuentro espiritual sea posible en la Novena Asamblea en Porto Alegre (Brasil) se han seguido con mucha atención las recomendaciones de la Comisión Especial sobre la participación de los ortodoxos en el CMI. Interpretar y poner en práctica las secciones del Informe y las recomendaciones de la Comisión Especial en relación con la oración en común sigue siendo una parte muy exigente aunque creativa de la labor del Consejo.

Este libro de recursos para la vida de oración diaria de la Asamblea ha sido preparado con gran cuidado. Es una colección de material litúrgico seleccionado de diversas tradiciones eclesiales y familias confesionales, así como de todas las regiones del mundo. Se presenta en cinco idiomas y constituye el material fundamental para la vida de culto de esta Asamblea. Este libro de recursos podrá ser utilizado después de la celebración de la Novena Asamblea, en reuniones ecuménicas y en las iglesias.

Todos los materiales litúrgicos que se incluyen en este libro hablan al alma de todos nosotros por la gracia, mientras que sus palabras y su música se dirigen al corazón y el espíritu, y sirven de inspiración a la oración en común.

Estamos muy agradecidos a todos los/las miembros del Comité de Culto de la Asamblea, del Comité de Planificación de la Asamblea, del Grupo de Personal del CMI encargado del culto, al personal y los músicos brasileños, y a todas las personas que contribuyeron de diversas maneras a la producción de este libro.

No encontramos palabras para expresar nuestras gracias sinceras a todos ellos y todas ellas por su duro trabajo en esta publicación, por su comprensión y la excelente colaboración, así como por su estímulo y los esfuerzos desplegados para realizar esta ardua, aunque gratificante, obra de amor cristiano.

Metropolitano Gennadios de Sassima
Moderador del Comité de Culto de la Asamblea
Aghios Nikolaos, Creta, 25 de julio de 2005

Utilización de este material para la oración y la alabanza

Em tua graça ha sido preparado como el material de base para la oración en común en la Novena Asamblea del *Consejo Mundial de Iglesias*, reunida en Porto Alegre (Brasil) el mes de febrero de 2006. Los miembros del Comité de Culto que lo elaboraron esperan que este libro pueda continuar proporcionando ideas que inspiren actos de alabanza creativos después de la celebración de la Asamblea.

Se pide a los participantes en la Asamblea que lleven consigo este libro como una ayuda no sólo para actos designados como "oración en común" sino también para sesiones plenarias, estudios bíblicos, talleres y otras reuniones. En algunas ocasiones, en particular las celebraciones de apertura o de clausura, podrá distribuirse documentación complementaria.

El tema general es la oración que ha pasado a ser el tema de la Asamblea: "Dios, en tu gracia, transforma el mundo". Este tema y una serie de subtemas establecen el marco de las oraciones matutinas y vespertinas en Porto Alegre:

- Dios, en tu gracia, transforma *el mundo* (14 y 15 de febrero)
- Dios, en tu gracia, transforma *la tierra* (16 de febrero)
- Dios, en tu gracia, transforma *nuestras sociedades* (17 de febrero)
- Dios, en tu gracia, transforma *nuestras vidas* (18 y 21 de febrero)
- Dios, en tu gracia, transforma *nuestras iglesias* (20 de febrero)

- Dios, en tu gracia, transforma *nuestro testimonio* (22 y 23 de febrero)

En el contexto de la oración, varios símbolos y actos simbólicos serán medios para explorar la vida de fe. Entre los símbolos que se utilizarán, descritos con gran detalle en el material litúrgico de cada día, mencionaremos semillas y girasoles, agua y pan, incienso y una pintura encomendada especialmente de la tradición ortodoxa.

Himnos, cánticos y responsorios musicales están impresos al final de este libro. Las cinco secciones en los diferentes idiomas – portugués, inglés, francés, español, alemán, – son traducciones del mismo texto. Durante la Asamblea y en otros espacios multiculturales, los participantes dirán las respuestas en el idioma que conocen mejor o que prefieren, haciendo que cada ocasión sea una especie de Pentecostés.

En las letanías, los caracteres normales significan que una persona leerá esa línea; los caracteres en ***negrita e itálica*** indican que la congregación leerá esa línea y los caracteres en *itálico* indican que se trata de información o de una instrucción que no debe leerse en voz alta.

El Comité de Culto está muy agradecido a los autores, compositores y otros titulares de derecho de autor que han autorizado la utilización de los textos y de las obras musicales que contiene este libro, y, en particular, a los escritores y músicos que colaboraron con el CMI en la producción de nuevas obras para su publicación.

Declaraciones sobre símbolos

Cadenas* • *15 de febrero

"Libertad a los presos y libertad a los que están en la cárcel" *(Is 61; Lc 4)*. Este mensaje está simbolizado en este servicio de oración por el signo de cadenas rotas. La visión profética de Isaías fue el emblema del ministerio de Jesús dado que él y sus seguidores dieron buenas noticias a los oprimidos y aportaron vida nueva a los desconsolados. En el contexto de América, recordamos las cadenas de la esclavitud, la opresión del colonialismo y la dominación del imperio. Inspirados en el Evangelio, los latinoamericanos han estado en la vanguardia al orientar a sus iglesias hacia una teología de la liberación transformadora.

Girasoles* • *16 de febrero

Para algunos pueblos indígenas de América Latina el girasol es el símbolo de la resurrección. El girasol se yergue por encima de la tierra y se vuelve hacia la fuente de luz en los cielos. Sus vivos colores y su sencilla elegancia dan testimonio de la belleza original de la creación. A pesar de la larga historia de transgresión humana que mancilla el planeta y cierne amenazas sobre el mundo, cuyo cuidado se nos ha confiado, el crecimiento y la floración de cada planta nos recuerda la capacidad de renovación, de nuevo nacimiento y, por la gracia del Creador, la venida de nuevos cielos y nueva tierra *(Is 65; Ap 21)*.

Incienso* • *17 de febrero

"Suba mi oración delante de ti como el incienso" cantó el salmista *(Sal 141:2)*. Como el humo del incienso de dulce fragancia, las oraciones de muchos pueblos se elevan y se confunden en la presencia de Dios. Profetas y habitantes de Nínive, apóstoles y centuriones, galileos y cananeos, todos y todas ofrecen sus confesiones de pecado y súplicas por misericordia, desde lo más profundo de su ser. La respuesta a la oración puede ser increíble, inesperada y provocar un cambio de vida radical. Al entablar un diálogo espiritual con Dios, los creyentes se ven impulsados a ampliar su comprensión y aumentar su capacidad de amor. *(La tercera frase se refiere a las tres enseñanzas de las Escrituras para el día 17 de febrero – Jonás 4, Hechos 10, Mateo 15)*

Cuadros religiosos* • *18 de febrero

Una pintura actual de Cristo resucitado lo muestra destruyendo las cercas de la muerte y el cautiverio. Es una expresión contemporánea del antiguo icono de Cristo que, descendiendo a los infiernos, destruyó su poder y abrió sus puertas, liberando a las personas de todas las épocas que allí estaban cautivas *(1Pedro 3:18-20)*. Nos recuerda las experiencias de muchos mártires y confesores de nuestro tiempo que sufrieron y siguen sufriendo humillaciones y privaciones en los gulag, los campos de concentración, los centros de detención. Por la gracia del Espíritu Santo, Cristo sigue presente como nuestro Salvador en el mundo hasta el fin de los tiempos, obrando por la transfiguración de toda la creación.

Cáliz* • *19 de febrero

"¿Puedes tomar de la copa de la que yo bebo?" De conformidad con la Constitución del CMI, "El objetivo principal de la comunidad de iglesias que forma el Consejo Mundial de Iglesias es ofrecer un espacio donde las iglesias puedan exhortarse unas a otras a alcanzar la unidad visible en una sola fe y una sola comunión eucarística…" Las exhortaciones se han hecho, pero el camino demuestra ser largo y difícil para llegar a esa celebración eucarística en la que todos podamos comer y beber juntos. El símbolo del culto esta mañana es un cáliz vacío, cubierto, pero a la espera de ser llenado. Continuamos obrando para que se cumpla la promesa de Cristo: "El vaso que yo bebo beberéis" *(Mr 10:38-39)*.

Agua* • *21 de febrero

En el principio, el Creador separó las aguas de las aguas *(Gn 1:6)*. En la plenitud de los tiempos, Juan el Bautista reconoció a Jesús cuando salía del agua del Jordán y el Espíritu

Santo descendió de los cielos *(Mr 1:10)*. El agua es un don ofrecido para uso de todos. Es el fundamento de la vida terrestre y un símbolo del amor de Dios por cada criatura. El agua pura es necesaria para la salud, y el agua limpia para sanación. Jesús, que enseñaba mediante parábolas, describió la redención que él ofrecía como "una manantial de vida eterna" *(Juan 4:14)*.

Pan* • *22 de febrero

"El pan nuestro de cada día dánoslo hoy" *(Lc 11:3)*. El pan simboliza nuestras necesidades más fundamentales, y el don de Dios del que dependen nuestras vidas. Es un elemento central de la mesa puesta para el festín prometido en el reino de Dios. En una oración del siglo II se hace esta petición: "Al igual que este pan que antes era trigo esparcido en las laderas de las colinas y fue transformado en una sola hogaza, pueda ser reunida tu iglesia desde los confines de la tierra en tu reino". El pan que traemos como una ofrenda a la oración matutina, se compartirá en el servicio de vísperas ortodoxas esta noche.

Semillas* • *23 de febrero

"Todo tiene su tiempo, y todo lo que se quiere debajo del cielo tiene su hora: tiempo de nacer y tiempo de morir, tiempo de plantar y tiempo de arrancar lo plantado…" *(Eclesiastés 3:1-2)*. Al acercarse el momento de la Novena Asamblea, podemos preguntarnos ¿qué semillas se han sembrado, hasta dónde se han esparcido y qué frutos habrán de producir? La parábola de Jesús sugiere que los resultados no están bajo nuestro control *(Mr 4:27)* , aunque estamos llamados a prepararnos mientras maduran los granos. La providencia misericordiosa de Dios transforma los cultivos que maduran para su cosecha.

Dios, en Tu Gracia, Transforma el Mundo

1

AFIRMACIONES BÍBLICAS:

a) Defended al débil y al huérfano; haced justicia al afligido y al menesteroso, librad al afligido y al necesitado; ¡libradlo de manos de los impíos! (Salmo 82: 3-4)

b) Morará el lobo con el cordero, y el leopardo con el cabrito se acostará; el becerro, el león y la bestia doméstica andarán juntos, y un niño los pastoreará. La vaca pacerá junto a la osa, sus crías se recostarán juntas; y el león, como el buey, comerá paja. El niño de pecho jugará sobre la cueva de la cobra; el recién destetado extenderá su mano sobre la caverna de la víbora. No harán mal ni dañarán en todo mi santo monte, porque la tierra será llena del conocimiento de Jehová, como las aguas cubren el mar. (Isaías 11: 6-9)

c) Sed, pues, imitadores de Dios como hijos amados. (Efesios 5: 1)

d) El Dios que hizo el mundo y todas las cosas que en él hay, siendo Señor del cielo y de la tierra, no habita en templos hechos por manos humanas ni es honrado por manos de hombres, como si necesitara de algo, pues él es quien da a todos vida, aliento y todas las cosas. (Hechos 17: 24-25)

TEXTOS DE LA ESCRITURA:

Isaías 61: 1-4
San Lucas: 4: 16-21 (-30)

Oraciones, Responsorios y Letanías:

1.

Oh, Jesús,
sé la canoa que me sostiene en el mar de la vida;
sé el timón que me mantiene en el camino recto;
sé el estabilizador que me sirve de apoyo en tiempos de tentación.
Que tu Espíritu sea la vela que me hace avanzar cada día.
Haz que mi cuerpo se mantenga fuerte, para poder remar con firmeza en el viaje de la vida.
Amén.

2. Salmo 146: 5-10

Bienaventurado aquel cuyo ayudador es el Dios de Jacob,
cuya esperanza está en Jehová su Dios,
el cual hizo los cielos y la tierra, el mar, y todo lo que en ellos hay;
que guarda la verdad para siempre,
que hace justicia a los agraviados, que da pan a los hambrientos.

♪ ***2. Respuesta cantada: Bem aventurados os pobres, porque deles é o reino do céus***

Jehová liberta a los cautivos;
Jehová abre los ojos a los ciegos;
Jehová levanta a los caídos; Jehová ama a los justos.
Jehová guarda a los extranjeros; al huérfano y a la viuda sostiene,
y el camino de los impíos trastorna.

♪ ***2. Respuesta cantada: Bem aventurados os pobres, porque deles é o reino do céus***

Reinará Jehová para siempre; tu Dios, oh Sión, de generación en generación.
¡Aleluya!

♪ ***2. Respuesta cantada: Bem aventurados os pobres, porque deles é o reino do céus***

3.

Hoy es Pascua.
Y la resurrección de Jesús
nos anuncia la esperanza de tiempos nuevos.
Todo puede ser diferente.
Las piedras pueden moverse de su lugar,
las tumbas pueden abrirse para siempre,
las lágrimas pueden ser vencidas,
los miedos no son eternos,
cada pregunta tiene su respuesta,
la luz es más fuerte que cualquier noche,
la alegría llega a quienes están tristes,
la paz toca los corazones abatidos,
los poderosos pierden y los humildes triunfan,
la fuerza y el odio no pueden contra el amor,
las cadenas de toda opresión se rompen,
la verdad se abraza a la justicia
y la justicia se besa con la paz,
la memoria ya no duele
y soñar ya no es pecado,
el cielo se abre y Dios sonríe,
la VIDA ha triunfado,
Jesús vive
y un mundo nuevo es posible.

4.

Que la Palabra de Dios quede incrustada
en todo corazón.
La Palabra viva es pronunciada y oída
para la sanación del mundo.

Que se despliegue el Amor de Dios
manifestado en Jesucristo.
La Cruz de la muerte
dio vida a su aliento
para la sanación del mundo.

Que el Viento de Dios actúe.
En todos los tiempos ha soplado ese viento.
El Espíritu se mueve,
pasa de nuevo, renueva,
para la sanación del mundo.

Que la Iglesia de Dios
se mantenga comprometida, verdadera y audaz.
En obras y en plegaria
compartimos el pan
para la sanación del mundo.

5.

Dador de dones buenos, te esperamos.
Los enfermos esperan la medicina.
Oh, Jesús, tu has asumido la muerte
y toda enfermedad
y así nos has reconstruido de nuevo.

6. *(Intercesión basada en Isaías 61: 1-4)*

Dios de gracia,
enséñanos a proclamar el año de tu favor.

Oramos por quienes están esclavizados por la pobreza que destruye y por el trabajo que degrada,
por los seres humanos que son tratados y comercializados como objetos en un balance de cuentas.
Escucha nuestra oración por quienes ansían la liberación de sistemas injustos y regímenes opresivos y sobre todo por quienes huyen de la guerra, del hambre o de la devastación económica.

Dios de gracia, que tu palabra se cumpla hoy, cuando ellos y nosotros la escuchamos.

♪ 4. ***Respuesta cantada: Nkosi, Nkosi, yiba nenceba. Krestu, Krestu, yiba nenceba.***

Dios de gracia,
enséñanos a proclamar el día de tu favor.

Oramos por quienes sufren en su mente, en su cuerpo o en su espíritu y por todos aquellos que anhelan la curación.
Pedimos la liberación de las actitudes estigmatizadoras hacia las personas enfermas y discapacitadas.

Escucha nuestra oración, particularmente por aquellos que sufren de VIH y SIDA, de tuberculosis y de malaria. Que todos tengan igual acceso a los cuidados médicos y a las medicinas que les son necesarias.

Dios de gracia, cambia en nosotros el duelo por el óleo de la alegría.

♪ 4. ***Respuesta cantada: Nkosi, Nkosi, yiba nenceba. Krestu, Krestu, yiba nenceba.***

Dios de gracia,
enséñanos a proclamar el año de tu favor.

En un mundo esclavizado, te rogamos por quienes intentan mantenerse firmes en la rectitud,
por quienes rompen las cadenas de la injusticia y dan testimonio de que es posible un mundo transformado por la gracia.

Escucha nuestra oración por quienes plantan signos de tu reino de amor y justicia en ciudades y campos destruidos por la guerra, por el odio o por los desastres ecológicos.

Dios de gracia, envíanos tu Espíritu para que también nosotros proclamemos la buena noticia.

♪ 4. ***Respuesta cantada: Nkosi, Nkosi, yiba nenceba. Krestu, Krestu, yiba nenceba.***

7.

Jesús, deseamos crecer en conocimiento.

Ayúdanos a crecer en cuerpo, mente y espíritu.
Jesús, deseamos crecer en fe.

Te damos gracias por las personas creyentes de los tiempos bíblicos y por las de nuestro tiempo. Sus vidas son un ejemplo para nosotros.

Jesús, deseamos crecer en esperanza.

Pedimos por quienes ayudan a poner libertad, paz y justicia en nuestro mundo.

Jesús, deseamos crecer en amor.

Ayúdanos a amarnos unos a otros como tú nos has amado y entregarnos como tú te has entregado por nosotros. Rogamos por quienes hoy dan sus vidas por los demás.

Dios, en Tu Gracia, Transforma la Tierra

2

Afirmaciones bíblicas:

a) Grande es el Señor nuestro y mucho su poder, y su entendimiento es infinito. Jehová exalta a los humildes y humilla a los impíos hasta la tierra. (Salmo 147: 5-6)

b) Si no oprimís al extranjero, al huérfano y a la viuda, ni en este lugar derramáis la sangre inocente, ni vais en pos de dioses extraños para mal vuestro, yo os haré habitar en este lugar, en la tierra que di a vuestros padres para siempre. (Jeremías 7: 6-7)

c) Otra parábola les refirió, diciendo: “El reino de los cielos es semejante al grano de mostaza que un hombre tomó y sembró en su campo. Esta es a la verdad la más pequeña de todas las semillas, pero cuando ha crecido es la mayor de las hortalizas y se hace árbol, de tal manera que vienen las aves del cielo y hacen nidos en sus ramas”. (Mateo 13: 31-32)

d) El tabernáculo de Dios está ahora con los hombres. Él morará con ellos, ellos serán su pueblo y Dios mismo estará con ellos como su Dios. (Apocalipsis 21: 3)

Textos de la Escritura:

Isaías 65: 17-25
Mateo 20: 1-16

ORACIONES, RESPONSORIOS Y LETANÍAS:

8. Salmo 65: 9-13

Visitas la tierra y la riegas;
en gran manera la enriqueces.
Con el río de Dios, lleno de aguas,
preparas el grano de ellos cuando así la dispones.
Haces que se empapen sus surcos,
haces correr el agua por sus canales,
la ablandas con lluvias,
bendices sus renuevos.
Tú coronas el año con tus bienes
y tus nubes destilan abundancia,
destilan sobre los pastizales del desierto
y los collados se ciñen de alegría.
Se visten de manadas los llanos
y los valles se cubren de grano;
¡dan voces de júbilo y aun cantan!

9.

Tenemos necesidad de visión y de imaginación,
para poder ver la belleza de la tierra como un todo limitado,
para ser conscientes de la interdependencia y de la integridad sagrada de cada parte de la creación,
para poder celebrar la diversidad valorando al mismo tiempo la unidad de todo.

Dios de amor y de verdad,
ayúdanos a mirar con ojos abiertos
para ver con corazón abierto también.

Tenemos necesidad de sobrecogimiento y capacidad de maravillarnos,
para poder ver la eternidad en un grano de arena;
para poder comprenderlo todo en la caída de un gorrión,
para poder ver la grandeza de dos monedas en un plato,
vida en una semilla que parece morir,
confianza en las manos extendidas de un niño,
para poder ver cómo Cristo, el Señor de todo, sonríe desde lo pequeño.

Dios de amor y de verdad,
ayúdanos a mirar con ojos abiertos
para ver con corazón abierto también.

Tenemos necesidad de ardor y de energía,
para poder mostrar nuestra ira ante las regulaciones cortas de vista,
antes las economías llenas de frialdad y ante el comercio sin corazón;
para saber protestar por la avaricia
y el mal uso de los recursos de la tierra,
para desear la justicia con todo nuestro ser
y procurar apasionadamente el uso de nuestros muchos conocimientos, destrezas y recursos en el sostenimiento y valoración de toda vida.

Dios de amor y de verdad,
ayúdanos a mirar con ojos abiertos
para ver con corazón abierto también.

10.

Señor del Océano,
danos el valor y la fe
para hacer frente a las olas encrespadas de nuestro tiempo.

Señor de los Arrecifes,
danos el valor y la fe
para hacer frente a las erosiones de nuestro tiempo.

Señor de las Islas,
danos el valor y la fe
para hacer frente a los ciclones de nuestro tiempo.

11.

Oh Dios, Creador amoroso,
contemplamos maravillados
el esplendor de tu creación.
Ricos campos alfombrados de grano que amarillea
y canastas rebosantes de frutos maduros.
Un banquete de vinos finos y suculentos manjares,
una fiesta esparcida en todas partes para que todos podamos compartir.

Ayúdanos a aprender de tu generosidad
a compartir nuestro pan con los hambrientos
y a comprometernos en preparar
un banquete para todos los pueblos,
una fiesta generosa en la que todos participen.
Amén.

12. Más allá de Alice Springs

Dios de los camellos itinerantes y de los lugares lejanos,
de las remotas gargantas rojas y del rostro aborigen.
Dios de los silencios profundos y de las puestas de sol imponentes,
de las llanuras iluminadas por la luz de la luna y de los dingos en su carrera,
Dios de las sequías cortadas y de los cauces de los riachuelos que corren,
de los campos de margaritas de tierra adentro
y los guisantes salvajes que crecen en el desierto;
Dios de los horizontes inmensos y de la arena que se esparce.
Confróntanos y enséñanos en esta tierra enigmática.

13.

Danos, oh Dios, una visión para ver este mundo como un mundo hecho por tu amor.
Un mundo en que los débiles son protegidos y no explotados
y en que nadie padece el hambre o la pobreza.
Un mundo en que los beneficios y los recursos son compartidos y disfrutados por todos.
Un mundo en que diferentes naciones, razas y culturas viven en tolerancia y respeto mutuo.
Un mundo en que la paz se construye con la justicia, y la justicia es guiada por el amor.
Y danos el valor y la inspiración para edificarlo, por Jesucristo nuestro Señor.
Amén.

14.

Perdónanos, Señor,
nuestra indiferencia ante la destrucción de la naturaleza;
nuestra ambición por las ganancias desmedidas, sin respeto a la vida.

Perdónanos, Señor,
nuestra violencia contra la tierra;
nuestro silencio ante los bosques devastados y los ríos contaminados.

Perdónanos, Señor,
nuestra sed voraz de consumir, sin tener en cuenta a las generaciones futuras;
nuestra fijación en el presente, sin tener en cuenta el mañana.

Perdónanos, Señor, nuestra arrogancia en pensar que somos el centro del universo;
nuestra falta de celo en preservar tu creación.

Enséñanos, en tu gracia,
a amar a tus criaturas, hermanas nuestras,
y a cuidar de la vida en todas sus manifestaciones.

3 Dios, en Tu Gracia, Transforma nuestras Sociedades

Afirmaciones bíblicas:

a) Cuando el extranjero habite con vosotros en vuestra tierra, no lo oprimiréis. Como a uno de vosotros trataréis al extranjero que habite entre vosotros, y lo amarás como a ti mismo, porque extranjeros fuisteis en la tierra de Egipto. Yo, Jehová, vuestro Dios. (Levítico 19: 33-34)

b) Tu justicia es como los montes de Dios; tus juicios, abismo grande. Tú, Jehová, al hombre y al animal conservas. (Salmo 36: 6)

c) Procurad la paz de la ciudad a la cual os hice transportar, y rogad por ella a Jehová, porque en su paz tendréis vosotros paz. (Jeremías 29: 7)

d) De cierto os digo que en cuanto lo hicisteis a uno de estos mis hermanos más pequeños, a mí lo hicisteis. (Mateo 25: 40)

Textos de la Escritura:

Hechos 10: 9-35
Mateo 15: 21-28

Oraciones, Responsorios y Letanías:

15. Oración de la mañana *(basada en elementos de oraciones de las tradiciones de las Iglesias Ortodoxas de Oriente)*

Invocación

En el nombre del Padre, del Hijo y del Espíritu Santo, el único Dios verdadero.

Amén.

Santo, santo, santo eres Tú, Dios Todopoderoso, cuya gloria llena el cielo y la tierra. Hosanna en las alturas. Bendito es Aquél que vino y ha de venir en el nombre del Señor. Hosanna en las alturas.

♪ ***11. Padrenuestro -Aboun Dhabmayo (en arameo)***

Del Oriente al Occidente,
del Norte y del Sur,
todas las razas y pueblos
bendicen con una bendición nueva
al Creador de todas las cosas.
Porque Dios hizo que la luz del sol
amaneciera hoy en el mundo.

Lectura del Nuevo Testamento - Hechos 10: 9-35

Canto: Asato maa sad gamaya *(en sánscrito)*

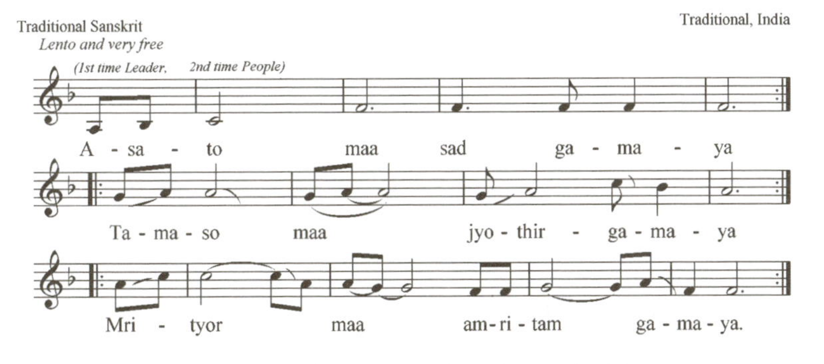
Traditional Sanskrit
Traditional, India
Lento and very free
(1st time Leader, 2nd time People)
A - sa - to maa sad ga - ma - ya
Ta - ma - so maa jyo - thir - ga - ma - ya
Mri - tyor maa am - ri - tam ga - ma - ya.

Lead me from falsehood to truth, from darkness to light, from death to life.
Führe mich von der Unwahrheit zur Wahrheit, aus Dunkelheit zum Licht, vom Tod zum Leben.
Conduis-moi du mensonge à la verité, des tenèbres à la lumière, de la mort à la vie.
Condúceme de la falsedad a la verdad, de la oscuridad a la luz, de la muerte a la vida.
Conduze-me da falsidade à verdade, das trevas à luz, da morte à vida.

Responsorio

Demos gracias a Dios nuestro Padre que creó todas las cosas por amor e hizo a cada persona humana a su imagen y semejanza.

Bendito sea Dios nuestro Creador
que nos ha reunido hoy en la alegría y la paz,
en el perdón y la reconciliación.

Dios compasivo,
perdona nuestro pecado
al no reconocer tu imagen sagrada en los demás.

Guárdanos en la paz, como un solo cuerpo en tu santo Nombre,
hoy y todos los días de nuestra vida.

Jesucristo, Señor nuestro, tú dijiste a tus discípulos: "Muchos profetas y justos desearon ver las cosas que vosotros veis y no las vieron, y oír las cosas que vosotros oís y no las oyeron. Benditos vuestros ojos porque ven y vuestros oídos porque oyen".
Señor, haznos dignos de oír tu palabra y de vivir según tu Evangelio.

Himno copto

Lectura del Evangelio - Mateo 15: 21-28

Himno etíope con tambores

Oraciones de intercesión

Pidamos al Señor gracia y paz.

***Respuesta cantada: Natha kripa chei** (en malayalam)*

Kyrie eleison
in Malayalam
India
Na - tha kri - pa chei thee de - na - me Na - tha kri - pa chei
thee de-na-me Na - tha kri - pa chei thee de - na - me

Lord, have mercy on us.
Seigneur, aie pitié de nous.
Herr, erbarme dich.
Señor, ten piedad de nosotros.
Senhor, tem piedade de nós.

Roguemos por esta asamblea y por quienes estamos reunidos en ella en espíritu de unidad, reconciliación y amor.

Respuesta cantada: Natha kripa chei

Demos gracias a Dios por su gran compasión manifestada en la creación entera y por el don de reconocer el amor de Dios en toda criatura.

Respuesta cantada: Natha kripa chei

Alabemos a Dios uno y trino por darnos numerosos testigos de la bondad y el perdón de Dios en todas las naciones y culturas, en todos los tiempos, y pidamos comprensión mutua y concordia.

Respuesta cantada: Natha kripa chei

Roguemos por esta ciudad, por este país, por todos los países y sus habitantes, para que sean protegidos de la violencia y de la guerra, de los conflictos comunitarios y religiosos y de las calamidades naturales.

Respuesta cantada: Natha kripa chei

Recordemos a los enfermos y a los que sufren, a los refugiados y a los sin techo, a los niños que son forzados a trabajar para vivir, y a las mujeres y hombres pobres que sufren injusticia y humillación. Pidamos sanación y liberación.

Respuesta cantada: Natha kripa chei

Pidamos tiempos y estaciones favorables, frutos abundantes de la tierra, protección del medio ambiente, para que todos podamos compartir los dones de Dios con gratitud y mutuo cuidado.

Respuesta cantada: Natha kripa chei

Con esperanza y con fe, oremos por la transformación de nuestro mundo por la gracia del Todopoderoso, para que se establezca un nuevo orden mundial en el que haya justicia y paz para todos.

Himno etíope con tambores

(Gracia de Dios, Gracia de Dios, dada a nosotros, Gracia a Dios)

Oración conclusiva

Oh, Dios, danos en este día compañeros que caminen en rectitud, noticias de
paz, pensamientos limpios y trabajo plenificante, libre de preocupaciones mundanas.
Danos pensamientos limpios y palabras santas,
y haz que nuestros juicios sean justos.
Danos salud, el pan cotidiano, mentes iluminadas y discernimiento claro.
Líbranos de los deseos pecaminosos y de todo mal, de toda oscuridad.
Santifícanos en tu amor y temor, para que lleguemos a ser hijos de la luz
en palabras y en obras. Amén.

Bendición

Pidamos la bendición de Dios.

Que las bendiciones de la Santa y Gloriosa Trinidad, el Padre, el Hijo, y el Espíritu Santo, estén con todos nosotros, por los siglos de los siglos.
Amén.

16.

Reconociendo que sólo unos ojos compasivos, nacidos de la gracia, pueden ver un mundo transformado, somos invitados a orar diciendo: Abre nuestros ojos para que podamos ver.

Señor, hay divisiones entre nosotros.
Necesitamos la fuerza sanadora del Evangelio.
Vemos lo que nos separa y no vemos lo que nos une.
Haznos constructores de unidad y amantes del respeto mutuo.

Abre nuestros ojos para que podamos ver.
En tu gracia, transfórmanos en seguidores del Cristo compasivo.

Oh Dios, nuestro país está herido por la violencia.
Necesitamos la fuerza sanadora del cuidado mutuo.
Haznos agentes del cambio sin violencia y amantes de la paz con la justicia.

Abre nuestros ojos para que podamos ver.
En tu gracia, transfórmanos en seguidores del Cristo compasivo.

Oh, Dios, hay niños que viven en las calles.
Ellos necesitan hogares y esperanza en el futuro.
Haznos agentes de vida abundante.
Ayúdanos a practicar lo que dijo Jesús:
"Quien recibe a un niño de estos en mi nombre, a mí me recibe".

Abre nuestros ojos para que podamos ver.
En tu gracia, transfórmanos en seguidores del Cristo compasivo.

Oh, Dios, oramos por quienes son responsables del poder y el gobierno de nuestro país.
Que sean capaces de guiar con sabiduría, integridad y favorezcan el bien común.

Abre nuestros ojos para que podamos ver.
En tu gracia, transfórmanos en seguidores del Cristo compasivo.

17.

Dios de bondad,
sembrador de la tierra nueva.
En tu gracia, nuestros ojos vislumbran nuevos horizontes,
en que los oprimidos conozcan la liberación;
los tristes, la alegría;
el mundo fragmentado, la unidad.

Que la utopía de tu Reino esté encendida en nuestros corazones
como llama que no se apaga
hasta encontrar su último sentido.

Que nuestros pasos sean de esperanza,
que nuestros brazos trabajen por la paz,
y que nuestros labios proclamen, enamorados,
una letanía de pasión por la vida.

18.

Dios eterno, Creador del universo, tú eres el único Dios.
Grandes y maravillosas son tus obras, admirables tus caminos.
Te damos gracias por la variedad esplendorosa de tu creación.
Te damos gracias por las muchas formas en que afirmamos tu presencia y tu designio,
y la libertad para hacerlo.
Perdona nuestras ofensas a tu creación.
Perdona la violencia que nos infligimos unos a otros.
Nos sobrecoge y llena de gratitud tu amor fiel a todos y cada uno de tus hijos e hijas:

cristianos, judíos, musulmanes, así como quienes
profesan otras religiones.
Concédenos a todos y concede a nuestros dirigentes
las cualidades de quienes están revestidos de fortaleza,
respeto mutuo en palabras y en obras,
moderación en el ejercicio del poder
y la voluntad de paz con justicia para todos.
Dios eterno, Creador del universo, tú eres el único Dios.
Amén.

19.

Dios Padre:
Tú mandaste a tu pueblo en otros tiempos: "Amarás
también al extraño..."

Ayúdanos a recordar
que ellos son tus hijos amados;
personas por las que Jesús murió,
fuera de quien no seremos salvados.

Danos confianza
para testimoniar pacíficamente el corazón de nuestra fe
y el camino en el que nos has llamado a seguirte.

Ayúdanos a ser hospitalarios
y a escuchar la historia de vida de nuestro prójimo:
sus aspiraciones, esperanzas y temores.

Líbranos de afirmar nuestra propia rectitud
y de juzgar a otros
con nuestra estrecha comprensión de la verdad.

En una sociedad en que tantos espíritus están rotos,
ayúdanos a ser gente de paz, de justicia y de amor.

4 Dios, en Tu Gracia, Transforma nuestras Vidas

AFIRMACIONES BÍBLICAS:

a) Por tanto, si hay algún consuelo en Cristo, si algún estímulo de amor, si alguna comunión del Espíritu, si algún afecto entrañable, si alguna misericordia, completad mi gozo, sintiendo lo mismo, teniendo el mismo amor, unánimes, sintiendo una misma cosa. Nada hagáis por rivalidad o por vanidad; antes bien, con humildad, estimando cada uno a los demás como superiores a él mismo. No busquéis vuestro propio provecho, sino el de los demás. Haya, pues, en vosotros este sentir que hubo también en Cristo Jesús. (Filipenses 2: 1-5)

b) Nunca más se hablará de violencia en tu tierra, ni de destrucción o quebrantamiento en tu territorio, sino que llamarás "Salvación" a tus muros, y a tus puertas "Alabanza". (Isaías 60: 18)

c) Vuelve ahora en amistad con Dios y tendrás paz; y la prosperidad vendrá a ti. (Job 22: 21)

d) Cuando llegó cerca de la ciudad, al verla, lloró por ella, diciendo: -¡Si también tú conocieras, a lo menos en este tu día, lo que es para tu paz! Pero ahora está encubierto a tus ojos. (Lucas 19: 41-42)

TEXTOS DE LA ESCRITURA:

Ezequiel 36: 26-27
Ezequiel 47: 1-12

2 Corintios 12: 6-10
Juan 4: 7-15

Oraciones, Responsorios y Letanías:

20. Oración matutina *(forma abreviada del servicio de maitines de la Iglesia Ortodoxa Oriental)*

En el nombre del Padre, y del Hijo y del Espíritu Santo.
¡Gloria a ti, Dios nuestro, gloria a ti!

Rey del cielo, Consolador, Espíritu de Verdad, Tú que estás presente en todo lugar y llenas todo, Tesoro de bienes y dador de vida ven y mora en nosotros, purifícanos de toda mancha y sálvanos, oh Dios de misericordia.

♪ **12.Canto: Sfinte Dumnezeule** *(en rumano)*

Gloria al Padre y al Hijo y al Espíritu Santo,
ahora y siempre, y por los siglos de los siglos. Amén.

Padre Nuestro *(cada uno en su idioma)*

Salmo 143

Oh Jehová, oye mi oración, escucha mis ruegos; respóndeme por tu verdad, por tu justicia. Y no entres en juicio con tu siervo; porque no se justificará delante de ti ningún ser humano. Porque ha perseguido el enemigo mi alma; ha postrado en tierra mi vida; me ha hecho habitar en tinieblas como los ya muertos. Y mi espíritu se angustió dentro de mí; está desolado mi corazón. Me acordé de los días antiguos; meditaba en todas tus obras; reflexionaba en las obras de tus manos. Extendí mis manos a ti, mi alma a ti como la tierra sedienta. Respóndeme pronto, oh Jehová, porque desmaya mi espíritu: no escondas de mí tu rostro, no venga yo a ser semejante a los que descienden a la sepultura. Hazme oír por la mañana tu misericordia, porque en ti he confiado; hazme saber el camino por donde ande, porque a ti he elevado mi alma. Líbrame de mis enemigos, oh Jehová; en ti me refugio. Enséñame a hacer tu voluntad, porque tú eres mi Dios; tu buen espíritu me guíe a tierra de rectitud. Por tu nombre, oh Jehová, me vivificarás; por tu justicia sacarás mi alma de angustia. Y por tu misericordia disiparás a mis enemigos, y destruirás a todos los adversarios de mi alma, porque yo soy tu siervo.

Troparia de la Resurrección

***Respuesta cantada: Blagosloven yesi Gospodi** (en eslavo)*

Obikhod Tone 5 melody: Russia
Bla- go- slo- ven ye- si Gos- po -di; Na - u- chi mya o - prov - da - ni - em Tvo - im.

Blessed are You, O Lord, teach me Your statutes
Bendito és tu, Senhor, ensina.me teus estatutos.
Bendito eres tú, Señor; enseñame tus leyes.
Gesegnet bist Du, Herr, lehre mich Deine Ordnungen.
Tu es béni, Seigneur, apprends-moi tes volontés.

Coro: El coro de los ángeles se asombró al verte contado entre los muertos. Oh, Salvador, al destruir el poder de la muerte, levantaste contigo a Adán y liberaste a todos del infierno.

Respuesta cantada: Blagosloven yesi Gospodi (en eslavo)

Coro: El ángel radiante que estaba junto al sepulcro dijo a las mujeres portadoras de mirra: ¿Por qué mezcláis la mirra con vuestras lágrimas? Contemplad el sepulcro y comprended. El Salvador ha resucitado de entre los muertos.

Respuesta cantada: Blagosloven yesi Gospodi

Coro: Muy temprano, las portadoras de mirra, lamentándose, fueron presurosas a tu sepulcro; pero un ángel se les presentó y les dijo: Ha pasado el tiempo de los lamentos. ¡No lloréis! Anunciad más bien la resurrección a los apóstoles.

Respuesta cantada: Blagosloven yesi Gospodi

Coro: Las mujeres portadoras de mirra lloraban al acercarse a tu sepulcro, pero un ángel les dijo: ¿Por qué pensáis que el que vive está entre los muertos? El que es Dios ha resucitado del sepulcro.

Respuesta cantada: Glory to the Father and to the Son and to the Holy Spirit *(en inglés)*

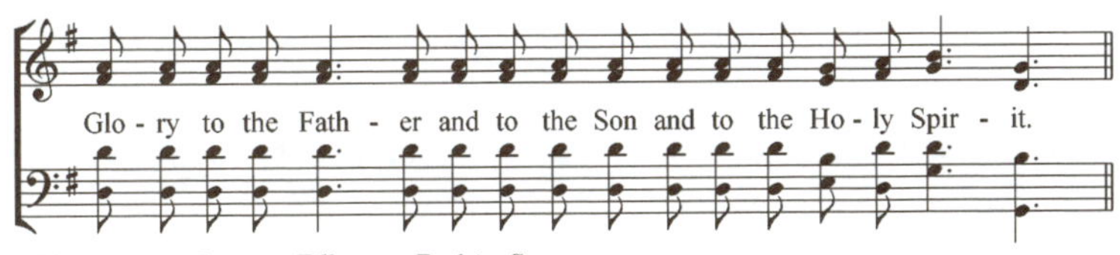

Gloria seja ao Pai e ao Filho e ao Espírito Santo.
Gloria sea al Padre, y al Hijo y al Espíritu Santo.
Ehre sei dem Vater und dem Sohn und dem Heiligen Geist,
Gloire au Père et au Fils et au Saint-Esprit.

Coro: Alabamos al Padre y al Hijo y al Espíritu Santo:
¡Santa Trinidad, una en esencia!
Aclamamos con todos los serafines:
¡Santo, Santo, Santo eres tú, oh Señor!

Respuesta cantada: Now and ever and unto ages of ages. Amen. *(en inglés)*

Agora e sempre, pelos séculos dos séculos. Amém.
Ahora y siempre, por los siglos de los siglos. Amén.
Jetzt und immerdar und in alle Ewigkeit. Amen.
Maintenant, et toujours, et dans les siècles des siècles. Amen.

Coro: ¡Oh, Virgen, tú que haciendo nacer al Dador de Vida,

liberaste a Adán de su pecado!
Diste a Eva gozo en lugar de tristeza.
El Dios hecho hombre, nacido de ti,
ha devuelto la vida a los que la habían perdido.

Respuesta cantado: Alleluia

Al - le - lui - a, Al - le - lui - a, Al - le - lui - a, Glo - ry to You, O God.

Aleluia, aleluia, aleluia, gloria a ti, Ó Deus.
Aleluya, aleluya, aleluya, gloria a tí, Oh Dios.
Halleluja, halleluja, halleluja, Ehre sei Dir, o Herr.
Alleluia, alleluia, alleluia, gloire à toi, ô Dieu.

Que los cielos y la tierra dancen y eleven hoy una alabanza armoniosa a Cristo
nuestro Dios, que ha sacado de sus sepulcros a los cautivos de la muerte.
Toda la creación se regocija ofreciendo himnos de alabanza al Creador de todas las cosas y Redentor nuestro.
Hoy, como dador de vida, ha sacado a toda la raza humana del infierno y la ha levantado con él a los cielos.
Ha aplastado el orgullo del enemigo y ha destruido las puertas del infierno por el poder de su divinidad.

Lectura bíblica: 2 Corintios 12: 6-10

Respuesta cantada: Thoxa Si thoxa Si *(en griego)*

Greek Orthodox
Δό - ξα σοι Κύ - ρι - ε δό - ξα σοι
Tho - xa Si Ky - ri - e tho - xa Si.
Glo - ry to You O Lord, glo - ry to You.

Glória a ti, Senhor, glória a ti! / ¡Gloria a tí, Señor, gloria a tí!
Gloire à toi, Seigneur, gloire à toi! / Ehre sei Dir, o Herr, ehre sei Dir!

Letanías por la reconciliación, la sanación y el triunfo sobre la violencia

Oh Cristo, nuestro Dios, que oraste por los que te crucificaron,
y nos pediste, a nosotros tus siervos, que oráramos por nuestros enemigos;
perdona a los que nos odian y nos oprimen
Por tu gracia y tu amor a la humanidad,
transforma sus vidas de mal y de pecado
en amor a sus prójimos y en una vida llena de bondad.
Que ninguno de ellos perezca a causa de nosotros,
sino que ellos y nosotros juntos, seamos salvos con la penitencia.
Te lo pedimos a ti, Señor, escúchanos y ten piedad:

Respuesta cantada: Kyrie eleison

Orthodox liturgy of Kiev
Ky- ri e e- lei -son. Ky-ri- e e- lei-son. Ky- ri- e e-le - i- son.

Ayúdanos, Señor, a cumplir, en la medida de nuestras posibilidades,
tu mandamiento de amar a nuestros enemigos
y de hacer el bien a quienes nos odian.
Te rogamos y te suplicamos:
Tú que eres compasivo,
transforma las astucias de nuestros enemigos en actos de amor y de reconciliación;
transforma sus pensamientos guiándolos hacia ti y hacia tu santa Iglesia,
a fin de que no perezcan en pecado.
Te lo pedimos a ti, Señor nuestro misericordioso, escúchanos y ten piedad:

Respuesta cantada: Kyrie eleison

Señor nuestro, Dios compasivo y misericordioso,
mira nuestros corazones, privados de amor y de unidad
y cercados por las espinas del odio y del pecado.

Que se derrame sobre ellos una gota de la gracia de tu Espíritu Santo
para que todos podamos producir frutos abundantes de buenas obras
y vivir en amor y unidad unos con otros.
Por la gracia de tu Santo Espíritu, disipa el odio que nos habita,
y haz arder nuestros corazones y nuestras almas con la llama de tu amor
y con el amor mutuo.
Fervientemente te lo pedimos, escúchanos, Señor,
fuente de toda bondad, escúchanos y ten piedad:

Respuesta cantada: Kyrie eleison

Señor, haz que aceptemos con serenidad todo lo que este día nos traiga.
Que nos entreguemos por completo a tu voluntad.
Guíanos y ayúdanos en cada hora de este día.
Vigila nuestros pensamientos y sentimientos en todo lo que hagamos y digamos.
Cuando surjan circunstancias imprevisibles,
no permitas que olvidemos que todo viene de ti.
Enséñanos a ser justos con nuestros hermanos y hermanas,
y nunca seamos causa de cólera o de pesar.
Vigila nuestra voluntad y enséñanos a orar, a creer, a esperar,
a sufrir, a perdonar y a amar.
Señor, hazme un instrumento de tu paz; donde haya odio, ponga yo amor; donde haya ofensa, perdón; donde haya discordia, unidad; donde haya desesperanza, esperanza; donde haya tinieblas, luz; donde haya tristeza, alegría.
Oh Maestro divino, que no busque yo tanto ser consolado como consolar,
ser comprendido como comprender, ser amado como amar.
Porque dando se recibe, perdonando se es perdonado,
y muriendo a sí mismo se nace a la vida eterna.

Espíritu Santo, ayúdanos a ofrecer este día a nuestro Señor y Salvador.
Señor Jesús, Hijo de Dios, mejor es no vivir que vivir sin ti.
Te agradecemos, oh Dios, el don de este día y todas las buenas acciones
que nos ayudarás a realizar hoy.
Danos valor para servirte dignamente, para poner la justicia por encima de nuestro provecho y la realización de actos nobles por encima de los placeres momentáneos, para poner a los otros antes que a nosotros mismos
y para obedecer a tu mandamiento de amor.
Que la luz de tu belleza, de tu bondad y de tu amor brille en nosotros.
Amén.

Bendición

Pidamos la bendición de Dios:

Que las bendiciones del Señor desciendan sobre nosotros,
por su gracia y su amor a la humanidad,
ahora y siempre y por los siglos de los siglos. Amén.

♪ ***13.Troparia de Resurrección: Let all things rejoice*** *(en griego e inglés)*

21. Salmo 63: 1-5

♪ ***34. Respuesta cantada: O God, you are my God, I seek you, my soul thirsts for you.***
(¡Dios, Dios mío eres tú! ¡De madrugada te buscaré! Mi alma tiene sed de ti.)
mi carne te anhela en tierra seca y árida donde no hay aguas,
♪ ***34. Respuesta cantada: O God, you are my God, I seek you, my soul thirsts for you.***
para ver tu poder y tu gloria, así como te he mirado en el santuario.

♪ ***34. Respuesta cantada: O God, you are my God, I seek you, my soul thirsts for you.***

Porque mejor es tu misericordia que la vida, mis labios te alabarán.

♪ ***34. Respuesta cantada: O God, you are my God, I seek you, my soul thirsts for you.***

Así te bendeciré en mi vida; en tu nombre alzaré mis manos.

♪ ***34. Respuesta cantada: O God, you are my God, I seek you, my soul thirsts for you.***

Como de meollo y de grosura será saciada mi alma, y con labios de júbilo te alabará mi boca.

22.

Junto a los ríos de Fortaleza, nos sentamos y lloramos por las víctimas del cólera.
Vimos tristeza en sus habitantes y no sabíamos qué decir.
Quienes allí vivían no tenía canciones en sus labios.
Deseaban la alegría pero sin agua y sin salud no había cómo alegrarse.

¿Cómo podíamos cantar al Señor en medio de tanto sufrimiento?
Si nos olvidamos de ustedes, que también nosotros padezcamos la sed.
Que se sequen nuestros labios si de ustedes nos olvidamos,
si no hacemos tornar el agua, la salud y la alegría.
Juzga, Señor, nuestras élites, pues su indiferencia y su codicia ya mucho nos maltrató.
Pero acuérdate de Fortaleza, de tus hijos de Ceará, que sufren de sed y de cólera;
no dejes que se seque la tierra.

Que la justicia se derrame como agua y la rectitud como una corriente incesante.
Amén.

23. *Oración ecuménica*

Oh, Señor, Dios de Vida,
que cuidas de toda la creación, ¡danos la paz!

Que nuestra seguridad no provenga de las armas
sino del respeto;
que nuestra fuerza no sea la violencia
sino el amor;
que nuestra riqueza no sea el dinero
sino el compartir;
que nuestro camino no sea la ambición
sino la justicia;
que nuestra victoria no sea la venganza
sino el perdón.
Desarmados y confiados,
queremos defender la dignidad de toda la creación,
compartiendo, hoy y siempre,
el pan de la solidaridad y de la paz.
Por Jesucristo, tu divino Hijo, nuestro hermano,
que, hecho víctima de nuestra violencia,
desde lo alto de la cruz,
dio a todos tu perdón.
Amén.

24.

Que Dios te bendiga con incomodidad ante las respuestas fáciles, las verdades a medias, las relaciones superficiales. Así vivirás en lo profundo de tu corazón.

Que Dios te bendiga con ira ante la injusticia, la opresión y la explotación del pueblo. Así trabajarás por la justicia, la igualdad y la paz.

Que Dios te bendiga con lágrimas derramadas por quienes sufren el dolor, el rechazo, la inanición y la guerra. Así tenderás tu mano para consolarles y para cambiar su dolor en alegría.

Y que Dios te bendiga con la locura de pensar que puedes hacer que el mundo sea de otra manera. Así harás las cosas que otros te dicen que son imposibles.

25.

Señor, Dios nuestro Todopoderoso,
Creador y Transformador,
Dios de paz y de amor.

Tu imagen se halla en los rostros de hombres y mujeres
reunidos delante de ti con súplicas de desesperanza
y con corazones llenos de esperanza.

Dios de gracia, tu iglesia sufrió
los dolores de parto y vivió su infancia
en las costas del Mediterráneo.
Sé con tu iglesia y acompáñala en su crecimiento
en todo el mundo para que alcance la madurez y la unidad
plena.

Oramos por el don de transformación.
Revive en nosotros un espíritu comunitario.
Moldea nuestros pensamientos en pensamientos de amor.
Infúndenos el sentido de tu paz y de tu reconciliación.

Danos valor y capacidad para aceptar la transformación
de nosotros mismos y de los otros,
de quienes sufren y de quienes hacen sufrir,
de las víctimas y de quienes son responsables por la
violencia
y de todo tu pueblo.

En un mundo llena de violencia y odio
danos valor para sembrar el amor y la armonía.
En un mundo en el que la discriminación y la desigualdad
están descontroladas,
haz que crezcan entre nosotros las semillas de la unidad
y la sabiduría para ver y resolver nuestras divisiones.

Prepara nuestros corazones, nuestros espíritus y nuestras
mentes
para poder cosechar tus frutos.
Amén.

26.

Espíritu de la creación, tú aleteabas sobre el vacío informe,
y separaste las aguas de las aguas:
pedimos tu guía en nuestra administración del agua, para
que tu mundo sea más bueno.
Oramos por los científicos, los planificadores y los
legisladores, para que nos guíen con sabiduría.

Oramos por los ingenieros civiles y por los trabajadores de la construcción,
para que pongan en práctica las ideas mejores.
Oramos por todos las personas que habitamos la tierra,
para que seamos conscientes de nuestro lugar en la naturaleza
y vivamos en armonía con todos los elementos y organismos,
que son tu permanente don para nosotros.

♪ 24. ***Respuesta cantada: Ouve, Deus de Amor nosso clamor!***

Espíritu de aliento y ánimo, tú ofreciste signos de esperanza a pesar del diluvio,
proporcionando a las criaturas la seguridad de un arca y extendiendo una rama de olivo
para que la paloma la llevara a casa:
Oramos por quienes han sufrido la marea creciente de los tsunamis, tifones, huracanes
e inundaciones de todo tipo.
Oramos por quienes lloran a los seres queridos que han perdido, para que sean confortados
en el conocimiento de tu cuidado y protección que no tienen fin.
Oramos por los pobres y por todos los que trabajan juntos para reconstruir las sociedades
en la esperanza de un mundo mejor.
Oramos por una generación que no ha sabido hacer frente al calentamiento global
y al rápido cambio climático;
líbranos, Señor, de las duras tormentas de la naturaleza,
pero sobre todo líbranos de nosotros mismos.

♪ 24. ***Respuesta cantada: Ouve, Deus de Amor nosso clamor!***

Espíritu de comunidad, Tú nos has hecho renacer
y nos has adoptado como hijos tuyos en las aguas del bautismo:
oramos en nombre de quienes están perdidos y solos, los alienados y los que buscan amor.

Pedimos recursos espirituales que nos ayuden a salir al encuentro de los otros,
encontrándolos allá donde están,
para que podamos ofrecer un vaso de agua fresca a los sedientos y una palabra de vida a todos.

♪ 24. ***Respuesta cantada: Ouve, Deus de Amor nosso clamor!***

Ora en nuestras oraciones, Espíritu de amor, para que nuestros espíritus sean revitalizados
a la manera como el agua suave y sanadora lleva nuevo crecimiento a una tierra reseca y estéril.

Oramos en el nombre del Dios Uno y Trino. Amén.

27.

De palabras y obras que susciten discordia, prejuicios y odio -
Líbranos, Señor.

De recelos y temores que se interpongan en el camino de la reconciliación -
Líbranos, Señor.

De creer y propagar falsedades sobre otros pueblos o naciones -
Líbranos, Señor.

De la indiferencia cruel al clamor de los hambrientos y los sin techo -
Líbranos, Señor.

De todo cuanto nos impida realizar tu promesa de paz -
Líbranos, Señor.

Líbranos de nuestra aflicción, te lo pedimos, Señor -
Y por tu gracia y tu presencia sanadora condúcenos a ti

A las aguas tranquilas y las verdes praderas -
Oh Dios creador, condúcenos.

A la libertad y el perdón que encontramos en ti -
Oh Cristo resucitado, condúcenos.

A la dura tarea de amar a nuestros enemigos -
Oh Jesús, condúcenos.

A la alegría de servir en tu nombre -
O Servidor de todos, condúcenos.

A la promesa de un nuevo cielo y una nueva tierra,
a la plenitud de la justicia,
a la fuerza de tu paz -
Oh Espíritu Santo, condúcenos ahora y en los días que han de venir.

Llena, oh Dios, nuestras vidas y nuestras iglesias con la fuerza de tu paz. Disipa nuestros temores y nuestras frustraciones con la promesa de tu presencia. Haz de nosotros signos de tu generosidad y tu justicia. Te rogamos nos ilumines cada día con la esperanza, para que podamos caminar en tu verdad y amar en tu nombre.
Amén.

28.

Que cuando el sufrimiento sea doloroso en exceso, oigamos a Jesús que dice:
¡Te basta mi gracia!
Que cuando el desaliento se adueñe de nuestros cuerpos y nuestra mentes, oigamos a Jesús que dice:
¡Te basta mi gracia!
Que cuando las injusticias lleguen a asolar nuestros ojos y nuestras vidas, oigamos a Jesús que dice:
¡Te basta mi gracia!
Que cuando el deseo de la muerte sea mayor que la lucha por la vida, oigamos a Jesús que dice:
¡Te basta mi gracia!
Para que el poder del amor se fortalezca en la debilidad, oigamos a Jesús que dice:
¡Te basta mi gracia!

5 Dios, en Tu Gracia, Transforma nuestras Iglesias

AFIRMACIONES BÍBLICAS:

a) Por eso, Jehová, el Señor, dice así: "He aquí que yo he puesto en Sión por fundamento una piedra, piedra probada, angular, preciosa, de cimiento estable. El que crea, no se apresure. Ajustaré el juicio a cordel, y a nivel la justicia". (Isaías 28: 16-17a)

b) La copa de bendición que bendecimos, ¿no es la comunión de la sangre de Cristo? El pan que partimos, ¿no es la comunión del cuerpo de Cristo? Siendo uno solo el pan, nosotros, con ser muchos, somos un cuerpo, pues todos participamos de aquel mismo pan. (1 Corintios 10: 16-17)

c) Ya no hay judío ni griego; no hay esclavo ni libre; no hay hombre ni mujer, porque todos vosotros sois uno en Cristo Jesús. (Gálatas 3: 28)

d) Cuando llegó cerca de la ciudad, al verla, lloró por ella, diciendo: -¡Si también tú conocieras, a lo menos en este tu día, lo que es para tu paz! Pero ahora está encubierto a tus ojos. (Lucas 19: 41-42)

TEXTOS DE LA ESCRITURA:

Marcos 10: 32-45
Filipenses 2: 1-11

Oraciones, Responsorios y Letanías:

29. Salmo 133

¡Mirad cuán bueno y cuán delicioso es
que habiten los hermanos juntos en armonía!
Es como el buen óleo sobre la cabeza,
el cual desciende sobre la barba, la barba de Aarón,
y baja hasta el borde de sus vestiduras;
como el rocío del Hermón, que desciende sobre los montes de Sión,
porque allí envía Jehová bendición y vida eterna.

30.

Señor, no venimos a ti solos
sino en la compañía de unos para con otros.

***Nuestra felicidad se hace más grande
cuando la compartimos.***

Compartimos unos con otros nuestras preocupaciones
y así se hacen más pequeñas.

Nuestras penas y nuestras cargas se hacen más soportables cuando las compartimos.

Que nunca seamos demasiado mezquinos para dar,
ni demasiado orgullosos para recibir.

***Porque dando y recibiendo
aprendemos a amar y a ser amados;
descubrimos el sentido de la vida,
el misterio de la existencia -***

y te descubrimos a ti.

31.

Dios de amor y todopoderoso,
pedimos que la Iglesia descubra su unidad en Cristo,
una verdadera hermandad entre “la nube de testigos” y quienes ahora

aman y sirven a nuestro Señor Jesucristo.
Con arrepentimiento y dolor, confesamos ante ti
que todavía estamos divididos
y nuestra ruptura es a menudo percibida como un anti-testimonio
para el mundo.

♪ *17. **Respuesta cantada: A ti, Señor, te pedimos***

Tu mesa santa está siempre ante nosotros,
Tú nos ofreces continuamente tu cuerpo y tu sangre
para la sanación y la salvación del mundo.
Pero nuestro cáliz está vacío y no podemos tomar parte en él.

♪ *17. **Respuesta cantada: A ti, Señor, te pedimos***

Estamos todavía aprisionados por nuestros prejuicios y nuestra soberbia.
Ayúdanos a sanar y reconciliar nuestras divisiones históricas;
ayúdanos a redescubrir nuestra unidad en la confesión de la misma fe apostólica,
para que nuestras almas sean inflamadas con el deseo de la unidad
y de compartir la misma mesa eucarística y el mismo cáliz.

♪ *17. **Respuesta cantada: A ti, Señor, te pedimos***

Señor Jesucristo,
Tú eres el camino de la paz, la reconciliación y la sanación.
Entra en la ruptura de nuestras vidas y de nuestras tierras
con tu amor que sana.
Ayúdanos a decidir inclinarnos ante ti con verdadero arrepentimiento
e inclinarnos unos ante otros en perdón auténtico y verdadero.

♪ *17. **Respuesta cantada: A ti, Señor, te pedimos***

Por el fuego de la gracia de tu Santo Espíritu,
ablanda nuestros duros corazones
y destruye la soberbia y el prejuicio que nos separan.
Llénanos, oh Señor, con tu amor perfecto,
que expulsa el temor y nos une en esa unidad que tú compartes
con el Padre y el Espíritu Santo.

♪ 17. ***Respuesta cantada: A ti, Señor, te pedimos***

32.

Dios uno y trino,
venimos ante ti con nuestro profundo deseo de comunidad verdadera,
una comunidad hecha de jóvenes y de ancianos, de hombre y de mujeres,
de ricos y de pobres, de todas las naciones.
Anhelamos vencer las divisiones que existen entre los cristianos.
Ayúdanos a deshacer las muchas barreras que levantamos.
Ayúdanos a disipar nuestras sospechas
para poder ver las buenas intenciones de aquellos a quienes encontramos.

Ayúdanos a dejar a un lado nuestra propia incertidumbre,
para poder valorar la dignidad de los otros.

Ayúdanos a alejar nuestros temores,
para poder disipar los temores de los demás.

Ayúdanos a vencer nuestra soberbia
para poder amar a nuestros prójimos como a nosotros mismos.

Danos el don de la verdadera comunidad, una comunidad de reconciliación.
Amén.

33.

Oh, Dios, la fuente de nuestra mutua pertenencia,
ninguno de nosotros puede dar nada a sus hermanos y hermanas si antes no pertenecemos a ti;
danos tu Espíritu en el vínculo de la unidad perfecta,
para que el Espíritu nos transforme en una humanidad nueva, libre y unida en tu amor.
Por nuestro Señor Jesucristo, tu Hijo, que es Dios y vive y reina contigo
en la unidad del Espíritu Santo, por los siglos de los siglos. Amén.

34.

Somos llamados a ser Iglesia,
testigos de Cristo en el mundo,
discípulos que siguen los pasos de Aquél que vivió con y por los marginados
los que han sido dejados fuera de la sociedad.
Somos llamados a acoger al extranjero en medio de nosotros.
Pero nuestra hospitalidad se hace más difícil por nuestras ansiedades.
Nuestros brazos abiertos se cierran por nuestros temores.
Remueve en nosotros la llama de la solidaridad,
y así nos comprometeremos a actuar.
Que por nuestros pensamientos, nuestras palabras, nuestros sueños,
el extranjero que vive entre nosotros, encuentre su hogar.

35. ***Oración de Completas***

Oh Cristo nuestro Dios, que siempre y en cada momento, en el cielo y en la tierra, eres alabado y glorificado, tú que has soportado el sufrimiento y estás lleno de misericordia y de compasión; que amas al justo y muestras misericordia a los pecadores; que llamas a todos a la salvación por la promesa de las bendiciones futuras: Tú, el mismo Señor, recibe también nuestras súplicas en la hora presente, y dirige nuestras vidas según tus mandatos. Santifica nuestras almas; purifica nuestros cuerpos; endereza nuestras

mentes; limpia nuestros pensamientos, y líbranos de toda tristeza, mal y aflicción. Rodéanos de tus santos ángeles, para que guardados y guiados por su presencia, podamos llegar a la unidad de la fe y al conocimiento de tu gloria inefable; porque bendito eres tú por los siglos de los siglos. Amén.

36.

Dios Santo, dador de paz, autor de la verdad,
confesamos que estamos divididos y somos extraños los unos para los otros,
que entre nosotros ha surgido un mal espíritu
y nos ha enfrentado a tu Santo Espíritu de paz y de amor.
Arranca de nosotros la desconfianza, el espíritu partidario, el desacuerdo,
y todo mal que ahora nos divide.
Obra en nosotros el deseo de la reconciliación,
para que, dejando de lado las ofensas personales,
podamos ocuparnos de tu servicio con un solo corazón,
y entregarnos a nuestro Señor y Salvador Jesucristo. Amén.

6 *Dios, en Tu Gracia, Transforma nuestro Testimonio*

Afirmaciones bíblicas:

a) Pondré dentro de vosotros mi espíritu, y haré que andéis en mis estatutos y que guardéis mis preceptos y los pongáis por obra. (Ezequiel 36: 27)

b) ¡Cuán hermosos son sobre los montes los pies del que trae alegres nuevas, del que anuncia la paz, del que trae nuevas del bien, del que publica salvación, del que dice a Sión: "¡Tu Dios reina!"! (Isaías 52: 7)

c) No me avergüenzo del evangelio, porque es poder de Dios para salvación de todo aquel que cree, del judío primeramente y también del griego. (Romanos 1: 16)

d) Al contrario, santificad a Dios el Señor en vuestros corazones, y estad siempre preparados para presentar defensa con mansedumbre y reverencia ante todo el que os demande razón de la esperanza que hay en vosotros. (1 Pedro 3: 15)

Textos de la Escritura:

2 Corintios 3: 18
Marcos 4: 26-29
Lucas 13: 20-21

Oraciones, Responsorios y Letanías:

37. Salmo 130: 1-6

De lo profundo, Jehová, a ti clamo.
Señor, oye mi voz; estén atentos tus oídos a la voz de mi súplica.
Jah, si miras los pecados, ¿quién, Señor, podrá mantenerse?
Pero en ti hay perdón, para que seas reverenciado.
Esperé yo en Jehová; esperó mi alma, en su palabra he esperado.
Mi alma espera en Jehová más que los centinelas a la mañana,
más que los vigilantes a la mañana.

38. Salmo 116: 1-6, 13-19

Amo a Jehová, pues ha oído mi voz y mis súplicas,
porque ha inclinado a mí su oído; por tanto, lo invocaré en todos mis días.
Me rodearon ligaduras de muerte, me encontraron las angustias del seol;
angustia y dolor había yo hallado.
Entonces invoqué el nombre de Jehová, diciendo: "¡Jehová, libra ahora mi alma!"
Clemente es Jehová, y justo; sí, misericordioso es nuestro Dios.
Jehová guarda a los sencillos; estaba yo postrado, y me salvó.

♪ ***31. Respuesta cantada: Kyrie***

Tomaré la copa de la salvación e invocaré el nombre de Jehová.
Ahora pagaré mis votos a Jehová delante de todo su pueblo.
Estimada es a los ojos de Jehová la muerte de sus santos.
Jehová, ciertamente yo soy tu siervo, siervo tuyo soy, hijo de tu sierva.

♪ ***31. Respuesta cantada: Kyrie***

Tú has roto mis prisiones.
Te ofreceré sacrificio de alabanza e invocaré el nombre de Jehová.
A Jehová pagaré ahora mis votos delante de todo su pueblo,
en los atrios de la casa de Jehová, en medio de ti, Jerusalén.
¡Aleluya!

♪ 31. *Respuesta cantada: Kyrie*

39.

Dios amado, nuestro constructor,
Tú tienes todos los materiales de construcción necesarios para edificar nuestras sociedades.
Tú tienes toda la fuerza para poner sabiduría en todo lo que se ha desmoronado en nuestras vidas.
Tú tienes la sabiduría para volver a conformar nuestro mundo.
Inspíranos con tu visión, tu fuerza y tu amor,
para reconstruir los muros rotos en nuestra comunidad. Amén.

40.

Señor, esta vida está llena de contradicciones.
Yo mismo, yo misma, soy una encarnación de esa contradicción,
ya que en mi vida se encuentra a la vez:
amor y odio,
fuerza y debilidad,
luz y oscuridad,
dolor y alegría,
humillación y exaltación,
verdad y falsedad,
dirección y caos,
yo y los otros,
vida y muerte.
Todo ello pesa muy fuertemente en mi,
pero tú, Dios del cielo, que conoces lo uno y lo otro,
has decidido servirte de mi persona
para realizar tus designios en el mundo.

Ayúdame, pues,
a verme a mí mismo, a mí misma,
a ver a los otros,
y a ver esta vida
con tus mismos ojos.

41.

Cuando contemplamos esa gran belleza,
la inmensidad que aparece ante nosotros
florecida en color y fragancia,
cuando contemplamos la sorprendente diversidad de todo lo que nos rodea,
los verdes bosques, los animales,
la inteligencia que nos permite a nosotros, los humanos, crear contigo, oh Dios,
las obras de tu gracia en favor nuestro,
sólo podemos expresar nuestra alegría por ser tus hijos e hijas
y cantar gustosamente la generosidad de tu amor. Amén.

42.

Señor nuestro del cielo, nuestro consolador, Espíritu de la verdad. Creador y sustentador de vida. Hacedor del color, el sonido, la textura, la quietud y la belleza vivaz de los seres animados. Creador de los mares azules, de los arrecifes de coral, de los cocoteros y de la brisa suave del Pacífico. Todo lo que es bello, la riqueza y la diversidad que existe en la tierra y en el agua, fue bueno a tus ojos. Nosotros, los hijos de tu amor, las criaturas de tu bondad, los guardianes de tu creación, te bendecimos.

Dios, en tu gracia, transforma nuestro testimonio.

Tu amor y tu gracia duran por siempre.
Cuando nosotros somos infieles, resplandece tu fidelidad.
Cuando elegimos la oscuridad, tu luz ilumina nuestros dolores.
Cuando caemos, nos levantas a una tierra más alta.
Nuestras debilidades son vencidas por tu misericordia.
Tu amor sobrepasa los límites y la comprensión de toda la humanidad.

Perdónanos por apartarnos de tu bondad y tu sabiduría
apoyándonos en nuestro propio entendimiento y nuestra
propia fuerza,
dañando a tu hermosa creación y a la humanidad.
Dios, en tu gracia, transforma nuestro testimonio.

Pedimos que nos guíes en nuestras aspiraciones de paz,
armonía y solidaridad para el mundo.
Guía nuestras mentes, nuestras manos, nuestros pies,
nuestros oídos,
todo nuestro cuerpo y nuestros corazones, para que tu
nombre sea glorificado
a través de nuestras palabras, pensamientos y acciones.
Guíanos para que seamos fieles a ti amando a nuestro
prójimo, amando a nuestro enemigo,
y para que sepamos responder ante ti sembrando
felicidad en el mundo.
Hazte camino en nuestras vidas mientras nosotros
continuamos buscando en ellas tu voluntad.
Te bendecimos por tu creación, por tu confiada, amorosa
y eterna bondad.
Dios, en tu gracia, transforma nuestro testimonio.
Amén.

43.

Por todos aquellos que buscan a Dios,
para que puedan encontrarlo.

Por aquellos que creen poseer a Dios,
para que puedan buscarlo.

Por todos los que son temerosos del futuro,
para que tengan confianza.

Por todos los que han fallado,
para que puedan tener nuevas oportunidades.

Por todos los que dudan,
para que no desesperen.

Por todos los que vagan sin rumbo fijo,
para que puedan encontrar una morada firme.

Por los que están solos,
para que puedan encontrar a otros.

Por aquellos que están constantemente hambrientos,
para que puedan ser satisfechos.

Por todos aquellos que tienen lo suficiente para comer,
para que puedan descubrir lo que significa estar
hambriento.

Por todos aquellos a quienes les va bien,
para que no se les endurezca el corazón.

Por los poderosos,
para que sean conscientes de que también son vulnerables.

Por todos aquellos y aquellas que viven en este mundo,
entre la esperanza y el temor,
y también por nosotros, oramos a Dios.

Líbranos del temor,
y de toda falsa sensación de seguridad,
y danos a todos y a todas aquello que sea para nuestro
bien,
por Jesucristo nuestro Señor.

44.

Espíritu de paz, llena el mundo entero de tu presencia
transformadora.
Que los líderes de todos los países gobiernen con madurez
y justicia.
Que todas las naciones tengan tranquilidad
y sus hijos e hijas sean bendecidos.
Que las personas y los rebaños y las manadas tengan
prosperidad
y estén libres de enfermedades.
Que los campos produzcan abundante fruto y la tierra sea
fértil.
Que el rostro de los enemigos se transforme en paz.

♪ ***32. Respuesta cantada: Oré poriajú verekó Ñandeyara***

Espíritu de unidad, oramos por tu Iglesia.
Llena a tu pueblo de toda verdad y paz.
Cuando en nosotros haya corrupción, purifícanos.
Cuando estemos en el error, oriéntanos.
Cuando algo en nosotros sea equivocado, cámbianos.
Cuando estemos en el buen camino, fortalécenos.
Cuando tengamos necesidad, asístenos.
Cuando estemos divididos, reúnenos.

♪ ***32. Respuesta cantada: Oré poriajú verekó Ñandeyara***

Espíritu de amor, vela por todos aquellos que están despiertos, o vigilan, o lloran,
y encarga a tus ángeles que protejan a quienes duermen.
Cuida de los enfermos, da descanso a los fatigados,
da valor a las mujeres que dan a luz, da alivio a los que sufren
y bendice a los que mueren.

♪ ***32. Respuesta cantada: Oré poriajú verekó Ñandeyara***

Dios de la creación, de la siembra, del crecimiento y de la cosecha:
siembra el potencial de tu Palabra en nuestras vidas, en medio de este mundo,
como semilla esparcida en un campo de tierra fértil.
Por la presencia de tu Hijo, nuestra Luz y nuestra Vida,
nutre los brotes aún tiernos de la fe, mientras crecen hasta hacerse fuertes y altos.
Por la fuerza de tu Espíritu, ayúdanos a recoger una cosecha de unidad,
de justicia, de paz y de amor. Amén.

45.

Dador de todo lo bueno:
Te damos gracias por responder a nuestra oración con el pan de cada día.
A tus órdenes la semilla germina y el grano se levanta desde la tierra,

los agricultores están atentos a la llamada a trabajar los campos maduros para la cosecha.
Por tu gracia, los molineros muelen y los panaderos hacen el pan,
y así las ciudades y las naciones tienen alimento.
Te pedimos des a los habitantes de la tierra el pan de cada día.

♪ 26. Respuesta cantada: Bendice, Señor, nuestro pan

Cabeza del hogar de la fe, tú conoces toda familia por su nombre:
te pedimos que nos reúnas en la mesa de tu abundancia.
Abre nuestros ojos y nuestros oídos, da vida a cada uno de nuestros sentidos,
para que podamos encontrar en el pan que nos es dado a todos tan generosamente,
una prueba clara de tu gobierno y tu providencia.

♪ 26. Respuesta cantada: Bendice, Señor, nuestro pan

Pan de vida, tú eres la fuente y el origen de nuestro alimento corporal y espiritual:
cuando las mujeres y los hombres están más necesitados, y tienen menos confianza,
sorpréndenos de nuevo con tus dones generosos, que se muestren como el maná
en medio de quienes enfrentan la muerte, de quienes lloran, de quienes sufren
y de quienes se sienten abandonados.
Danos el pan que necesitamos para cada día y muévenos a compartirlo de buena gana
con quienes padecen hambre.

♪ 26. Respuesta cantada: Bendice, Señor, nuestro pan

Enséñanos a orar desde el corazón. Señor, que lleguemos a confiar en ti por completo.
Porque tú estás con nosotros en el don del pan cotidiano.
Nos acompañas también en tiempos de ayuno, y permaneces como compañero nuestro incluso en tiempos de sufrimiento, pobreza y escasez.

Haz que permanezcamos en tu amor, y concédenos que también nosotros
mostremos nuestro amor a ti y a nuestros prójimos.
Te lo pedimos en el nombre de Jesús, que partió el pan y lo compartió generosa y gratuitamente.
Amén.

Otros recursos

Invitaciones a la oración y oraciones iniciales

46.

Gloria al Padre y al Hijo y al Espíritu Santo.
Como era en el principio, ahora y siempre,
por los siglos de los siglos.
Amén.

47.

Linternas y tubos fluorescentes,
velas y luz del sol,
¿qué necesidad tenemos de más luz?

En nuestro trabajo hay mucha oscuridad:
ignorancia y egoísmo
amor al poder
y temor a lo desconocido..

Jesús es la Luz de la Vida.
Él nos llama a ser como la luz
para el mundo.

Si es así, ¡no nos ocultemos!
Por el contrario, que nuestra fe
brille valientemente en nuestro vivir,
para que todos puedan ver a Jesucristo
y acercarse a Él.

48.

Señor, aunque no somos dignos de estar en tu presencia,
y aunque somos tan sólo una pequeña parte de tu creación,

hemos venido a alabarte.
Tú has movido en nosotros el deseo de adorarte
y nos has creado para que nos gocemos en tu alabanza.
Porque nos has hecho, Señor, para ti
y nuestros corazones están inquietos
hasta que descansen en ti. Amén.

Oraciones de intercesión

49.

Dios nuestro, sánanos de las estructuras sociales que explotan, que condenan a muchos a la pobreza y los exponen a infecciones.
Sánanos de la pobreza que hace el cuerpo vulnerable
y nos fuerza a conductas insanas.
Sánanos, oh Dios, en tu gracia, y transforma el mundo.

Sánanos de la injusticia internacional, que establece reglamentaciones económicas de comercio que son explotadoras y niega a millones de personas el acceso a las medicinas necesarias para atacar el VIH.
Sánanos, oh Dios, en tu gracia, y transforma el mundo.

Sánanos de la violencia que propaga el VIH. Sánanos de las guerras étnicas y civiles que propagan el virus.
Sánanos, oh Dios, en tu gracia, y transforma el mundo.

Sánanos de las relaciones de género insanas, que dejan a las mujeres incapaces de protegerse a sí mismas, y que exponen así a los compañeros y esposos a infecciones de VIH y otras enfermedades.
Sánanos, oh Dios, en tu gracia, y transforma el mundo.

Sánanos de las relaciones familiares insanas, que toleran la infidelidad y llevan dolor y heridas a todos los miembros de la familia de todas las generaciones.
Sánanos, oh Dios, en tu gracia, y transforma el mundo.

Sánanos del estigma social y la discriminación, que nos lleva a realizar actos faltos de compasión, que producen aislamiento y fracaso, y haz que proporcionemos en cambio cuidado y prevención de calidad.
Sánanos, oh Dios, en tu gracia, y transforma el mundo.

Sánanos de la resignación y el agotamiento que nos hace desesperanzados e inactivos
y nos ciega a la vida en plenitud que tú has prometido concedernos.
Sánanos, oh Dios, en tu gracia, y transforma el mundo.

Sana nuestros corazones destrozados por el sufrimiento, que continúa afectando nuestros espíritus y nuestras mentes y nos deja vacíos del sentido de la vida.
Sánanos, oh Dios, en tu gracia, y transforma el mundo.

Sánanos con el poder de tu resurrección.
Haz que nos levantemos del temor y la desesperanza.
Haz que nos levantemos a tu esperanza de resurrección.
Haz que reclamemos nuestro derecho a la vida y a una vida de calidad.
Transfórmanos por la alegría de tu espíritu y tu paz que sobrepasa todo nuestro entendimiento. Amén.

50.

Por una conciencia alerta, por el perdón de nuestra culpa,
y por un corazón abierto y tranquilo,
oremos: Dios, ten misericordia.
Dios, ten misericordia.

Para que tengamos comprensión por los otros, deseos de ayudarles,
y por el coraje para decir la verdad,
oremos: Dios, ten misericordia.
Dios, ten misericordia.

Por que seamos capaces de encontrarnos con otros,
para que por nuestro intermedio puedan conocer el amor de Dios,
oremos: Dios, ten misericordia.
Dios, ten misericordia.

Por nuestra iglesia y la Iglesia en todo el mundo,
para la superación de la división y para que la Iglesia llegue a ser una,
en la fe y en la acción, oremos:
Dios, ten misericordia.

Por nuestro pueblo y por todos los pueblos del mundo,
para que se establezca la justicia, y allí donde haya guerra,
la paz,
oremos:
Dios, ten misericordia.

Por todos aquellos que están tristes y en necesidad
para que pueden recibir ayuda,
oremos:
Dios, ten misericordia.

Quédate con nosotros, Oh Dios,
con tu Palabra y con los dones que en tu gracia nos has
dado.
¡Que venga tu reino!
Oramos con fe, en Jesucristo nuestro Señor.

Credos y Profesiones de fe

51. Credo Niceno-Constantinopolitano

Creemos en un solo Dios,
Padre todopoderoso,
creador de cielo y tierra,
de todo lo visible y lo invisible.

Creemos en un solo Señor, Jesucristo,
Hijo único de Dios,
nacido del Padre antes de todos los siglos:
luz de luz,
Dios verdadero de Dios verdadero,
engendrado, no creado,
de la misma naturaleza que el Padre,
por quien todo fue hecho;
que por nosotros y por nuestra salvación bajó del cielo,
y por obra del Espíritu Santo
se encarnó de María, la Virgen,
y se hizo hombre;
y por nuestra causa fue crucificado en tiempos de Poncio
Pilato:
padeció y fue sepultado,
y resucitó al tercer día según las Escrituras,

y subió al cielo
y está sentado a la derecha del Padre;
y de nuevo vendrá en gloria
para juzgar a vivos y muertos,
y su reino no tendrá fin.

Creemos en el Espíritu Santo,
Señor y dador de vida,
que procede del Padre,
que con el Padre y el Hijo
recibe una misma adoración y gloria,
y que habló por los profetas.

Creemos que la Iglesia es una, santa, católica y apostólica,
reconocemos un solo bautismo para el perdón de los
pecados.
Esperamos la resurrección de los muertos
y la vida del mundo futuro.
Amén.

52.

Creemos en Dios Padre todopoderoso,
creador de los cielos y de la tierra;
creador de los pueblos y las culturas;
creador de los idiomas y de las razas.

Creemos en Jesucristo, su Hijo, nuestro Señor,
Dios hecho carne en un ser humano para todos los
humanos;
Dios hecho carne en un momento para todas las edades;
Dios hecho carne en una cultura para todas las culturas;
Dios hecho carne en amor y gracia para toda la creación.

Creemos en el Espíritu Santo,
por quien el Dios encarnado en Jesucristo
se hace presente en nuestro pueblo y nuestra cultura;
por quien el Dios creador de todo cuanto existe
nos da poder para ser nuevas criaturas;
quien con sus infinitos dones, nos hace un solo pueblo:
el cuerpo de Jesucristo.

Creemos en la Iglesia,
que es universal porque es señal del reino venidero;
que es más fiel mientras más se viste de colores;
donde todos los colores pintan un mismo paisaje;
donde todos los idiomas cantan una misma alabanza.

Creemos en el reino venidero, día de la gran fiesta,
cuando todos los colores de la creación
se unirán en un arco iris de armonía;
cuando todos los pueblos de la tierra
se unirán en un banquete de alegría;
cuando todas las lenguas del universo
se unirán en un coro de alabanza.

Y porque creemos, nos comprometemos
a creer por los que no creen,
a amar por los que no aman,
a soñar por los que no sueñan,
hasta que lo que esperamos se torne realidad.
Amén.

53. El Dios en quien creo

NO CREO EN EL DIOS de los magistrados
ni en el dios de los generales o de la oratoria patriótica.

NO CREO EN EL DIOS de los himnos fúnebres
ni en el dios de las salas de juicio
o de los preámbulos o constituciones
y epílogos a discursos elocuentes.

NO CREO EN EL DIOS de la buena fortuna de los ricos
ni en el dios del miedo de los que tienen muchas
posesiones
ni en el dios de la felicidad de quienes roban a la gente.

NO CREO EN EL DIOS de la falsa paz
ni en el dios de la justicia que no es la del pueblo
ni en el dios de las venerables tradiciones nacionales.

NO CREO EN EL DIOS de los sermones vacíos
ni en el dios de los saludos formales
o de los matrimonios sin amor.

NO CREO EN EL DIOS hecho a la imagen y
semejanza de los poderosos
ni en el dios inventado como un sedante
para la miseria y el sufrimiento de los pobres.

NO CREO EN EL DIOS que duerme dentro de los
muros de una iglesia
o queda escondido en sus cajas de seguridad.

NO CREO EN EL DIOS de la Navidad comercializada
ni en el dios de la publicidad superficial.

NO CREO EN EL DIOS hecho de mentiras
tan frágil como los argumentos de barro,
ni en el dios del orden establecido,
que se apoya en el desorden y lo consiente.

EL DIOS EN QUIEN CREO
nació en una cueva.
Era judío.
Fue perseguido por un rey extranjero
y anduvo vagando en Palestina.
Hizo de la gente sus compañeros
y dio pan a los hambrientos,
luz a los que estaban en la oscuridad,
libertad a los presos
y paz a quienes pedían justicia.

EL DIOS EN QUIEN CREO
puso a los seres humanos ante la ley y el amor
y no ante las viejas tradiciones.
No tenía piedra donde apoyar su cabeza
y se mezcló con los pobres.
Su único trato con la gente entendida
tuvo lugar cuando cuestionaban su palabra.
Apareció ante los jueces
que trataban de hallarle culpable.
Fue visto con la policía como un preso.
Entró en el palacio del gobernador
para ser azotado.

EL DIOS EN QUIEN CREO
llevó una corona de espinas.

Su túnica fue toda entretejida de sangre.
Tuvo guardias que lo acompañaron
para abrir camino ante él hacia el Calvario,
donde murió, entre ladrones, en la cruz.

EL DIOS EN QUIEN CREO
no es otro que el hijo de María,
Jesús de Nazaret.
Cada día él muere
crucificado por nuestros egoísmos.
Cada día él resucita de la muerte
por el poder de nuestro amor.

Oraciones especiales y Meditaciones

54.

Oh Dios misericordioso,
por Tu Hijo eterno y por Tu Santo Espíritu,
has creado el mundo de la nada.
Has llevado todas las cosas de la no-existencia al ser,
no por necesidad, sino por Tu libre voluntad,
por Tu amorosa bondad, por Tu gracia.
Tú has creado el mundo en el que Te has complacido.
Como corona y plenitud de la creación, nos hiciste a nosotros, los seres humanos,
a quienes dotaste de Tu propia imagen, haciéndonos a semejanza Tuya,
para que nos gozáramos en el mundo y en Tu gloria.

Pero nosotros abusamos de nuestra libertad,
hemos desfigurado Tu imagen
y nos hemos alienado de Tu presencia viva.
Por nosotros y con nosotros,
toda la creación ha caído también.
Pero Tú no Te has apartado del mundo que amas.
En Tu voluntad libre, en Tu misericordia y bondad amorosa,
has enviado a Tu Hijo a redimir el mundo,
a transformarlo, a recrearlo.

En tu Hijo, nuestro Señor y nuestro Dios y Salvador Jesucristo,

Tú nos has renovado.
Pero todavía seguimos rechazando este don.
Hemos caído y necesitamos ser llamados de nuevo al arrepentimiento.
Nos hemos apartado de Ti:
¡no te acuerdes de nuestro pecado!
Llámanos de nuevo, para que podamos volver a Ti,
hasta que nos hayas llevado a Tu Reino que ha de venir,
hasta que nos hagas participantes de Tu naturaleza.
En tu gracia, nos has redimido por Tu Hijo en el Espíritu Santo:
¡Oh Dios, en Tu gracia, transforma nuestras vidas!

En Tu Hijo y por Tu Santo Espíritu,
nos has dado la Iglesia - el Cuerpo de Cristo,
que has hecho una, santa, católica y apostólica.
En Tu Iglesia experimentamos Tu Reino futuro.
En Tu Iglesia experimentamos la redención, la transformación, la recreación del mundo.
En Tu Iglesia somos sanados y reconciliados.
Por Tu Santo Espíritu, manténnos fieles a la unidad, santidad,
catolicidad y apostolicidad de Tu Iglesia.
Llámanos al arrepentimiento, a la transformación, para que seamos en verdad Tu Iglesia.
En Tu gracia, nos has dado la santa Iglesia:
Oh Dios, en Tu gracia, transfórmanos por el bien de Tu Iglesia.

En Tu Hijo, que fue transfigurado ante sus discípulos,
nos mostraste el resplandor divino de la gracia increada,
nos mostraste que quien sería crucificado, es vida y luz.
En Tu Hijo, que se anonadó tomando la forma de siervo,
y se entregó a la muerte voluntaria, a la muerte que da vida,
nos has enseñado que el camino de la transfiguración
es amar a los demás - incluso a nuestros enemigos - como a nosotros mismos,
tomar nuestra cruz todos los días, ser siervos los unos de los otros.
En nuestra mezquindad, nuestra soberbia y nuestra ambición de poder,

degradamos la dignidad de los otros,
perdemos la visión de Tu imagen en cada uno de nosotros,
nos herimos y nos destruimos mutuamente con violencia.
Llámanos al arrepentimiento, a dar testimonio al mundo, llámanos a la transformación.
En Tu gracia, nos has dado todo lo que nos es necesario para vivir juntos en armonía y justicia.
¡Oh Dios, en Tu gracia, transfórmanos para el bien del mundo!

Nos has dado un mundo en el que complacernos,
la manifestación de Tu propia gloria increada,
y nos diste el encargo de cultivarlo y guardarlo,
de ejercer una administración responsable de todos los seres vivos y de toda la creación.
Nos has dado los ejemplos de Tus santos, cuya relación con los animales y con la naturaleza
es una prefiguración de la nueva vida, en que "el león se acostará con el cordero".
Pero en nuestra insensibilidad, hemos maltratado a los animales
y hemos llevado a muchos a la extinción.
En nuestra codicia y falta de visión, hemos derrochado los recursos de la tierra,
hemos arrasado los bosques, hemos envenenado el aire y las aguas.
Nos amenazamos así a nosotros mismos, a los demás y a las futuras generaciones,
y ofendemos a Tu gloria.
Por nuestro pecado, toda la creación gime como en un parto,
esperando la transformación.
En tu gracia, Tú nos has dado un mundo maravilloso,
en nosotros ha caído, que en nosotros resurja de nuevo:
¡Oh Dios, en Tu gracia, transforma toda la creación.

55.

Divino Señor de todo lo que existe,
con tu Santo Espíritu y tu gracia
iluminaste a los apóstoles y a tus amados hijos e hijas
para que podamos glorificarte y adorarte,
y por tu gracia que ha visto la luz en nosotros
has esparcido paz, justicia y reconciliación en el mundo.

Da entendimiento y orientación a nuestras almas,
corazones y mentes.
Guía los pensamientos de tus indignos siervos y siervas,
para que seamos dignos de tu divina y misericordiosa
imagen,
dignos seguidores y seguidoras de tu llamamiento a que
seamos transformados
para gloria, alegría y ornamento de tu Santa Iglesia.

Perdona nuestros pecados,
y los pecados de quienes se arrodillan con veneración
ante ti.
Escúchanos cuando oramos con fe por tu divina gracia,
por los oprimidos, los pobres, los enfermos y los
injustos.
Protégenos de todo mal, de todas las formas de división
y de hostilidad,
Y fortalécenos con tu gracia para que proclamemos tu
Santo Evangelio.

Divino Señor,
Te lo pedimos en nombre de los apóstoles, los mártires y
todos los santos.
Que por medio de las intercesiones de todo tu pueblo
tu Santa Iglesia pueda alabarte y glorificarte por los siglos
de los siglos.
Amén.

Oraciones de la mañana

56.

Te damos gracias, Padre celestial, por medio de Jesucristo, tu amado Hijo, porque nos has protegido durante la noche de todo mal y peligro, y te rogamos también que nos preserves y nos guardes de pecado y de todo mal en este día, para que en todos nuestros pensamientos, palabras y obras te podamos servir y agradar. En tus manos encomendamos el cuerpo, el alma y todo lo que es nuestro. Tu santo ángel nos acompañe para que el maligno no tenga ningún poder sobre nosotros. Amén.

57.

Sé ante mí como una llama luminosa,
sé sobre mí una estrella que guía,
sé debajo de mí un camino suave,
sé detrás de mí un pastor bondadoso.
Hoy, esta noche y por siempre.

58.

Señor, hazme recibir en paz el día que ahora comienza.
Ayúdame, en todas las cosas, a confiar en tu santa voluntad.
En todas y cada una de las horas del día, revélame lo que quieres de mí.
Bendice mi relación con todos los que me rodean.
Enséñame a tratar todo lo que a lo largo del día pueda sucederme
con paz de espíritu y con la firme convicción de que es tu voluntad la que todo lo gobierna.
En todas mis obras y mis palabras, orienta mi pensar y mi sentir.
Y cuando se produzcan sucesos imprevistos, haz que no olvide que eres tú el que lo envía todo.
Enséñame a actuar firme y prudentemente, sin amargar ni producir incomodidad a los demás.
Dame la fuerza que necesito para soportar la fatiga del día que ahora comienza
con todo lo que él pueda traerme.
Guía mi voluntad, enséñame a orar y ora tú mismo en mí.

59.

Te damos gracias, oh Dios, por el descanso de la noche,
por las horas de reposo y de sueño.
Abre nuestras mentes y nuestros corazones
hacia todas las personas que nos encontremos en el día de hoy.

Somos uno los unos con los otros.
Muéstranos a las personas que hemos de servir
y el trabajo que hemos de realizar.

No podemos vivir por nosotros mismos.
Oh Dios, permanece a nuestro lado y levántanos.

Camina con nosotros,
paso a paso, momento a momento.

Oramos a Dios, nuestra luz y salvación,
con las palabras que nos enseño Jesús:
Padre nuestro que estás en el cielo, …

Rodéanos, oh Dios, tú que eres nuestro escudo,
mantén cerca la protección
y aleja el peligro.

Rodéanos, oh Dios, tú que eres nuestro sol,
mantén cerca la luz
y aleja la oscuridad.

Rodéanos, oh Dios, tú que eres nuestro hogar,
mantén la paz dentro de nosotros
y deja fuera el mal.

Que Dios les acoja
y les guíe con amor.
Amén.

60.

Oh Dios, me has permitido pasar la noche en paz.
Hazme pasar en paz este día.
Oh Dios, dondequiera que yo vaya, guía mis pasos
en los caminos que tú has llenado de paz para mí.
Cuando hable, haz que la mentira esté fuera de mí.
Cuando tenga hambre, ayúdame a no murmurar.

Cuando esté satisfecho, líbrame de la soberbia.
Paso el día llamándote a ti, que eres el Señor que no tiene otro Señor.

61.

Padre Celestial,
te alabo y te agradezco por la paz de la noche,
te alabo y te agradezco por este nuevo día.
Te alabo y te agradezco por todas tus bondades y por tu fidelidad a lo largo de mi vida.
Me has dado muchas bendiciones,
permite que ahora pueda aceptar de tu mano aquello que es duro.
No pondrás sobre mi algo que no pueda soportar.
Tu haces que todas las cosas obren para el bien de tus hijos e hijas.
Señor, traiga lo que traiga este día, ¡alabado sea tu nombre!
Amén.

62. Los gritos del pájaro solitario

Pasada la media noche
la quietud se rompió
en mil pedazos
por los gritos del pájaro solitario,

tus gritos, oh Dios,
tu angustia
por lo que somos –
nos herimos, nos crucificamos unos a otros,
herimos y crucificamos a nuestro mundo
y lo hacemos en tu nombre -

el clavo que destroza el hueso
pero no nuestros intereses creados
y nos deja colgando ahí …

Oraciones de la tarde

63. *(Invitación a la oración inspirada en el Salmo 134)*
Mirad, bendecid a Jehová, vosotros todos los siervos de Jehová,
los que en la casa de Jehová estáis por las noches.
Alzad vuestras manos al santuario, y bendecid a Jehová.

64.
Te damos gracias, Padre celestial, por medio de Jesucristo, tu amado Hijo, porque nos has protegido con tu gracia en este día, y te rogamos que nos perdones todos los pecados que hayamos cometido, y que por tu gran misericordia nos guardes de todos los peligros de esta noche. En tus manos encomendamos el cuerpo, el alma y todo lo que es nuestro. Tu santo ángel nos acompañe para que el maligno no tenga ningún poder sobre nosotros. Amén.

65.
Ven, Señor, y cúbreme con la noche.
Derrama sobre nosotros tu gracia, como nos lo has prometido.
Tus promesas son más numerosas que todas las estrellas del firmamento;
tu misericordia es más profunda que la noche.
Señor, hará frío.
La noche viene con su aliento de muerte.
La noche viene, el final viene,
pero Jesús viene también.
Señor, nosotros le esperamos día y noche.
Amén.

Bendiciones

66. *(Bendición inspirada en Números 6: 24-26)*
El Señor nos bendiga y nos guarde.
El Señor haga brillar su rostro sobre nosotros
y de nosotros tenga misericordia.
El Señor nos muestre su rostro y nos dé la paz.
Amén.

67.

La gracia de nuestro Señor Jesucristo -
del Señor en quien creemos,
y al que aún aquellos que hoy son llamados 'señores'
le servirán algún día.

La gracia de nuestro Señor Jesucristo
y el amor de Dios -
del Padre que nos ha creado y redimido.
La gracia de nuestro Señor Jesucristo
y el amor de Dios
y la comunión del Espíritu Santo –
a quien conocemos en la comunidad de su pueblo
mientras le servimos
y seguimos su guía.

La gracia, el amor y la comunión del Dios trino sea con nosotros y nosotras. Amén.

68.

Que la bendición del Dios de paz y justicia esté con nosotros.
Que la bendición del Hijo que llora las lágrimas del mundo sufriente esté con nosotros.
Y que la bendición del Espíritu que nos inspira la reconciliación y la esperanza esté con nosotros,
ahora y siempre.
Amén.

69.

Dios te bendiga
y te de siempre y cada vez
la bendición de los lugares vírgenes:
La calma,
el agua fresca,
los horizontes amplios,
el cielo abierto,
y la estrellas,
que iluminan tu sendero
en la oscuridad.

Que la tierra que pisas
haga bailar a tus pies,
y fortalezca tus brazos;
y llene tus oídos de música
y tu nariz de perfumes dulces.

Que los cielos que están sobre ti
llenen tu alma de ternura,
y tus ojos de luz,
colmen de alegría tu corazón
y pongan una canción en tu boca.

70.

Que la gracia de nuestro Señor Jesucristo
nos libre de matarnos unos a otros;
y que el amor de Dios llene nuestras vidas
con una paz que tiende su mano a los otros
en verdadera reconciliación y amistad.

71.

Crezcan en gracia y conocimiento
de nuestro Señor y Salvador Jesucristo.
A él sea la gloria, con el Padre y el Espíritu Santo, ahora y por siempre. Amén.
(2 Pedro 3:18 alt)

El Señor Jesucristo esté con tu espíritu.
La gracia sea con vosotros.
(2 Timoteo 4: 22)

Pueblo de Dios: ¡espera en el Señor!
Porque en el Señor hay amor inquebrantable
y en Dios hay redención copiosa.
Es Él quien redimirá al pueblo
de todos sus pecados.
(Salmo 130: 7-8, alt)

72.

Que Dios el Padre nos dé la gracia
que nos transforma.

Que Dios el Hijo nos dé la gracia
que nos salva.
Que el Espíritu de vida nos dé la gracia
que nos libera.
Y que podamos celebrar la paz
cuando nos vayamos.

Agradecimientos

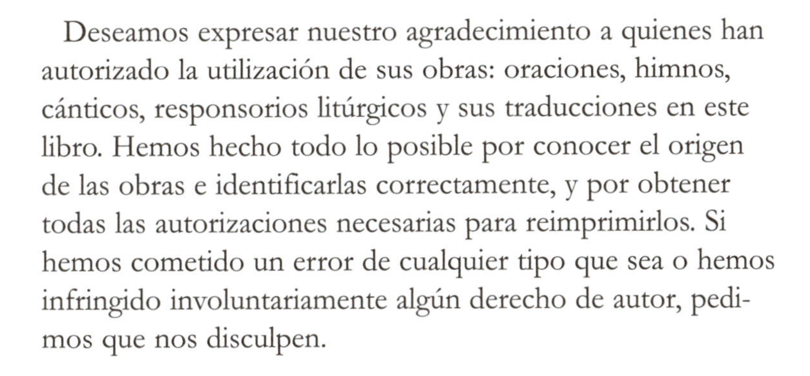

Deseamos expresar nuestro agradecimiento a quienes han autorizado la utilización de sus obras: oraciones, himnos, cánticos, responsorios litúrgicos y sus traducciones en este libro. Hemos hecho todo lo posible por conocer el origen de las obras e identificarlas correctamente, y por obtener todas las autorizaciones necesarias para reimprimirlos. Si hemos cometido un error de cualquier tipo que sea o hemos infringido involuntariamente algún derecho de autor, pedimos que nos disculpen.

El reconocimiento del derecho de autor relativo a obras musicales figura directamente en esas obras.

Las citas de las Escrituras que figuran en este libro proceden de: Santa Biblia - Reina Valera 1995 © Sociedades Bíblicas Unidas.

Los titulares de derecho de autor han autorizado la reproducción del material y su utilización en la Novena Asamblea del CMI. Por lo tanto conservan todos los derechos, y la autorización para cualesquiera otros usos debe obtenerse dirigiéndose a ellos/ellas.

Préface

La prière est au cœur du christianisme, elle est la réponse des chrétiens face à la magnificence et à l'omniprésence du Dieu transcendant.

La rencontre entre le Dieu tout-puissant et compatissant et son peuple, loin d'être un élément facultatif et périphérique de la vie chrétienne, est nécessaire et fondamentale; elle est le signe que nous reconnaissons et apprécions le fait que Dieu nous révèle l'ensemble de la création par sa Parole, dans l'Ecriture Sainte, et en Jésus Christ, sous la conduite du Saint Esprit et dans la vie ecclésiale des Églises. Dans la prière, les être humains rencontrent leur Créateur et leur Sauveur, le Dieu Trinitaire.

La prière est un élément central de chacune des Assemblées du Conseil œcuménique des Églises: tous y sont invités et accueillis. L'Assemblée est avant tout un lieu de rassemblement, de célébration et de prière à l'adresse du Dieu tout-puissant – elle est aussi un lieu où ce rassemblement se vit sous diverses formes et s'exprime dans la rencontre spirituelle profonde et la vie de prière.

Pour que cette rencontre spirituelle devienne réalité à la Neuvième Assemblée de Porto Alegre, au Brésil, on s'est efforcé de respecter scrupuleusement les recommandations de la Commission spéciale sur la participation des orthodoxes au COE. L'interprétation et la mise en pratique des sections du rapport de cette Commission et de ses recommandations relatives à la prière commune restent un élément exigeant, mais propice à la créativité de la tâche entreprise par le Conseil.

Ce recueil liturgique a été préparé avec soin à l'intention de la vie de prière quotidienne de l'Assemblée. Il réunit des éléments de liturgie choisis parmi les ressources de diverses traditions ecclésiales et familles confessionnelles et provenant de toutes les régions du monde. Présenté en cinq langues, cet ouvrage constitue la documentation principale pour la vie cultuelle de l'Assemblée. On pourra aussi l'utiliser par la suite, après la Neuvième Assemblée, lors de rassemblements œcuméniques et dans les Églises.

Tous les documents liturgiques contenus dans ce recueil parlent à notre cœur par la grâce, leurs paroles et leur musique s'adressant tant au cœur qu'à l'esprit pour inspirer notre *prière commune.*

Nous sommes très reconnaissants aux membres du Comité des cultes et du Comité de planification de l'Assemblée, au groupe du personnel du COE responsable des cultes, aux membres du personnel et aux musiciens brésiliens ainsi qu'à toutes les personnes qui ont contribué, de diverses manières, à l'élaboration de ce recueil. Nous n'avons pas assez de mots pour leur exprimer notre sincère gratitude à l'égard du grand travail accompli en vue de mener à bien cette publication ; nous les remercions de leur compréhension et de leur excellente collaboration, de leur courage constant et des efforts fournis pour réaliser cette œuvre difficile d'amour chrétien, qui valait la peine d'être entreprise.

Métropolite Gennadios de Sassima
Président du Comité des cultes de l'Assemblée
Agios Nikolaos, Crète, 25 juillet 2005

Comment utiliser ce recueil de prières et de louanges

Em tua graça est conçu comme recueil principal pour la prière commune de la Neuvième Assemblée du Conseil œcuménique des Églises qui se réunit à Porto Alegre, au Brésil, en février 2006. Les membres du comité qui l'ont préparé espèrent que ces textes continueront, au delà de l'Assemblée, à inspirer des actes de louange originaux.

Nous encourageons les participants à l'Assemblée à prendre ce livre avec eux pour l'utiliser non seulement au cours des temps de "prière commune", mais aussi au cours des séances plénières, des études bibliques, des ateliers et des autres rencontres en petits groupes. A certaines occasions, comme les célébrations d'ouverture et de clôture, des documents supplémentaires pourront être distribués.

Le thème général de tout le recueil est tiré de la prière qui constitue le thème de la Neuvième Assemblée: "Transforme le monde, Dieu, dans ta grâce". Ce thème et un certain nombre de sous-thèmes formeront le cadre des prières du matin et du soir à Porto Alegre:

- Transforme notre *monde*, Dieu, dans ta grâce (14 et 15 février)
- Transforme la *terre*, Dieu, dans ta grâce (16 février)
- Transforme nos *sociétés*, Dieu, dans ta grâce (17 février)
- Transforme nos *vies*, Dieu, dans ta grâce (18 et 21 février)
- Transforme nos *Églises*, Dieu, dans ta grâce (20 février)

- Transforme notre *témoignage*, Dieu, dans ta grâce (22 et 23 février)

Dans le cadre de la prière, un certain nombre de symboles et d'actes symboliques permettront d'explorer la vie de foi. Les symboles utilisés, qui seront décrits de manière détaillée sous les rubriques de chaque jour, comporteront notamment des graines et des tournesols, de l'eau, du pain, de l'encens et une icône peinte selon la tradition orthodoxe à l'intention de l'Assemblée.

Les cantiques, les chants et les répons musicaux se trouvent à la fin de ce recueil. Les cinq sections correspondent aux langues de l'Assemblée: portugais, anglais, espagnol, français, et allemand, et donnent toutes les traductions des mêmes textes. Au cours de l'Assemblée et dans d'autres cadres multiculturels, les participants chantent les répons dans la langue qu'ils connaissent le mieux ou qu'ils préfèrent, ce qui donne à chaque occasion un sentiment de Pentecôte.

Dans les litanies, les caractères romains signifient que le texte est lu par une personne, les caractères ***italiques gras*** indiquent ce qui est lu par l'assemblée et les caractères *italiques* désignent des informations ou indications qui ne sont pas lues à haute voix.

Le comité exprime sa profonde gratitude envers les auteurs, les compositeurs et les détenteurs des droits d'auteur qui ont donné l'autorisation d'utiliser les textes et la musique contenus dans ce recueil, en particulier les écrivains et musiciens qui ont coopéré avec le COE en créant des œuvres originales publiées ici.

À propos des symboles

***Les chaînes* • 15 février**

"Aux captifs la libération, aux prisonniers la liberté" *(Esaïe 61; Luc 4)*: c'est le message que le symbole des chaînes brisées évoque dans ce service de prière. La vision prophétique d'Esaïe est devenue l'emblème du ministère de Jésus lorsque, avec ceux qui marchaient à sa suite, il apportait la bonne nouvelle aux opprimés et la guérison à ceux qui avaient le cœur brisé. Dans le contexte des Amériques, ce sont les chaînes de l'esclavage, l'oppression de la colonisation et la domination de l'empire qui nous sont rappelées. Se fondant sur l'Évangile chrétien, les Latino-Américains ont joué un rôle d'avant-garde en amenant les Églises à adopter une théologie de la libération transformatrice.

***Les tournesols* • 16 février**

Pour certains peuples autochtones d'Amérique latine, le tournesol est un symbole de résurrection. S'élevant du sol, la fleur se tourne vers la source de la lumière qui est dans le ciel. Ses couleurs vives et son élégance témoignent de la beauté originelle de la création. Malgré les transgressions humaines qui, au fil des siècles, ont souillé la planète et mettent en péril le monde qui nous a été confié, la croissance et la floraison de chaque nouvelle plante nous rappellent le potentiel de renaissance, de renouveau et, par la grâce du Créateur, la venue d'un nouveau ciel et d'une terre nouvelle *(Esaïe 65; Apocalypse 21)*

***L'encens* • 17 février**

"Que ma prière soit l'encens placé devant toi", chante le psalmiste *(Psaume 141,2)*. Comme la fumée odoriférante de l'encens, les prières de la foule des peuples s'élèvent et se mêlent devant Dieu qui les voit et les entend. Prophètes et Ninivites, apôtres et centurions, Galiléens et Cananéens, tous, du fond de leur être, confessent leurs péchés et implorent la miséricorde de Dieu. L'exaucement de la prière peut être surprenant, inattendu, il peut transformer la vie. Dans le dialogue spirituel avec Dieu, les croyants sont invités à élargir leurs conceptions et à accroître leur pouvoir d'aimer.

(Les expressions de la troisième phrase se réfèrent aux 3 lectures bibliques du 17 février: Jonas 4, Actes 10 et Matthieu 15).

L'icône* • *18 février

L'image religieuse d'aujourd'hui représente le Christ ressuscité qui détruit les entraves de la mort et de la captivité. Elle est une expression contemporaine de l'ancienne icône du Christ qui, descendu aux enfers, en a détruit le pouvoir et ouvert les portes, libérant ainsi le peuple des temps anciens qui était retenu captif *(1 Pierre 3, 18-20)*. Cette icône s'inspire de ce qu'ont vécu les nombreux martyrs et confesseurs de notre temps qui ont subi et subissent encore les humiliations et les dures conditions des goulags, des camps de concentration, des centres de détention ou des réserves. Par la grâce du Saint Esprit, le Christ demeure présent dans le monde en tant que Sauveur jusqu'à la fin des temps, et il agit en vue de la transfiguration de la création tout entière.

Le calice* • *19 février

"Pouvez-vous boire la coupe que je vais boire?" Selon les termes de la constitution du COE, "le but premier de la communauté fraternelle d'Églises que forme le Conseil œcuménique des Églises est d'offrir un espace où celles-ci puissent s'appeler mutuellement à tendre vers l'unité visible en une seule foi et en une seule communauté eucharistique..." L'appel a été lancé, mais le chemin s'avère long et difficile qui conduit à la célébration eucharistique où tous, nous pourrons manger et boire ensemble. Nous sommes encore à la recherche de l'accomplissement de la promesse du Christ: "La coupe que je vais boire, vous la boirez" *(Marc 10,38-39)*.

***L'eau* • 21 février**

Au commencement, le Créateur sépara les eaux d'avec les eaux *(Genèse 1,6)*. Lorsque les temps furent accomplis, Jean le Baptiste a reconnu Jésus qui se tenait dans le cours du Jourdain, quand le Saint Esprit est descendu des cieux *(Marc 1,10)*. L'eau est un don offert gratuitement à tous. Elle est essentielle à la vie sur terre, symbole du souci de Dieu pour toute créature. L'eau pure est nécessaire à la santé, l'eau propre indispensable à la guérison. Jésus qui enseignait en paraboles, a parlé de la rédemption qu'il venait offrir comme d'une “source jaillissant en vie éternelle” *(Jean 4,14)*.

***Le pain* • 22 février**

“Donne-nous le pain dont nous avons besoin pour chaque jour” *(Luc 11,3)*. Le pain symbolise nos besoins les plus essentiels et les dons de la grâce de Dieu dont notre vie dépend. Il est un élément central sur la table du festin promis dans le royaume de Dieu. On trouve, dans une prière du deuxième siècle, cette demande: “Comme ce pain, épis autrefois disséminés sur les collines, a été rassemblé pour n'en faire plus qu'un, rassemble ainsi ton Église des extrémités de la terre dans ton royaume.” Le pain que nous apportons en offrande à la prière matinale sera partagé dans l'amour fraternel lors du service confessionnel des vêpres orthodoxes de ce soir.

***Les graines* • 23 février**

“Il y a un moment pour tout et un temps pour chaque chose sous le ciel: un temps pour enfanter et un temps pour mourir, un temps pour planter et un temps pour arracher le plant...” *(Ecclésiaste 3,1-2)*. Au moment où s'achève la Neuvième Assemblée, nous pouvons nous demander quelles graines ont été semées. Jusqu'où ont-elles été disséminées et que vont-elles produire? La parabole de Jésus laisse entendre que nous ne maîtrisons pas les résultats *(Marc 4,27)*, mais nous sommes appelés à nous préparer pendant que le grain germe, que les champs sont transformés par la grâce et la providence de Dieu et que la récolte mûrit pour la moisson.

Transforme le Monde, Dieu, dans Ta Grâce

1

AFFIRMATIONS BIBLIQUES:

a) Soyez des juges pour le faible et l'orphelin, rendez justice au malheureux et à l'indigent; libérez le faible et le pauvre, délivrez-les de la main des coupables. (Psaume 82: 3-4)

b) Le loup habitera avec l'agneau, le léopard se couchera près du chevreau. Le veau et le lionceau seront nourris ensemble, un petit garçon les conduira. La vache et l'ourse auront même pâture, leurs petits, même gîte. Le lion, comme le bœuf, mangera du fourrage. Le nourrisson s'amusera sur le nid du cobra. Sur le trou de la vipère, le jeune enfant étendra la main. Il ne se fera ni mal, ni destruction sur toute ma montagne sainte, car le pays sera rempli de la connaissance du Seigneur, comme la mer que comblent les eaux. (Esaïe 11: 6-9)

c) Imitez Dieu, puisque vous êtes des enfants qu'il aime. (Ephésiens 5: 1)

d) Le Dieu qui a créé l'univers et tout ce qui s'y trouve, lui qui est le Seigneur du ciel et de la terre, n'habite pas des temples construits par la main des hommes et son service non plus ne demande pas de mains humaines, comme s'il avait besoin de quelque chose, lui qui donne à tous la vie et le souffle, et tout le reste. (Actes 17: 24-25)

Lectures bibliques:

Esaïe 61: 1-4
Luc 4: 16-21 (-30)

Prières, répons, litanies:

1.

Ô Jésus,
sois le canoë qui me porte sur la mer de la vie,
sois le gouvernail qui me garde sur la voie droite,
sois le flotteur qui me soutient au temps de la tentation.
Que ton Esprit soit la voile que me permet de traverser chaque jour.
Maintiens la force de mon corps pour que je puisse ramer avec constance
tout au long de la traversée de la vie.
Amen.

2. Psaume 146: 5–10

Heureux qui a pour aide le Dieu de Jacob,
et pour espoir le Seigneur son Dieu!
Auteur de la terre et des cieux, de la mer, de tout ce qui s'y trouve,
il est l'éternel gardien de la vérité:
il fait droit aux opprimés, il donne du pain aux affamés;

♪ **2. *Répons chanté: Bem aventurados os pobres, porque deles é o reino do céus***

Le Seigneur délie les prisonniers,
le Seigneur ouvre les yeux des aveugles,
le Seigneur redresse ceux qui fléchissent, le Seigneur aime les justes,
le Seigneur protège les immigrés, il soutient l'orphelin et la veuve,
mais déroute les pas des méchants.

♪ **2. *Répons chanté: Bem aventurados os pobres, porque deles é o reino do céus***

Le Seigneur régnera toujours. Il est ton Dieu, Sion, d'âge en âge!
Alléluia!

♪ **2. *Répons chanté: Bem aventurados os pobres, porque deles é o reino do céus***

3.

C'est Pâques aujourd'hui.
Et la résurrection de Jésus
nous annonce l'espérance de temps nouveaux.
Tout peut être différent.
Les pierres peuvent se déplacer,
les tombeaux peuvent s'ouvrir pour toujours,
les larmes peuvent être surmontées,
les peurs ne sont pas éternelles,
chaque prière reçoit une réponse,
la lumière est plus puissante que toute nuit,
la joie vient pour ceux qui sont tristes,
la paix touche les cœurs abattus,
les puissants perdent et les humbles triomphent,
la force et la haine ne peuvent rien contre l'amour,
les chaînes de toute oppression se brisent,
la vérité embrasse la justice et la justice embrasse la paix,
la mémoire ne fait plus souffrir
et rêver n'est plus pécher,
le ciel s'ouvre et Dieu sourit,
la VIE a triomphé, Jésus vit,
un monde nouveau est possible.

4.

Que la parole de Dieu
soit enchâssée dans tous les cœurs.
Parole vivante,
annoncée et entendue pour guérir le monde.

Que l'amour de Dieu
se déploie en Jésus Christ.
La croix de la mort
a donné souffle à la vie pour guérir le monde.

Que le souffle de Dieu
anime tous les temps qu'il a traversés.
L'Esprit souffle,
il examine, il renouvelle
pour guérir le monde.

Que l'Église de Dieu
soit vivante, engagée, fidèle, audacieuse.
Le pain que nous partageons
dans nos actes et nos prières
pour guérir le monde.

5.

Dispensateur de tous les dons généreux, nous t'attendons.
Et les malades attendent des remèdes.
Ô Jésus, tu as englouti la mort
et toutes les maladies,
et tu nous as restaurés.

6. *(d'après Esaïe 61: 1-4)*

Dieu de grâce,
enseigne-nous à proclamer l'année de ta faveur.

Nous prions pour tous ceux qui sont prisonniers de la misère accablante et d'un travail dégradant,
pour les êtres humains dont on fait le commerce, traités comme les marchandises figurant sur un bilan.
Entends notre prière pour tous ceux qui aspirent à être libérés de systèmes injustes et de régimes oppressifs,
et particulièrement pour ceux qui fuient la guerre, la famine ou la dévastation économique.

Dieu de grâce, que ta parole s'accomplisse aujourd'hui devant nous et devant eux.

♪ 4. ***Répons chanté: Nkosi, Nkosi, yiba nenceba. Krestu, Krestu, yiba nenceba.***

Dieu de grâce,
enseigne-nous à proclamer l'année de ta faveur.

Nous prions pour tous ceux qui souffrent dans leur esprit ou dans leur corps et pour tous ceux qui soupirent après la guérison.
Nous prions pour qu'ils soient délivrés des attitudes qui stigmatisent les personnes handicapées et les malades.

Entends notre prière, en particulier pour celles et ceux qui vivent avec le VIH et le sida,

qui souffrent de la tuberculose et du paludisme,
afin que tous aient également accès aux soins et aux médicaments dont ils ont besoin.

Dieu de grâce, donne-nous une huile d'allégresse au lieu de deuil.

♪ 4. ***Répons chanté: Nkosi, Nkosi, yiba nenceba. Krestu, Krestu, yiba nenceba.***

Dieu de grâce,
enseigne-nous à proclamer l'année de ta faveur.

Dans un monde ployant sous la servitude, nous prions pour tous ceux qui s'efforcent d'être des térébinthes de la justice,
pour ceux qui brisent les chaînes de l'injustice et témoignent
qu'un monde transformé par la grâce est possible.

Entends notre prière pour ceux qui sèment des signes de ton royaume d'amour et de justice dans les villes et les pays dévastés par la guerre, la haine ou les catastrophes écologiques.

Dieu de grâce, envoie ton Esprit sur nous afin que nous aussi, nous proclamions la bonne nouvelle.

♪ 4. ***Répons chanté: Nkosi, Nkosi, yiba nenceba. Krestu, Krestu, yiba nenceba.***

7.

Jésus, nous voulons croître dans la connaissance.

Aide-nous à grandir dans notre corps, notre intelligence et notre esprit

Jésus, nous voulons croître dans la foi.
Nous te remercions pour les croyants des temps bibliques et celles et ceux dont la vie est pour nous un exemple.

Jésus, nous voulons croître dans l'espérance.

Nous te prions pour celles et ceux qui contribuent à faire advenir la liberté, la paix et la justice dans notre monde.

Jésus, nous voulons croître dans l'amour.

Aide-nous à nous aimer les uns les autres comme tu nous as aimés et donné ta vie pour nous. Nous te prions pour ceux qui, aujourd'hui, donnent leur vie pour les autres.

Transforme la Terre, Dieu, dans ta Grâce

2

Português

English

Español

Français

Deutsch

Affirmations bibliques:

a) Notre Seigneur est grand et plein de force; son intelligence est infinie. Le Seigneur soutient les humbles, jusqu'à terre il abaisse les infidèles. (Psaume 147: 5-6)

b) N'exploitez pas l'immigré, l'orphelin et la veuve; ne répandez pas du sang innocent en ce lieu; ne courez pas, pour votre malheur, après d'autres dieux; je pourrai alors habiter avec vous en ce lieu, dans le pays que j'ai donné à vos pères depuis toujours et pour toujours. (Jérémie 7: 6-7)

c) Le Royaume des cieux est comparable à un grain de moutarde qu'un homme sème dans son champ. C'est bien la plus petite de toutes les semences; mais, quand elle a poussé, elle est la plus grande des plantes potagères: elle devient un arbre, si bien que les oiseaux du ciel viennent faire leurs nids dans ses branches. (Matthieu 13: 31-32)

d) Voici la demeure de Dieu avec les hommes. Il demeurera avec eux. Ils seront ses peuples et lui sera le Dieu qui est avec eux. (Apocalypse 21: 3)

Lectures bibliques:

Esaïe 65: 17-25
Matthieu 20: 1-16

Prières, répons, litanies:

8. Psaume 65: 10-14

Tu as visité la terre, tu l'as abreuvée;
tu la combles de richesses.
La rivière de Dieu regorge d'eau,
tu prépares le froment des hommes.
Voici comment tu prépares la terre:
Enivrant ses sillons,
tassant ses mottes,
tu la détrempes sous les averses,
tu bénis ce qui germe.
Tu couronnes tes bienfaits de l'année,
et sur ton passage la fertilité ruisselle.
Les pacages du désert ruissellent,
les collines prennent une ceinture de joie,
les prés se parent de troupeaux;
les plaines se drapent de blé:
tout crie et chante.

9.

Nous avons besoin d'une vision et d'imagination
afin de voir la beauté de la terre comme un tout qui n'est pas infini,
de prendre conscience de l'interdépendance et de l'intégrité sacrée
de toutes les parties de la création,
afin de nous réjouir de la diversité tout en chérissant l'ensemble.

Dieu de tout amour et de toute vérité,
aide-nous à ouvrir les yeux,
à ouvrir nos cœurs.

Nous avons besoin d'admirer avec respect et de nous émerveiller,
afin de discerner l'éternité dans un grain de sable
de tout comprendre lorsqu'un moineau tombe à terre,
de voir grandeur de deux oboles dans une sébile,
la vie dans une graine qui semble morte,
la confiance dans les mains tendues d'un petit enfant,

afin de reconnaître le Christ, Seigneur de l'univers, dans
le sourire des petits.

Dieu de tout amour et de toute vérité,
aide-nous à ouvrir les yeux,
à ouvrir nos cœurs.

Nous avons besoin de feu, de force,
afin d'éprouver de la colère envers les politiques à court
terme,
l'économie insensible et le commerce sans cœur,
afin de protester contre la cupidité
et le mauvais usage des ressources de la terre,
de désirer la justice de tout notre être
et de rechercher avec passion le bon usage de toutes nos
connaissances,
de nos compétences et de nos ressources afin de soutenir
et de respecter toute vie.

Dieu de tout amour et de toute vérité,
aide-nous à ouvrir les yeux,
à ouvrir nos cœurs.

10.

Seigneur de l'océan,
accorde-nous assez de courage et de foi
pour affronter les raz de marée de notre temps.

Seigneur des récifs,
accorde-nous assez de courage et de foi
pour faire face aux érosions de notre temps.

Seigneur des îles,
accorde-nous assez de courage et de foi
pour affronter les cyclones de notre temps.

11.

Dieu d'amour, notre créateur,
nous contemplons avec émerveillement
la splendeur de ta création:
champs, riches tapis de blés dorés,
corbeilles débordantes de fruits mûrs,

festin de vins délicieux et de nourritures abondantes,
fête offerte au partage de tous.
Aide-nous à apprendre de ta générosité
à partager notre pain avec les affamés
et à nous engager à préparer
un festin pour tous les peuples,
une fête généreuse que tous partageront.
Amen.

12. *Au delà d'Alice Springs*

Dieu des chameaux qui cheminent et des lieux lointains,
Des gorges rouges au loin et des visages des aborigènes,

Dieu des silences profonds et de la beauté inquiétante du soleil couchant,
Des plaines éclairées par la lune et des dingos en fuite,

Dieu des sécheresses interrompues et des lits inondés des rivières,
Des champs de fleurs sauvages et des fruits du désert qui croissent,

Dieu des horizons immenses et du sable qui vole dans le vent,
Viens au devant de nous et enseigne-nous dans ce pays mystérieux.

13.

Dieu, donne-nous la vision de notre monde tel que ton amour le créerait.
Un monde où les faibles sont protégés, et non pas exploités,
où personne ne doit être affamé ou pauvre.
Un monde où les gains et les ressources de la terre sont partagés,
et où tous peuvent en jouir.
Un monde où les diverses nations, races et cultures vivent dans la tolérance
et le respect mutuel.
Un monde où la paix s'édifie dans la justice et où la justice suit la règle de l'amour.
Et donne-nous le courage et l'inspiration qui nous permettent de le construire tel,

par Jésus Christ, notre Seigneur.
Amen.

14.

Pardonne-nous, Seigneur,
notre indifférence face à la destruction de la nature,
notre désir de gains démesurés, sans respect pour la vie.

Pardonne-nous, Seigneur,
notre complicité dans la disparition des espèces, notre hâte à détruire ce qui est différent de nous.

Pardonne-nous, Seigneur,
notre soif dévorante de consommation, sans considération pour les générations futures,
notre fixation sur le présent sans penser à demain.

Pardonne-nous, Seigneur,
l'arrogance qui nous fait croire que nous sommes le centre de l'univers,
notre manque de zèle pour préserver ta création.

Enseigne-nous, par ta grâce,
à aimer toutes tes créatures qui sont nos sœurs,
et à prendre soin de la vie dans toutes ses manifestations.

3 *Transforme nos Sociétés, Dieu, dans Ta Grâce*

Affirmations bibliques:

a) Quand un émigré viendra s'installer chez toi, dans votre pays, vous ne l'exploiterez pas; cet émigré installé chez vous, vous le traiterez comme un indigène, comme l'un de vous; tu l'aimeras comme toi-même; car vous-mêmes avez été des émigrés dans le pays d'Egypte. C'est moi, le Seigneur, votre Dieu. (Lévitique 19: 33-34)

b) Ta justice est pareille aux montagnes divines, et tes jugements au grand Abîme. Seigneur, tu sauves hommes et bêtes. (Psaume 36: 7)

c) Soyez soucieux de la prospérité de la ville où je vous ai déportés et intercédez pour elle auprès du Seigneur: sa prospérité est la condition de la vôtre. (Jérémie 29: 7).

d) En vérité, je vous le déclare, chaque fois que vous l'avez fait à l'un de ces plus petits, qui sont mes frères, c'est à moi que vous l'avez fait! (Matthieu 25: 40)

Lectures bibliques:

Actes des Apôtres 10: 9-35
Matthieu 15: 21-28

Prières, répons, litanies:

15. Prière matinale *(d'après des prières de toutes les traditions des Églises orthodoxes orientales non chalcédoniennes)I*

Invocation

Au nom du Père et du Fils et du Saint Esprit, seul vrai Dieu.

Amen.

Saint, Saint, Saint es-tu, Seigneur tout-puissant, toi dont la gloire remplit les cieux et la terre. Hosanna au plus haut des cieux. Béni soit celui qui est venu et qui vient au nom du Seigneur. Hosanna au plus haut des cieux.

♪ ***11. Notre Père - Aboun Dbahmayo***
(chanté en araméen)

De l'Orient à l'Occident, du Nord et du Sud
toutes les races et tous les peuples
bénissent d'une bénédiction nouvelle
le Créateur de toutes choses.
Car Dieu a fait se lever la lumière du soleil
aujourd'hui sur le monde.

Lecture du Nouveau Testament – Actes 10: 9-35

Cantique: Asato maa sad gamaya *(chanté en sanskrit)*

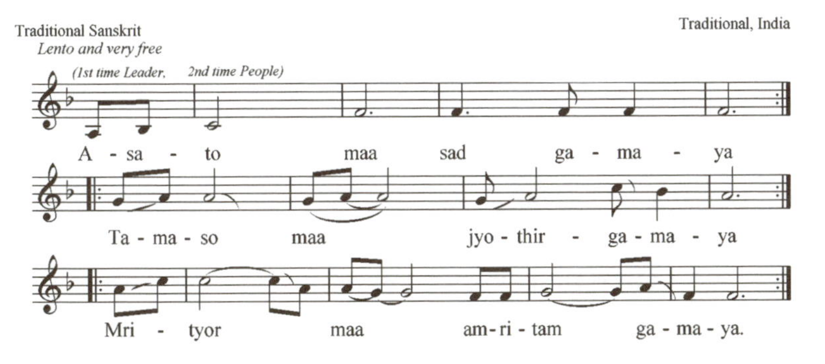
Traditional Sanskrit
Traditional, India
Lento and very free
(1st time Leader, 2nd time People)
A - sa - to maa sad ga - ma - ya
Ta - ma - so maa jyo - thir - ga - ma - ya
Mri - tyor maa am - ri - tam ga - ma - ya.

Lead me from falsehood to truth, from darkness to light, from death to life.
Führe mich von der Unwahrheit zur Wahrheit, aus Dunkelheit zum Licht, vom Tod zum Leben.
Conduis-moi du mensonge à la verité, des tenèbres à la lumière, de la mort à la vie.
Condúceme de la falsedad a la verdad, de la oscuridad a la luz, de la muerte a la vida.
Conduze-me da falsidade à verdade, das trevas à luz, da morte à vida.

Lecture alternée

Rendons grâces à Dieu, notre Père, qui a fait toutes choses par amour
et a créé chaque être humain à l'image et à la ressemblance de Dieu.

Béni soit Dieu, notre Créateur
qui nous a rassemblés en cette heure dans la joie et la paix,
le pardon et la réconciliation.

Dieu compatissant,
pardonne-nous le péché de n'avoir pas reconnu ta sainte image en la personne des autres.

Garde-nous tous en un seul corps, par ton Saint Nom, dans la paix aujourd'hui
et tous les jours de notre vie.

Jésus Christ, notre Seigneur, tu as dit à tes saints disciples: "Beaucoup de prophètes, beaucoup de justes ont désiré voir ce que vous voyez et ne l'ont pas vu, entendre ce que vous entendez et ne l'ont pas entendu. Mais vous, heureux vos yeux parce qu'ils voient, et vos oreilles parce qu'elles entendent."
Seigneur, rends-nous dignes d'entendre ta parole et de vivre selon ton Saint Évangile.

Chant copte

Lecture de l'Évangile – Matthieu 15: 21-28

Chant éthiopien avec accompagnement de tambours

Intercession

Prions le Seigneur et demandons sa grâce et sa paix:

Répons chanté: Natha kripa chei *(chanté en Malayalam)*

Kyrie eleison
in Malayalam
India
Na - tha kri - pa chei thee de - na - me Na - tha kri - pa chei
thee de-na-me Na - tha kri-pa chei thee de - na - me

Lord, have mercy on us.
Seigneur, aie pitié de nous.
Herr, erbarme dich.
Señor, ten piedad de nosotros.
Senhor, tem piedade de nós.

Prions pour cette Assemblée et pour tous ceux qui sont rassemblés ici dans un esprit d'unité, de réconciliation et d'amour.

Répons chanté: Natha kripa chei

Rendons grâce à Dieu pour la grande compassion divine manifestée dans toute la création et pour le don de discerner son amour dans tout être créé.

Répons chanté: Natha kripa chei

Louons le Dieu Trinitaire qui nous donne de nombreux témoins de sa bonté et de son pardon dans toutes les nations et toutes les cultures, dans tous les temps, et prions pour lui demander compréhension et concorde.

Répons chanté: Natha kripa chei

Prions pour cette ville, pour ce pays, pour tous nos pays et pour leurs habitants, afin qu'ils soient préservés de la violence et de la guerre, des conflits internes et religieux et des catastrophes naturelles.

Répons chanté: Natha kripa chei

Souvenons-nous des malades et des affligés, des réfugiés et des sans-abri, des enfants contraints de travailler pour vivre et des pauvres, femmes et hommes, qui subissent l'injustice de l'humiliation, et prions pour leur guérison et leur libération.

Répons chanté: Natha kripa chei

Prions pour des temps et des saisons propices, pour l'abondance des fruits de la terre, pour la protection de l'environnement, afin que tous aient leur part aux dons de Dieu dans la reconnaissance et le souci les uns des autres.

Répons chanté: Natha kripa chei

Dans l'espérance et la foi, prions pour la transformation de notre monde par la grâce du Dieu tout-puissant, afin que s'établisse un nouvel ordre mondial de justice et de paix pour tous

Chant éthiopien avec accompagnement de tambours

(Grâce de Dieu, grâce de Dieu qui nous est donnée)

Prière finale

Ô Dieu, donne-nous en ce jour des justes pour compagnons, des nouvelles de paix, des pensées pures et un travail qui nous comble, libre des soucis de ce monde.
Donne-nous des pensées pures et des bouches saintes,
et que la justice soit dans nos jugements.
Donne-nous la santé, le pain quotidien, des esprits éclairés et la clarté du discernement.
Sauve-nous des désirs coupables et du Malin,
de toute obscurité, sanctifie-nous par l'amour et le respect envers toi
afin que nous devenions des enfants de lumière en paroles et en actes. Amen.

Bénédiction

Implorons la bénédiction de Dieu:

Que les bénédictions de la Sainte et Glorieuse Trinité, le Père, le Fils et le Saint Esprit, soient avec nous pour l'éternité.
Amen.

16. Intercessions

Reconnaissant que seuls des yeux compatissants nés de la grâce peuvent voir un monde transformé, nous sommes invités à prier en suppliant: Ouvre nos yeux pour qu'ils voient.

Ô Dieu, des divisions règnent dans notre peuple.
Nous avons besoin du pouvoir de guérison de l'Évangile.
Nous voyons ce qui nous sépare et ne voyons pas ce qui nous rassemble.
Fais de nous des bâtisseurs de l'unité, fais-nous aimer le respect mutuel.

Ouvre nos yeux afin que nous voyions.
Dans ta grâce, transforme-nous pour que nous suivions le Christ compatissant.

Ô Dieu, notre pays est déchiré par la violence.
Nous avons besoin de la puissance de guérison pour prendre soin les uns des autres.
Fais de nous des agents du changements non violent, fais-nous aimer la paix et la justice.

Ouvre nos yeux afin que nous voyions.
Dans ta grâce, transforme-nous pour que nous suivions le Christ compatissant.

Ô Dieu, des enfants vivent dans les rues.
Ils ont besoin d'un foyer et d'une espérance pour l'avenir.
Fais de nous des agents de la vie en abondance.
Aide-nous à mettre en pratique la parole de Jésus: "Qui accueille en mon nom un enfant comme celui-là m'accueille moi-même."

Ouvre nos yeux afin que nous voyions.
Dans ta grâce, transforme-nous pour que nous suivions le Christ compatissant.

Ô Dieu, nous te prions pour ceux qui sont au pouvoir et gouvernent notre pays,
afin qu'ils sachent diriger avec sagesse, intégrité et pour le bien de tous.

Ouvre nos yeux afin que nous voyions.
Dans ta grâce, transforme-nous pour que nous suivions le Christ compatissant.

17.

Dieu de bonté,
Toi qui sèmes une terre nouvelle,
par ta grâce, nos yeux aperçoivent de nouveaux horizons
où les opprimés connaissent la libération,
les affligés, la joie
et le monde divisé, l'unité.

Que l'utopie de ton royaume s'allume dans nos cœurs
comme un appel qui ne faiblit pas,
jusqu'à ce qu'il trouve son sens ultime.

Que nos pas soient d'espérance,
que nos bras œuvrent pour la paix,
et que nos lèvres proclament avec amour
une litanie passionnée pour la vie.

18.

Dieu éternel, Créateur de l'univers, il n'y a pas d'autre Dieu que toi.

Tes œuvres sont grandes et merveilleuses, admirables sont tes voies.
Merci pour la variété infinie des splendeurs de ta création.
Merci de nous donner la liberté d'exprimer de mille manières
ta présence et ton dessein.
Pardonne-nous de faire violence à ta création.
Pardonne-nous d'user de violence les uns envers les autres.
Nous voici dans l'admiration et la reconnaissance devant ton amour inlassable
pour chacun de tes enfants, pour eux tous:
les chrétiens, les juifs, les musulmans,
et tous les autres croyants.
Accorde à tous, et à nos dirigeants aussi, les qualités des forts:
le respect mutuel en paroles et en actes,
la modération dans l'exercice du pouvoir,
et la volonté de faire régner la paix et la justice pour tous.
Dieu éternel, Créateur de l'univers, il n'y a pas d'autre Dieu que toi. Amen.

19.

Dieu notre Père,
tu as enjoint à ton peuple autrefois
"Vous aimerez l'étranger…"

Aide-nous à nous souvenir
qu'ils sont tes enfants bien-aimés,
des personnes pour qui Jésus est mort
et que séparés d'eux, nous ne connaîtrons pas le salut.

Accorde nous assez de confiance
pour témoigner paisiblement du cœur de notre foi
et du chemin
que tu nous as appelés suivre.

Aide-nous à pratiquer l'hospitalité
et à écouter l'histoire de nos voisins,
de leurs aspirations, de leurs espoirs et de leurs craintes.

Garde-nous
d'affirmer bien haut notre propre justice
et de juger les autres
à l'aune étroite de notre compréhension de la vérité.

Dans une société où tant d'esprits sont brisés,
aide-nous à être porteurs de paix, de justice et d'amour.

Transforme nos Vies, Dieu, dans Ta Grâce

4

PORTUGUÊS

ENGLISH

ESPAÑOL

FRANÇAIS

DEUTSCH

AFFIRMATIONS BIBLIQUES:

a) S'il y a donc un appel en Christ, un encouragement dans l'amour, une communion dans l'Esprit, un élan d'affection et de compassion, alors comblez ma joie en vivant en plein accord. Ayez un même amour, un même cœur; recherchez l'unité; ne faites rien par rivalité, rien par gloriole, mais, avec humilité, considérez les autres comme supérieurs à vous. Que chacun ne regarde pas à soi seulement, mais aussi aux autres. Comportez-vous ainsi entre vous, comme on le fait en Jésus Christ. (Philippiens 2: 1-5)

b) Désormais ne se feront plus entendre ni la violence, dans ton pays, ni, dans tes frontières, les dégâts et les brisements. Tu appelleras tes murailles "Salut", et tes portes "Louange". (Esaïe 60: 18)

c) Réconcilie-toi donc avec Dieu et fais la paix. Ainsi le bonheur te sera rendu. (Job 22: 21)

d) Quand il approcha de la ville et qu'il l'aperçut, il pleura sur elle. Il disait: "Si toi aussi tu avais su, en ce jour, comment trouver la paix Mais hélas! cela a été caché à tes yeux! (Luc 19: 41-42)

LECTURES BIBLIQUES:

Ezéchiel 36: 26-27
Ezéchiel 47: 1-12
2e épître aux Corinthiens 12: 6-10
Jean 4: 7-15

Prières, répons, litanies:

20. Prière matinale

(d'après le service des matines de l'Église orthodoxe chalcédonienne)

Au nom du Père et du Fils et du Saint-Esprit.
Gloire à toi, notre Dieu, gloire à toi!

Ô Roi du ciel, Consolateur, Esprit de vérité, qui es en tous lieux et emplis toutes choses, trésor de largesses et dispensateur de vie, viens habiter en nous, purifie-nous de toute souillure et sauve-nous, Seigneur miséricordieux.

♪ ***12. Chant: Sfinte Dumnezeule*** *(chanté en roumain)*

Gloire au Père et au Fils et au Saint-Esprit,
maintenant et à jamais dans les siècles des siècles. Amen.

Notre Père *(chacun dans sa langue)*

Psaume 143

Seigneur, écoute ma prière, prête l'oreille à mes supplications, par ta fidélité, par ta justice, réponds-moi! N'entre pas en jugement avec ton serviteur, car nul vivant n'est juste devant toi. L'ennemi m'a persécuté, il m'a terrassé, écrasé; il m'a fait habiter dans les ténèbres, comme les morts des temps passés. En moi la souffle s'éteint, la désolation est dans mon cœur. J'évoque les jours d'autrefois, je me redis tout ce que tu as fait, je me répète l'œuvre de tes mains. Je tends les mains vers toi; me voici devant toi, comme une terre assoiffée. Vite! réponds-moi, Seigneur! je suis à bout de souffle. Ne me cache pas ta face, sinon je ressemble à ceux qui descendent dans la fosse. Dès le matin, annonce-moi ta fidélité, car je compte sur toi. Révèle-moi le chemin à suivre car je suis tendu vers toi. Seigneur, délivre-moi de mes ennemis; j'ai fait un abri près de toi. Enseigne-moi à faire ta volonté car tu es mon Dieu. Ton esprit est bon, qu'il me conduise sur un sol uni! A cause de ton nom, Seigneur, tu me feras vivre; par ta justice tu me

sortiras de la détresse; par ta fidélité tu extermineras mes ennemis et tu feras périr tous mes adversaires, car je suis ton serviteur.

Tropaires de la Résurrection

Répons chanté: Blagosloven yesi Gospodi
(chanté en slavon)

Obikhod Tone 5 melody: Russia
Bla- go- slo- ven ye- si Gos- po - di; Na - u - chi mya o - prov - da - ni - em Tvo - im.

Blessed are You, O Lord, teach me Your statutes
Bendito és tu, Senhor, ensina.me teus estatutos.
Bendito eres tú, Señor; enseñame tus leyes.
Gesegnet bist Du, Herr, lehre mich Deine Ordnungen.
Tu es béni, Seigneur, apprends-moi tes volontés.

Chœur: L'armée des anges était remplie de crainte lorsqu'elle t'a vu parmi les morts. En détruisant le pouvoir de la mort, ô Sauveur, tu as ressuscité Adam et sauvé les humains de l'enfer.

Répons chanté: Blagosloven yesi Gospodi

Chœur: Au tombeau, l'ange radieux a crié aux femmes qui apportaient la myrrhe: Pourquoi, femmes, mêler de la myrrhe à vos larmes? Regardez le tombeau et comprenez ! Le Sauveur est ressuscité d'entre les morts.

Répons chanté: Blagosloven yesi Gospodi

Chœur: Très tôt le matin, les femmes porteuses de myrrhe sont allées à ton tombeau, le cœur déchiré, mais un ange leur est apparu et leur a dit: le temps de l'affliction n'est plus, ne pleurez pas mais annoncez la résurrection aux apôtres.

Répons chanté: Blagosloven yesi Gospodi

Chœur: C'est dans la désolation que les femmes porteuses de myrrhe se sont approchées de ton tombeau, mais un ange leur a dit: Pourquoi cherchez-vous le vivant parmi les morts? De nature divine, il est ressuscité.

Répons chanté: Glory to the Father and to the Son and to the Holy Spirit. *(chanté en anglais)*

Gloria seja ao Pai e ao Filho e ao Espírito Santo.
Gloria sea al Padre, y al Hijo y al Espíritu Santo.
Ehre sei dem Vater und dem Sohn und dem Heiligen Geist,
Gloire au Père et au Fils et au Saint-Esprit.

Chœur: Nous adorons le Père et le Fils et le Saint-Esprit, Trinité sainte et consubstantielle.
Avec les Séraphins nous chantons: Saint, saint, saint es-tu, Seigneur notre Dieu !

Répons chanté: Now and ever and unto ages of ages. Amen. *(chanté en anglais)*

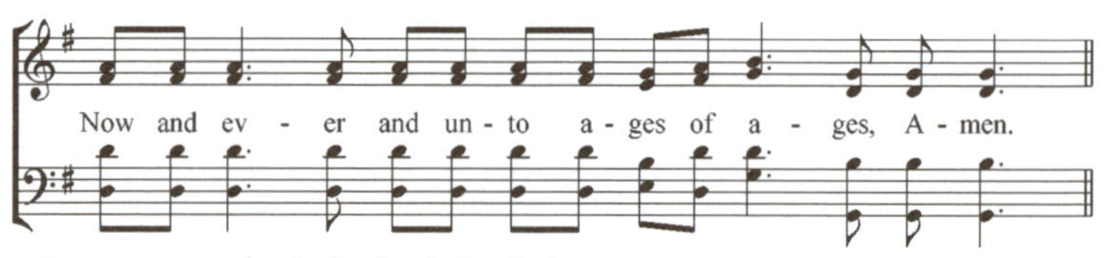

Agora e sempre, pelos séculos dos séculos. Amém.
Ahora y siempre, por los siglos de los siglos. Amén.
Jetzt und immerdar und in alle Ewigkeit. Amen.
Maintenant, et toujours, et dans les siècles des siècles. Amen.

Chœur: Toi qui as enfanté la Source de Vie, ô Vierge,
tu as délivré Adam du péché,
par toi les larmes d'Eve furent changées en joie,
car l'Homme-Dieu né de toi a ramené à la vie ceux qui en avaient été privés.

Répons chanté: Alleluia

Aleluia, aleluia, aleluia, gloria a ti, Ó Deus.
Aleluya, aleluya, aleluya, gloria a tí, Oh Dios.
Halleluja, halleluja, halleluja, Ehre sei Dir, o Herr.
Alleluia, alleluia, alleluia, gloire à toi, ô Dieu.

Que les cieux et la terre dansent aujourd'hui et louent dans l'harmonie le Christ notre Dieu qui a délivré du tombeau les captifs de la mort.
Toute la création exulte en chantant les louanges du Créateur de toutes choses, notre Rédempteur.
Aujourd'hui, dispensateur de vie, il arrache à l'enfer toute l'espèce humaine et l'élève avec lui jusqu'aux cieux.
Il a écrasé l'orgueil de l'ennemi et fracassé les portes de l'enfer par la puissance de sa divinité.

Lecture biblique: 2 Corinthiens 12: 6-10

Répons chanté: Thoxa Si Kyrie thoxa Si
(chanté en grec)

Greek Orthodox
Δό - ξα σοι Κύ - ρι - ε δό - ξα σοι
Tho - xa Si Ky - ri - e tho - xa Si.
Glo - ry to You O Lord, glo - ry to You.

Glória a ti, Senhor, glória a ti! / ¡Gloria a tí, Señor, gloria a tí!
Gloire à toi, Seigneur, gloire à toi! / Ehre sei Dir, o Herr, ehre sei Dir!

Litanies pour se réconcilier, guérir et vaincre la violence

Ô Christ, notre Dieu, qui as prié pour ceux qui t'ont crucifié
et qui nous as demandé à nous, tes serviteurs, de prier pour nos ennemis,
de pardonner à ceux qui nous haïssent et nous oppriment et, par ta grâce et ton amour
de l'humanité, de les détourner du mal et du péché pour leur faire aimer leur prochain
et emplir leur vie de bonté, afin qu'aucun d'eux ne périsse à cause de nous
mais qu'au contraire eux et nous soyons sauvés ensemble par la pénitence.
Nous t'en prions, Seigneur, écoute-nous et prends pitié:

Répons chanté: Kyrie eleison

Orthodox liturgy of Kiev
Ky- ri e e- lei -son. Ky - ri- e e- lei-son. Ky- ri- e e-le - i- son.

Aide-nous, Seigneur, pour autant que cela soit en notre pouvoir,
à obéir à ton commandement d'aimer nos ennemis
et de faire du bien à ceux qui nous haïssent.
Nous t'en prions et t'en supplions:
Toi, le Compatissant,
transforme les ruses de nos ennemis en actes d'amour et de réconciliation,
tourne leurs pensées vers toi et ta Sainte Église
afin qu'ils ne périssent pas en état de péché.
Nous t'en prions, Seigneur miséricordieux, écoute-nous et prends pitié:

Répons chanté: Kyrie eleison

Seigneur, notre Dieu, Dieu de compassion qui prends soin de nous,
regarde nos cœurs qui, privés d'amour et d'unité,
cernés de toutes parts par les épines de la haine et d'autres péchés.
Qu'une goutte de la grâce de ton Esprit Saint tombe sur eux
afin que nous puissions produire une abondante moisson de bonnes œuvres
et vivre les uns avec les autres dans l'amour et l'unité.
Par la grâce de ton Esprit Saint, fais fondre la haine qui nous habite,
réchauffe nos cœurs et nos âmes à la flamme de ton amour
et fais que nous nous aimions les uns les autres, nous t'en supplions, écoute-nous, Seigneur, toi la source de toute bonté, écoute-nous et prends pitié:

Répons chanté: Kyrie eleison

Seigneur, fais que nous acceptions avec calme tout ce que ce jour nous apportera et que nous nous attachions tout entiers à ta sainte volonté. Guide-nous et aide-nous à chaque heure de ce jour. Veille sur nos pensées et nos sentiments dans tous nos actes et nos paroles. Lorsque surgissent des circonstances imprévisibles, fais que nous n'oubliions pas que tout vient de toi.

Apprends-nous à être justes envers nos frères et nos sœurs, à ne jamais provoquer la colère ou le chagrin. Veille sur notre volonté et apprends-nous à prier, à croire, à espérer, à souffrir, à pardonner et à aimer.

Seigneur, fais de nous un instrument de ta paix.
Là où est la haine, que nous mettions l'amour.
Là où est l'offense, que nous mettions le pardon.
Là où est la discorde, que nous mettions l'union,
l'espoir là où est le désespoir, la lumière là où sont les ténèbres,
la joie là où est la tristesse.

Ô divin Maître, fais que nous ne cherchions pas tant à être consolés qu'à consoler, à être compris qu'à comprendre, à être aimés qu'à aimer. Car c'est en pardonnant que l'on obtient le pardon, en donnant que l'on reçoit, et en mourant que l'on ressuscite à la vie éternelle.

Esprit Saint, aide-nous à consacrer cette journée à notre Seigneur et Sauveur.

Seigneur Jésus, Fils de Dieu, mieux vaut ne pas vivre que de vivre sans toi. Nous te remercions, ô Dieu, pour le don de ce jour et pour toutes les bonnes actions que tu nous aideras à accomplir aujourd'hui.

Donne-nous le courage de te servir dignement, de placer la justice avant le profit, la réalisation de nobles projets avant les plaisirs d'un instant, de faire passer les autres avant nous-mêmes et d'obéir à ton commandement d'amour. Que la lumière de ta beauté, de ta bonté et de ton amour rayonne en nous. Amen.

Bénédiction

Demandons la bénédiction de Dieu:

Que la bénédiction du Seigneur descende sur nous tous, par sa grâce et son amour de l'humanité,

maintenant et dans les siècles des siècles. Amen.
♪ ***13.Tropaire de la Résurrection: Let all things rejoice***
(chanté en grec et en anglais)

❖ ❖ ❖

21. Psaume 63: 2-6

♪ ***34. Répons chanté: O God, you are my God, I seek you, my soul thirsts for you***
(Dieu, c'est toi mon Dieu! Dès l'aube je te désire; mon âme a soif de toi;)
ma chair languit après toi, dans une terre desséchée, épuisée, sans eau.
♪ ***34. Répons chanté: O God, you are my God, I seek you, my soul thirsts for you***
J'étais ainsi quand je t'ai vu dans le sanctuaire en contemplant ta force et ta gloire.
♪ ***34. Répons chanté: O God, you are my God, I seek you, my soul thirsts for you***
Oui, ta fidélité vaut mieux que la vie, mes lèvres te célébreront.
♪ ***34. Répons chanté: O God, you are my God, I seek you, my soul thirsts for you***
Ainsi, je te bénirai ma vie durant, et à ton nom, je lèverai les mains.
♪ ***34. Répons chanté: O God, you are my God, I seek you, my soul thirsts for you***
Comme de graisse et d'huile, je me rassasierai, et la joie aux lèvres, ma bouche chantera louanges.

22.

Prions:
Auprès des rivières de Fortaleza,
nous étions assis et nous pleurions sur les victimes du choléra.
Dans les yeux de ceux qui vivaient à l'entour,
nous avons vu la tristesse, et nous n'avons su que dire.
Les gens qui vivaient ici n'avaient pas de chanson sur les lèvres,
Ils désiraient la joie, mais sans eau ni santé,
ils n'avaient pas de raison d'être joyeux.
Comment chanter les louanges du Seigneur au milieu de tant de souffrances?

Si nous vous oublions, que la soif nous saisisse.
Que nos lèvres se dessèchent si nous vous oublions,
si nous ne vous rendons pas l'eau, la santé et la joie.
Juge nos élites, Seigneur,
car leur négligence et leur avidité nous ont longtemps maltraités.
Mais souviens-toi de Fortaleza, de tes enfants de Ceara
qui souffrent de la soif et du choléra;
ne laisse pas la terre s'assécher.

Que la justice s'écoule comme l'eau et la loyauté comme un fleuve qui ne tarit pas.
Amen.

23.

Seigneur, Dieu de la vie,
toi qui prends soin de la création, donne-nous la paix!
Que notre sécurité ne se fonde pas sur les armes,
mais sur le respect.
Que notre force ne soit pas violence,
mais amour.
Que notre richesse ne consiste pas en argent,
mais en partage.
Que notre voie ne soit pas celle de l'ambition,
mais de la justice.
Que notre victoire ne soit pas la vengeance,
mais le pardon.
Désarmés et confiants,
nous voulons défendre la dignité de toute la création,
et partager aujourd'hui et toujours le pain de la solidarité et de la paix.
Par Jésus Christ, ton divin Fils, notre frère,
qui a été victime de nos violences et qui, du haut de la croix,
nous a donné ton pardon.
Amen.

24.

Que Dieu vous bénisse et vous rende mal à l'aise face aux réponses trop faciles, aux demi-vérités, aux relations superficielles, afin que vous viviez dans la profondeur de votre cœur.

Que Dieu vous bénisse et vous donne la colère face à l'injustice, l'oppression et l'exploitation des autres, afin que vous œuvriez en faveur de la justice, de l'égalité et de la paix.

Que Dieu vous bénisse et vous donne des larmes à verser pour ceux qui subissent la souffrance, le rejet, la faim et la guerre, afin que vous étendiez la main pour les soulager et changer leur souffrance en joie.

Et que Dieu vous bénisse en vous rendant assez fous pour croire que vous pouvez influencer le cours des événements, et faire des choses qui, de l'avis des autres, sont impossibles à faire.

25.

Seigneur, notre Dieu tout-puissant,
Transformateur et Créateur,
ton image se voit sur le visage d'hommes et de femmes,
assemblés devant toi avec les supplications désespérées
qui montent de cœurs pleins d'espoir.

Dieu de grâce, ton Église a connu les douleurs de l'enfantement,
elle a vécu son enfance sur les rives de la Méditerranée.
Sois avec elle alors qu'elle continue de grandir
dans le monde entier, vers l'âge adulte et l'unité complète.

Nous te prions de nous accorder le don de la transformation.
Ravive en nous un esprit de communauté.
Fais de nos pensées des pensées d'amour.
Inspire-nous le sens de ta paix et le désir de réconciliation.

Donne-nous le courage et la capacité d'accepter la transformation,
pour nous-mêmes et pour les autres,
pour ceux qui souffrent et ceux qui font souffrir,
pour les victimes et pour les bourreaux,
et pour tout ton peuple.

Dans un monde de violence et de haine,
accorde-nous le courage de semer la paix et l'harmonie.
Dans un monde où règnent discrimination et inégalité,
fais croître parmi nous la semence de l'unité
et donne-nous un regard assez lucide pour discerner
nos divisions et les guérir.
Prépare nos cœurs, nos esprits et nos mains à récolter ta moisson.
Amen.

26.

Esprit créateur, tu planais sur la terre informe et vide et tu as séparé les eaux: nous te demandons de nous guider dans notre manière de gérer l'eau, afin quelle améliore le monde si bon que tu as créé.
Nous prions pour les scientifiques, les planificateurs et les responsables politiques, afin qu'ils nous dirigent avec sagesse.
Nous prions pour les ingénieurs et les ouvriers de la construction, afin qu'ils mettent en œuvre les idées les meilleures.
Nous prions pour tous les habitants de la terre, afin que nous reconnaissions la place qui est la nôtre au sein de la nature et que nous vivions en harmonie avec tous les éléments et les organismes que tu ne cesses de donner.

♪ 24. ***Répons chanté: Ouve, Deus de amor nosso clamor!***

Esprit qui donnes courage, tu as donné des signes d'espoir malgré le déluge,
tu as donné aux créatures la sécurité de l'arche et permis à la colombe de rapporter un rameau d'olivier.
Nous prions pour celles et ceux qui ont subi les grandes eaux des tsunamis, des typhons, des ouragans et des inondations de toutes sortes.
Nous prions pour celles et ceux qui sont dans le deuil, afin qu'ils trouvent du réconfort dans la certitude de ton amour éternel.
Nous prions pour les pauvres et pour tous ceux qui travaillent ensemble à la reconstruction des sociétés dans l'espérance d'un monde meilleur.

Nous prions pour la génération qui n'a pas su faire face au réchauffement climatique et aux changements rapides du climat.
Sauve-nous, Seigneur, des terribles tempêtes de la nature, mais surtout, sauve-nous de nous-mêmes.

♪ 24. ***Répons chanté: Ouve, Deus de amor nosso clamor!***

Esprit de communion, tu nous a amenés à une nouvelle naissance et tu nous as adoptés comme tes enfants par les eaux du baptême.
Nous prions pour celles et ceux qui sont perdus et solitaires, aliénés, qui sont à la recherche de l'amour.
Nous prions pour que tu nous accordes des ressources spirituelles qui nous aident à nous tourner vers les autres et à les rejoindre là où ils sont,
afin que nous puissions offrir de l'eau fraîche aux assoiffés et la parole de vie à tous.

♪ 24. ***Répons chanté: Ouve, Deus de amor nosso clamor!***

Prie toi-même dans notre prière, Esprit d'amour, afin que notre esprit soit revivifié,
de même que l'eau qui coule doucement et qui guérit fait renaître une terre desséchée et stérile.
Nous te prions, au nom du Dieu Trinitaire. Amen.

27.

Des paroles et des actes qui suscitent la discorde, les préjugés et la haine,
ô Dieu, délivre-nous.

Des soupçons et des craintes qui font obstacle à la réconciliation,
ô Dieu, délivre-nous.

Des mensonges que l'on croit et profère au sujet d'autres peuples et pays,
ô Dieu, délivre-nous.

De l'indifférence cruelle face aux cris des affamés et des sans-logis,

ô Dieu, délivre-nous.

De tout ce qui nous empêche d'accomplir ta promesse de paix,
ô Dieu, délivre-nous.

Délivre-nous de notre état de rupture, nous t'en prions, ô Dieu,
et, par ta grâce et ta présence réconciliatrice, conduis-nous à toi …

Pour aller vers les eaux calmes et les verts pâturages,
Dieu créateur, conduis-nous.

Vers la liberté et le pardon que nous trouvons en toi,
Christ ressuscité, conduis-nous.

Vers la tâche difficile d'aimer nos ennemis,
Jésus, conduis-nous.

Vers le joyeux service accompli en ton nom,
Serviteur de tous, conduis-nous.

Vers la promesse d'un ciel nouveau et d'une terre nouvelle,
vers la plénitude de la justice,
vers la puissance de ta paix -
Esprit Saint, conduis-nous, aujourd'hui et tous les jours à venir.

O Dieu, affermis nos vies et nos Églises par le pouvoir de ta paix. Fais-nous surmonter nos craintes et illusions sur nous-mêmes par la promesse de ta présence. Fais de nous des signes de ta générosité et de ta justice. Illumine-nous d'espérance jour après jour, afin que nous marchions dans ta vérité et soyons amour en ton nom.
Amen.

28.

Quand la souffrance est trop forte, entendons Jésus qui dit:
Ma grâce te suffit.

Quand le découragement s'empare de nos corps et de nos esprits, entendons Jésus qui dit:
Ma grâce te suffit.

Quand les injustices désolent nos yeux et nos vies,
entendons Jésus qui dit:
Ma grâce te suffit.

Quand le désir de mort devient plus fort que la lutte
pour la vie, entendons Jésus qui dit:
Ma grâce te suffit.

Parce que le pouvoir de l'amour s'accomplit dans la
faiblesse, nous entendons Jésus qui dit:
Ma grâce te suffit.

Transforme nos Églises, Dieu, dans Ta Grâce

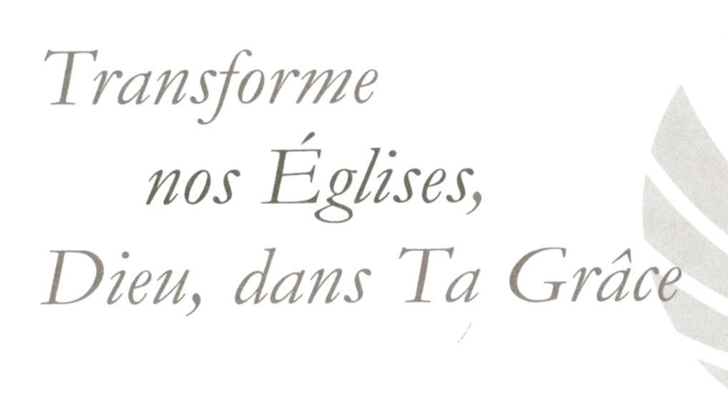

AFFIRMATIONS BIBLIQUES:

a) Cependant, ainsi parle le Seigneur Dieu: Voici que je pose dans Sion une pierre à toute épreuve, une pierre angulaire, précieuse, établie pour servir de fondation. Celui qui s'y appuie ne sera pas pris de court. Je prendrai le droit comme cordeau et la justice comme niveau. (Esaïe 28: 16-17a)

b) La coupe de bénédiction que nous bénissons n'est-elle pas une communion au sang du Christ? Le pain que nous rompons n'est-il pas une communion au corps du Christ? Puisqu'il y a un seul pain, nous sommes tous un seul corps; car tous nous participons à cet unique pain. (1 Corinthiens 10: 16-17)

c) Il n'y a plus ni Juif, ni Grec; il n'y a plus ni esclave, ni homme libre; il n'y a plus l'homme et la femme; car tous, vous n'êtes qu'un en Jésus Christ. (Galates 3: 28)

d) Portez les fardeaux, les uns des autres; accomplissez ainsi la loi du Christ. (Galates 6: 2)

LECTURES BIBLIQUES:

Marc 10: 32-45
Epître aux Philippiens 2: 1-11

Prières, répons, litanies:

29. Psaume 133

Oh! quel plaisir, quel bonheur
de se trouver entre frères!
C'est comme l'huile qui parfume la tête,
et descend sur la barbe, sur la barbe d'Aaron,
qui descend sur le col de son vêtement.
C'est comme la rosée de l'Hermon, qui descend sur les montagnes de Sion.
Là, le Seigneur a décidé de bénir: c'est la vie pour toujours!

30.

Seigneur, nous ne nous présentons pas seuls devant toi,
mais en compagnie les uns des autres.

Nous partageons notre bonheur les uns avec les autres –
et il devient plus grand.

Nous partageons nos peines les uns avec les autres –
et elles deviennent plus légères.

Nous partageons nos chagrins et nos fardeaux –
et leurs poids devient supportable.

Puissions-nous ne jamais être trop mesquins pour donner
ni trop fiers pour recevoir.

Car c'est en donnant et en recevant
que nous apprenons à aimer et à être aimés,
que nous trouvons le sens de la vie,
le mystère de l'existence –

et que nous te découvrons.

31.

Dieu aimant et tout-puissant,
nous prions pour que l'Église découvre l'unité qui est la sienne en Christ,
véritable communauté de la nuée de témoins et de celles et ceux

qui, aujourd'hui, aiment et servent notre Seigneur Jésus Christ.
Dans la repentance et la tristesse, nous confessons devant toi
que nous sommes encore divisés et que, souvent,
nos divisions apparaissent comme un contre-témoignage dans le monde.

♪ 17. ***Répons chanté: A ti, Señor, te pedimos***

Ta sainte table est toujours devant nous
puisque, sans cesse, tu offres ton corps et ton sang
pour la guérison et le salut du monde.
Mais NOTRE calice est vide, et nous ne pouvons y avoir part.

♪ 17. ***Répons chanté: A ti, Señor, te pedimos***

Nous sommes encore dans la prison de nos préjugés et de notre orgueil.
Aide-nous à trouver la guérison et la réconciliation de nos divisions historiques;
aide-nous à redécouvrir notre unité en confessant la même foi apostolique,
afin que nos âmes s'enflamment du désir de l'unité
et de la participation à une même table eucharistique et à une même coupe.

♪ 17. ***Répons chanté: A ti, Señor, te pedimos***

Seigneur Jésus Christ,
tu es le chemin de la paix, de la réconciliation et de la guérison.
Viens, par ton amour qui guérit, dans les fractures de nos vies et de nos pays.
Aide-nous à accepter de nous incliner devant toi dans une vraie repentance
et à nous incliner les uns devant les autres dans un véritable pardon.

♪ 17. ***Répons chanté: A ti, Señor, te pedimos***

Par le feu de la grâce de ton Saint Esprit,
fais fondre la dureté de nos cœurs et consume l'orgueil
et les préjugés qui nous séparent.
Remplis-nous, Seigneur, de ton amour parfait
qui bannit la crainte et nous lie dans cette unité
que tu partages avec le Père et le Saint Esprit.

♪ 17. ***Répons chanté: A ti, Señor, te pedimos***

32.

Dieu Trinitaire,
nous nous présentons devant toi avec le profond désir d'une vraie communauté
de jeunes et de vieux, d'hommes et de femmes, de riches et de pauvres, de toutes les nations.
Nous aspirons à surmonter les divisions entre chrétiens.
Aide-nous à surmonter les nombreuses barrières que nous dressons.
Aide-nous à dissiper nos soupçons,
afin que nous voyions les bonnes intentions de ceux que nous rencontrons.

Aide-nous à mettre de côté nos propres incertitudes,
afin que nous puissions respecter la dignité des autres.

Aide-nous à rejeter nos peurs
afin que puissions apaiser les peurs des autres.

Aide-nous à surmonter notre propre orgueil
afin que nous puissions aimer nos prochains comme nous-mêmes.

Accorde-nous le don de la communauté véritable dans la réconciliation avec les autres.
Amen.

33.

Dieu, toi qui es la source de notre appartenance les uns aux autres,
aucun de nous ne peut donner quoi que ce soit à nos sœurs et à nos frères
si d'abord, nous ne t'appartenons pas tous.
Donne-nous ton Esprit dans le lien de l'unité parfaite,

afin qu'il nous transforme en une humanité nouvelle,
libre et unie dans ton amour,
par notre Seigneur Jésus Christ, ton Fils, qui est Dieu,
et qui vit et règne avec toi dans l'unité du Saint Esprit pour l'éternité. Amen.

34.

Nous sommes appelés à être l'Église,
les témoins du Christ dans le monde,
les disciples qui suivent les traces
de celui qui a vécu avec les exclus et pour eux
- ceux que l'on maintient en marge de la société.
Nous sommes appelés à accueillir l'étranger parmi nous.
Mais notre hospitalité se heurte aux obstacles de notre anxiété.
Nos bras ouverts se referment sur nos craintes.
Ô Dieu, ravive en nous la flamme de la solidarité,
afin que nous nous engagions et agissions,
et que, par nos pensées, nos paroles et nos rêves,
l'étranger puisse être chez lui parmi nous.

35. Prière des Grandes Complies

Ô Christ, notre Dieu, toi qui es adoré et glorifié en tout temps et à chaque heure, aux cieux et sur la terre, qui es plein de patience et riche en miséricorde et en compassion, toi qui aimes les justes et fais miséricorde aux pécheurs, toi qui appelles tous les hommes au salut par la promesse des bénédictions à venir, reçois aussi, Seigneur, nos supplications en ce jour et conduis nos vies dans la voie de tes commandements. Sanctifie nos âmes, purifie nos corps, redresse nos esprits, clarifie nos pensées et délivre-nous de toute tristesse, de tout mal et de toute détresse. Entoure-nous de tes saints anges, afin que, gardés et conduits par leur présence, nous parvenions à l'unité de la foi et à la connaissance de ta gloire ineffable. Car tu es béni dans les siècles des siècles. Amen.

36.

Dieu Saint, dispensateur de la paix, source de la vérité,
nous confessons que nous sommes divisés et en conflit les uns avec les autres,

qu'un mauvais esprit est apparu au milieu de nous
et nous a dressés contre ton Esprit Saint de paix et
d'amour.
Enlève du milieu de nous la méfiance, l'esprit partisan et
les querelles,
et tout le mal qui nous divise aujourd'hui.
Suscite en nous le désir de la réconciliation,
afin que, mettant de côté nos griefs personnels,
nous nous employions à accomplir ton œuvre d'un esprit
non partagé,
dans la fidélité à notre Seigneur et Sauveur Jésus Christ.
Amen.

Transforme notre Témoignage, Dieu, dans Ta Grâce

6

Affirmations bibliques:

a) Je mettrai en vous mon propre Esprit, je vous ferai marcher selon mes lois, garder et pratiquer mes coutumes. (Ezéchiel 36: 27)

b) Comme ils sont les bienvenus, au sommet des montagnes, les pas du messager qui nous met à l'écoute de la paix, qui porte un message de bonté, qui nous met à l'écoute du salut, qui dit à Sion: "Ton Dieu règne"! (Esaïe 52: 7)

c) Car je n'ai pas honte de l'Évangile: il est puissance de Dieu pour le salut de quiconque croit, du Juif d'abord, puis du Grec. (Romains 1: 16)

d) Soyez toujours prêts à justifier votre espérance devant ceux qui vous en demandent compte. (1 Pierre 3: 15)

Lectures bibliques:

2e épître aux Corinthiens 3: 18
Marc 4: 26-29
Luc 13: 20-21

Prières, répons, litanies:

37. Psaume 130: 1-6

Des profondeurs je t'appelle, Seigneur:
Seigneur, entends ma voix; que tes oreilles soient attentives à ma voix suppliante!
Si tu retiens les fautes, Seigneur! Seigneur, qui subsistera?

Mais tu disposes du pardon et l'on te craindra.
J'attends le Seigneur, j'attends de toute mon âme et j'espère en sa parole.
Mon âme désire le Seigneur, plus que la garde ne désire le matin,
plus que la garde le matin.

38. *Psaume 116: 1-6, 13-19*

J'aime le Seigneur, car il entend ma voix suppliante,
il a tendu vers moi l'oreille, et toute ma vie je l'appellerai.
Les liens de la mort m'ont enserré, les entraves des enfers m'ont saisi;
j'étais saisi par la détresse et la douleur,
et j'appelais le Seigneur par son nom: "De grâce! Seigneur, libère-moi"!
Le Seigneur est bienveillant et juste; notre Dieu fait miséricorde.
Le Seigneur garde les gens simples; j'étais faible, et il m'a sauvé.

♪ ***31. Répons chanté: Senhor, tem piedade de nós***

Je lèverai la coupe de la victoire et j'appellerai le Seigneur par son nom;
j'accomplirai mes vœux envers le Seigneur, et en présence de tout son peuple.
Il en coûte au Seigneur de voir mourir ses fidèles.
De grâce! Seigneur, puisque je suis ton serviteur, ton serviteur, le fils de ta servante.

♪ ***31. Répons chanté: Senhor, tem piedade de nós***

Tu as dénoué mes liens.
Je t'offrirai un sacrifice de louange et j'appellerai le Seigneur par son nom;
j'accomplirai mes vœux envers le Seigneur, et en présence de tout son peuple,
dans les parvis de la maison du Seigneur, au milieu de toi, Jérusalem!
Alléluia!

♪ ***31. Répons chanté: Senhor, tem piedade de nós***

39.

Dieu que nous aimons, toi qui nous construis,
tu as tous les matériaux nécessaires à l'édification de nos sociétés.
Tu as la force, pour mettre de la sagesse sur tout ce qui s'est écroulé dans notre vie.
Tu as la sagesse, pour remodeler notre monde.
Inspire-nous toute ta sagesse, ta force et ton amour,
pour rebâtir les murs écroulés de notre communauté.
Amen.

40.

Seigneur, cette vie est pleine de contradictions,
j'en suis moi-même l'incarnation,
car ma vie est à la fois
amour et haine,
force et faiblesses,
lumière et ombres,
tristesse et joie, humiliation et élévation,
vérité et mensonge,
intention et chaos,
moi et les autres,
vie et mort.
Et tout cela m'est un lourd fardeau.
Mais toi, Dieu du ciel, qui connais toutes ces choses,
tu as décidé de te servir de moi
dans ce monde qui t'appartient, pour remplir tes desseins.
Alors, aide-moi
à me voir moi-même,
à voir les autres
et à regarder cette vie avec tes yeux.

41.

Quand nous contemplons toute cette beauté,
cette immensité qui est devant nous,
pleine de fleurs, de couleurs et de parfums,
les forêts verdoyantes, les animaux,
l'intelligence qui nous permet, à nous les humains,
de créer avec toi, Dieu,
les actes que ta grâce accomplit pour nous,
nous ne pouvons qu'exprimer notre joie d'être tes enfants

et chanter joyeusement la générosité de ton amour.
Amen.

42.

Notre Seigneur céleste, notre Consolateur, Esprit de vérité, Créateur, c'est toi qui maintiens la vie, toi qui as fait les couleurs, les sons, les structures de la matière, le calme et la beauté impatiente de tout ce qui vit. Créateur des mers bleues, des récifs de corail, des cocotiers et de la douce brise du Pacifique, toutes ces merveilles, la richesse et la diversité de la terre et des eaux, étaient bonnes à tes yeux.

Nous, enfants de ton amour, créés par ta bonté, gardiens de ta création, nous te bénissons.

Transforme notre témoignage, Dieu, dans ta grâce.

Ton amour et ta grâce durent éternellement.

Quand nous sommes infidèles, ta fidélité persiste.

Quand nous choisissons l'obscurité, ta lumière illumine nos tristesses.

Quand nous tombons, tu nous relèves et nous conduis sur la hauteur.

Par ta miséricorde, tu surmontes nos faiblesses,

Ton amour va par-delà les frontières et transcende la compréhension de toute l'humanité.

Pardonne-nous de nous détourner de ta bonté et de ta sagesse et de compter sur notre propre intelligence et sur nos forces, causant ainsi du tort à ta magnifique création et aux êtres humains.

Transforme notre témoignage, Dieu, dans ta grâce.

Nous prions pour que tu nous guides, car nous aspirons à la paix, à l'harmonie et à la solidarité dans le monde.

Guide nos esprits, nos mains, nos pieds, nos yeux, nos oreilles, notre corps tout entier et nos cœurs aussi, afin que ton nom soit glorifié par nos paroles, nos pensées et nos actes.

Guide-nous, pour que nous te soyons fidèles en aimant notre prochain et notre ennemi,

pour que nous assumions notre responsabilité devant toi en semant le bonheur dans le monde.

Fais de nos vies ce que tu veux, car nous recherchons ta volonté.
Nous te bénissons pour ta création, la confiance que tu mets en nous, ton amour et ta bonté éternelle.
Transforme notre témoignage, Dieu, dans ta grâce. Amen.

43.
Pour celles et ceux qui cherchent Dieu à tâtons,
afin qu'ils le trouvent.

Pour tous ceux qui croient posséder Dieu,
afin qu'ils le cherchent.

Pour tous ceux qui ont peur de l'avenir,
afin qu'ils prennent confiance.

Pour tous ceux qui connaissent l'échec,
afin que leur soit donné une nouvelle chance.

Pour tous ceux qui doutent,
afin qu'ils ne désespèrent pas.

Pour tous ceux qui errent, perdus,
afin qu'ils trouvent un foyer.

Pour les solitaires,
afin qu'ils trouvent un être humain auprès d'eux.

Pour tous ceux qui ont faim, quelle que soit leur faim,
afin qu'ils soient rassasiés.

Pour ceux qui sont rassasiés,
afin qu'ils apprennent ce qu'est la faim.

Pour ceux que la vie traite bien,
afin que leur cœur ne s'endurcisse pas.

Pour les puissants,
afin qu'ils se découvrent vulnérables.

Pour tous ceux qui vivent dans ce monde
entre l'espoir et la crainte, et pour nous-mêmes, prions le Seigneur:

Libère-nous de la crainte
et des fausses sécurités,
et donne-nous tout ce qui est bon pour nous,
par le Christ, notre Seigneur.

44.

Esprit de paix, remplis le monde entier de ta présence transformatrice.
Que les dirigeants de tous les pays gouvernent avec maturité et justice.
Que toutes les nations vivent dans la tranquillité et que leurs fils et leurs filles soient bénis.
Que le peuple, les troupeaux et le bétail prospèrent et soient gardés de toute maladie.
Que les champs portent des fruits abondants et que la terre soit fertile.
Que le visage de tous les ennemis se tourne vers la paix.

♪ 32..***Répons chanté: Oré poriajú verekó Ñandeyara***

Esprit d'unité, nous te prions pour ton Église.
Remplis ton peuple de toute vérité et de toute paix.
Lorsque nous sommes corrompus, purifie-nous. Lorsque nous sommes dans l'erreur, dirige-nous.
Lorsque le désordre est en nous, redresse-nous. Lorsque nous avons raison, affermis-nous.
Lorsque nous sommes dans le besoin, prends soin de nous. Lorsque nous sommes divisés, réunis-nous.

♪ 32..***Répons chanté: Oré poriajú verekó Ñandeyara***

Esprit d'amour, veille sur ceux qui se réveillent, qui veillent ou qui pleurent,
et ordonne à tes anges de veiller sur ceux qui dorment.
Prends soin des malades, restaure ceux qui sont fatigués, et donne courage aux femmes qui enfantent,
soulage les souffrances et bénis les mourants.

♪ 32..***Répons chanté: Oré poriajú verekó Ñandeyara***

Dieu de la création, des plantations, de la croissance et des récoltes,
Sème la puissance de ta parole dans nos vies, au cœur de ce monde,
comme une semence jetée sur le sol d'un champ fertile.
Par la présence de ton Fils, notre Lumière et notre Vie,
prends soin des bourgeons fragiles de la foi pour qu'ils croissent et deviennent forts.
Par la puissance de ton Esprit, aide-nous à récolter une moisson
de foi honnête, d'unité, de justice, de paix et d'amour. Amen.

45.

Toi qui donnes tout ce qui est bon,
nous te remercions d'avoir exaucé notre prière par le don du pain de chaque jour.
Tu ordonnes et la semence germe, le grain monte du sol,
et les moissonneurs entendent l'appel à travailler dans les champs mûrs pour la moisson.
Par ta grâce, le meunier moud son grain et le boulanger fait son pain, pour nourrir les villes et les nations.
Donne à tous les habitants de la terre leur pain quotidien, nous t'en prions.

♪ ***26. Répons chanté: Bendice, Señor, nuestro pan***

Chef de la maison de la foi, tu connais chaque famille par son nom.
Nous te prions de nous rassembler autour de ta table abondante.
Ouvre nos yeux et nos oreilles, vivifie tous nos sens,
afin que nous trouvions dans le pain si généreusement donné pour tous
la preuve de ta souveraineté et de ta providence.

♪ ***26. Répons chanté: Bendice, Señor, nuestro pan***

Pain de vie, tu es la source ultime de la nourriture de notre corps et de notre esprit.
Quand femmes et hommes sont dans la pire détresse et ont perdu confiance,

surprends-nous à nouveau par tes dons miséricordieux
qui apparaissent comme la manne
parmi ceux qui sont face à la mort, qui pleurent, qui
souffrent et sont abandonnés.
Donne-nous le pain dont nous avons besoin chaque jour,
et apprends-nous à le partager de tout cœur avec les
affamés.

♪ 26. *Répons chanté: Bendice, Señor, nuestro pan*

Apprends-nous à prier de tout notre cœur, Seigneur,
afin que nous mettions en toi notre entière confiance.
Car tu es avec nous dans le don du pain quotidien,
tu nous accompagnes aussi au long des jours de jeûne,
et tu demeures notre compagnon jusque dans les temps
de la souffrance,
de la pauvreté et du besoin.
Garde-nous dans ton amour et permets que nous aussi,
nous manifestions de l'amour envers toi et envers
notre prochain.
Nous te prions au nom de Jésus, qui a rompu le pain et
l'a partagé avec largesse. Amen.

Autres textes

Invitations à la prière et prières d'ouverture

46.

Gloire au Père, et au Fils, et au Saint Esprit.
Comme il était au commencement, maintenant et toujours
dans les siècles des siècles.
Amen.

47.

Projecteurs et tubes fluorescents,
cierges et soleil –
qu'avons-nous besoin de plus de lumière?

***Nos actes sont pleins d'obscurité:
ignorance et égocentrisme,
amour du pouvoir, et
peur de l'inconnu.***

Jésus est la Lumière de la vie.
Il nous invite à être
comme une lumière pour le monde entier.

***Ne nous cachons pas!
Au contraire, que notre foi
rayonne avec audace dans notre vie,
afin que tous voient Jésus Christ
et s'approchent de lui.***

48.

Seigneur, nous ne sommes pas dignes de nous tenir en ta présence,

et nous ne sommes qu'une infime partie de ta création,
mais nous sommes venus te louer.
Tu as mis en nous le désir de t'adorer
et tu nous as créés pour que nous trouvions notre joie dans ta louange.
Car tu nous as faits pour toi, Seigneur,
et nos cœurs sont inquiets jusqu'à ce qu'ils trouvent en toi leur repos. Amen.

Intercessions

49.

Notre Dieu, guéris-nous des structures sociales qui exploitent les êtres humains, en condamnent un grand nombre à vivre dans la pauvreté et les exposent aux infections.
Guéris-nous de la pauvreté qui rend le corps vulnérable et nous pousse à des comportements à risque.
Guéris-nous, Dieu, dans ta grâce, et transforme le monde.

Guéris-nous de l'injustice au niveau international, qui met en place des politiques économiques et commerciales d'exploitation et empêche des millions de gens d'accéder aux médicaments contre le VIH.
Guéris-nous, Dieu, dans ta grâce, et transforme le monde.

Guéris-nous de la violence qui répand le VIH.
Guéris-nous des guerres ethniques et civiles qui disséminent le virus.
Guéris-nous, Dieu, dans ta grâce, et transforme le monde.

Guéris-nous des relations malsaines entre hommes et femmes, qui rendent les femmes impuissantes à se protéger et qui exposent partenaires et conjoints à la contamination du VIH et à d'autres maladies.
Guéris-nous, Dieu, dans ta grâce, et transforme le monde.

Guéris-nous des relations malsaines dans les familles, qui tolèrent l'infidélité et causent douleur et souffrance à

tous les membres de la famille de toutes les générations.
Guéris-nous, Dieu, dans ta grâce, et transforme le monde.

Guéris-nous de la stigmatisation et de la discrimination sociales qui nous conduisent à agir sans compassion, à isoler des personnes et nous rendent incapables d'offrir soins et prévention de qualité.
Guéris-nous, Dieu, dans ta grâce, et transforme le monde.

Guéris-nous de la résignation et de l'épuisement qui nous ôtent l'espoir et nous rendent inactifs et nous empêchent de voir la vie en plénitude que tu nous as promise.
Guéris-nous, Dieu, dans ta grâce, et transforme le monde.

Guéris nos cœurs brisés, guéris-nous des chagrins qui ne cessent de blesser notre esprit et notre intelligence et nous font perdre le sens de la vie.
Guéris-nous, Dieu, dans ta grâce, et transforme le monde.

Guéris-nous par la puissance de la résurrection.
Fais que nous nous relevions de la peur et de l'inquiétude.
Fais que nous nous redressions pour saisir l'espérance de la résurrection.
Fais que nous cherchions à retrouver notre droit à la vie et à la qualité de la vie.
Transforme-nous par la joie de ton Esprit
et de ta paix qui surpasse toute compréhension.
Amen.

50.

Pour une conscience éveillée, pour le pardon de notre faute,
pour un cœur ouvert et paisible,
prions: ô Dieu, prends pitié.
Ô Dieu, prends pitié.

Pour plus de compréhension envers nos semblables, pour devenir secourables,
et pour le courage de dire la vérité,
prions: ô Dieu, prends pitié.
Ô Dieu, prends pitié.

Pour devenir capables de rencontrer chaque personne
de manière qu'elle rencontre en nous l'amour de Dieu,
prions: ô Dieu, prends pitié.
Ô Dieu, prends pitié.

Pour notre Église et toute la chrétienté,
afin qu'elles trouvent, par-delà toute division,
l'unité dans la foi et dans l'action, prions:
Ô Dieu, prends pitié.

Pour notre peuple et tous les peuples du monde,
afin que la justice triomphe et que vienne la paix, là où la guerre fait rage,
prions:
Ô Dieu, prends pitié.

Pour les êtres humains plongés dans la détresse et le dénuement,
afin qu'ils reçoivent l'aide attendue,
prions:
Ô Dieu, prends pitié.

Reste avec nous, Seigneur,
avec ta parole et les dons de ta bonté. Que ton règne vienne.
Nous t'en prions, dans la foi en Jésus Christ, notre Seigneur.

Confessions de foi

51. *Symbole de Nicée-Constantinople*

Nous croyons en un seul Dieu,
le Père, le Tout-puissant,
Créateur du ciel et de la terre,
de toutes les choses visibles et invisibles.

Nous croyons en un seul Seigneur, Jésus-Christ,
le Fils unique de Dieu,
engendré du Père avant tous les siècles,
Lumière venue de la Lumière,
vrai Dieu venu du vrai Dieu,
engendré, non pas créé,
consubstantiel au Père;
par lui tout a été fait.
Pour nous et pour notre salut il descendit des cieux;
par le Saint Esprit il a pris chair
de la Vierge Marie
et il s'est fait homme.
Il a été crucifié pour nous sous Ponce Pilate,
il a souffert, il a été enseveli,
il est ressuscité le troisième jour selon les Ecritures,
il est monté aux cieux.
Il siège à la droite du Père
et il reviendra dans la gloire
juger les vivants et les morts;
son règne n'aura pas de fin.

Nous croyons en l'Esprit Saint,
qui est Seigneur et donne la vie,
qui procède du Père
qui avec le Père et le Fils
est adoré et glorifié,
qui a parlé par les Prophètes.
Nous croyons l'Église une, sainte, catholique et apostolique.
Nous confessons un seul baptême pour le pardon des péchés.
Nous attendons la résurrection des morts
et la vie du monde à venir. Amen.

52.

Nous croyons en Dieu, le Père tout-puissant,
créateur du ciel et de la terre;
créateur de tous les peuples et de toutes les cultures;
créateur de toutes les langues et de toutes les races.

Nous croyons en Jésus Christ, son Fils, notre Seigneur,
Dieu fait chair en une personne pour toute l'humanité,

Dieu fait chair en un temps pour tous les temps,
Dieu fait chair dans une culture pour toutes les cultures,
Dieu fait chair dans l'amour et la grâce pour toute la
création.

Nous croyons au Saint Esprit
par qui Dieu, incarné en Jésus Christ,
fait connaître sa présence dans nos peuples et nos cultures,
par qui Dieu, créateur de tout ce qui existe,
nous donne le pouvoir de devenir des créatures nouvelles;
ses dons infinis font de nous un seul peuple,
le Corps du Christ.

Nous croyons à l'Église universelle
parce qu'elle est le signe du règne de Dieu;
sa fidélité se manifeste dans ses nombreuses nuances;
toutes ses couleurs composent un paysage unique;
toutes ses langues chantent la même louange.

Nous croyons au règne de Dieu, jour de la grande fête,
où toutes les couleurs de la création formeront un arc-en-
ciel harmonieux;
où tous les peuples se réuniront pour un joyeux festin;
où toutes les langues de l'univers chanteront le même
cantique.

Et parce que nous croyons, nous nous engageons
à croire pour ceux qui ne croient pas,
à aimer pour ceux qui n'aiment pas,
à rêver pour ceux qui ne rêvent pas,
jusqu'au jour où l'espérance deviendra réalité.
Amen.

53. *Le Dieu en qui je crois*

JE NE CROIS PAS AU DIEU des magistrats,
ni au dieu des généraux ou de la rhétorique patriotique

JE NE CROIS PAS AU DIEU des cantiques mélancoliques,
ni au dieu des tribunaux
ou des préambules de constitutions
et des épilogues de discours éloquents.

JE NE CROIS PAS AU DIEU de la bonne fortune des riches,
ni au dieu de la peur qui les habite,
ni au dieu du bonheur pour ceux qui dépouillent le peuple.

JE NE CROIS PAS AU DIEU de la paix mensongère,
ni au dieu de la justice qui n'est pas celle du peuple,
ni au dieu des vénérables traditions nationales.

JE NE CROIS PAS AU DIEU des sermons insipides,
ni au dieu des salutations formelles
ou des mariages sans amour.

JE NE CROIS PAS AU DIEU fait
à l'image et à la ressemblance des puissants,
ni au dieu inventé pour être un sédatif
pour la misère et la souffrance des pauvres.

JE NE CROIS PAS AU DIEU qui dort à l'intérieur des églises
ou se dissimule dans les coffres-forts ecclésiastiques.

JE NE CROIS PAS AU DIEU des Noëls commerciaux,
ni au dieu de la publicité habile.

JE NE CROIS PAS AU DIEU fait de mensonges
fragiles comme des pots de terre,
ni au dieu de l'ordre établi
qui repose sur le désordre
et l'accepte.

LE DIEU EN QUI JE CROIS est né dans une grotte.
Il était juif.
Il a été persécuté par un roi étranger
et a marché sur les chemins de Palestine.
Il a fait des gens du peuple ses compagnons
et a donné du pain aux affamés,
la lumière à ceux qui étaient dans l'obscurité,
la liberté aux captifs
et la paix à ceux qui priaient pour la justice.

LE DIEU EN QUI JE CROIS
a fait passer les êtres humains avant la loi
et mis l'amour à la place des traditions anciennes.
Il n'avait pas de pierre où reposer sa tête
et a frayé avec les pauvres.
Les seules relations qu'il a eues avec les savants
ont été lorsqu'ils mettaient sa parole en question.
Il a comparu devant des juges
qui se sont efforcés de prouver sa culpabilité.
Il a été entre les mains de la police, prisonnier.
Il est entré dans le palais du gouverneur
pour y être battu.

LE DIEU EN QUI JE CROIS
a été couronné d'épines.
Sa tunique était toute ensanglantée.
Une escorte a ouvert le chemin devant lui pour le conduire
au Calvaire,
où il est mort, entre des voleurs,
sur la croix.

LE DIEU EN QUI JE CROIS
n'est autre que
le fils de Marie,
Jésus de Nazareth.

Il meurt chaque jour,
crucifié par nos actes égoïstes.
Chaque jour, il ressuscite de la mort
par la puissance de notre amour.

Prières et méditations particulières

54.

Dieu miséricordieux,
par ton Fils éternel et par ton Saint Esprit,
tu as créé le monde à partir du néant.
Tu as amené toutes choses du non-être à l'être,
non pas par nécessité, mais par ta libre volonté,
par ta bonté aimante, dans ta grâce.
tu as créé le monde, que tu as trouvé bon.

Couronnement et accomplissement de ta création, tu nous as faits, nous les humains,
à ton image et à ta ressemblance,
pour que nous faisions nos délices de ce monde et de ta gloire.

Mais nous avons mal usé de notre liberté,
nous avons défiguré ton image et nous nous sommes aliénés de ta présence vivante.
A cause de nous et avec nous, toute la création a chuté.
Mais tu ne t'es pas détourné du monde que tu aimes.
Dans ta volonté libre, dans ta miséricorde et ta bonté aimante,
tu as envoyé ton Fils pour racheter le monde,
pour le transformer,
le recréer.

En la personne de ton Fils, notre Seigneur et Dieu, notre Sauveur Jésus Christ, tu nous as renouvelés.
Mais nous continuons à refuser ce don.
Nous nous éloignons et devons être rappelés à la repentance.
Nous nous sommes distancés de toi
et ne nous souvenons pas de notre état de péché.
Appelle-nous à nouveau, afin que nous retournions à toi,
jusqu'à ce que tu nous ramènes dans ton royaume qui vient,
jusqu'à ce que tu aies fait de nous des participants à ta nature.
Dans ta grâce, tu nous as rachetés par ton Fils dans l'Esprit Saint.
Transforme nos vies, Dieu, dans ta grâce!

En ton Fils et par ton Saint Esprit,
tu nous as donné l'Église, corps du Christ,
que tu as faite pour qu'elle soit une, sainte, catholique et apostolique.
Dans ton Église, nous vivons ton royaume qui vient.
Dans ton Église, nous vivons la rédemption, la transformation, la recréation du monde.
Dans ton Église, nous sommes guéris et réconciliés.

Par ton Esprit Saint, garde-nous fidèles à l'unité, la sainteté, la catholicité et l'apostolicité de ton Église.
Appelle-nous à la repentance, à la transformation, afin que nous soyons véritablement ton Église.
Dans ta grâce, tu nous as donné la Sainte Église.
Transforme-nous, Dieu, dans ta grâce, pour l'amour de ton Église!

Par ton Fils qui a été transfiguré en présence de ses disciples,
tu nous as montré la lumière divine de la grâce incréée.
Tu nous as montré que celui qui allait être crucifié est vie et lumière.
Dans ton Fils qui s'est dépouillé lui-même, prenant la forme d'un serviteur,
et qui est allé librement vers sa mort, source de vie,
tu nous as enseigné que la voie de la transfiguration est de nous aimer les uns les autres,
d'aimer - même nos ennemis - comme nous-mêmes,
de prendre chaque jour notre croix,
d'être les serviteurs les uns des autres.
Dans notre étroitesse, notre orgueil et notre amour du pouvoir,
nous rabaissons la dignité des autres,
nous perdons de vue ton image chez l'autre,
nous nous blessons et nous brisons les uns les autres avec violence.
Appelle-nous à la repentance, au témoignage dans le monde, à la transformation.
Dans ta grâce, tu nous as donné tout ce dont nous avons besoin pour vivre ensemble dans l'harmonie et la justice.
Transforme-nous, Dieu, dans ta grâce, pour l'amour du monde.

Tu nous as donné un monde pour notre joie et nos délices,
manifestation de ta gloire incréée,
et tu nous as chargés de le cultiver et de le préserver,
d'être des intendants responsables de tout ce qui vit et de toute la création.

Tu nous as donné les exemples de tes saints:
leur relation aux animaux et à la nature préfigure la vie nouvelle,
où le lion se couchera avec l'agneau.
Mais dans la dureté de notre cœur, nous avons maltraité les animaux
et nous en avons fait disparaître un grand nombre.
Dans notre cupidité et notre aveuglement,
nous avons gaspillé les ressources du monde,
rasé des forêts, empoisonné l'air et les eaux.
Nous nous menaçons nous-mêmes, les autres, les générations futures
et nous offensons ta gloire.
A cause de notre péché, toute la création gémit dans les douleurs de l'enfantement,
dans l'attente de la transformation.
Dans ta grâce, tu nous as donné un monde glorieux – par nous, il a chuté;
que par nous, il soit relevé.
Transforme toute la création, Dieu, dans ta grâce!

55.

Ô Dieu, Seigneur de tout ce qui existe,
par ton Saint Esprit et dans ta grâce
tu as illuminé les apôtres et tes enfants bien-aimés,
afin que nous te rendions gloire et t'adorions,
et par ta grâce mise en nous,
tu as répandu la paix, la justice et la réconciliation dans le monde.

Eclaire et guide nos âmes, nos cœurs et nos esprits.
Conduis les pensées de tes serviteurs,
afin que nous soyons dignes de ton image divine et pleine de grâce,
dignes de ton appel pour être transformés,
pour la gloire, la joie et la beauté de ta Sainte Église.

Pardonne nos péchés,
et les péchés de tous ceux qui, à genoux devant toi, te vénèrent.
Ecoute-nous, lorsque nous te prions dans la foi
d'accorder ta grâce divine

aux opprimés, aux pauvres, aux malades et à ceux qui pratiquent l'injustice.
Protège-nous de tout mal, de toutes les formes de division et d'inimitié,
et accorde-nous par ta grâce de proclamer ton Saint Évangile.

Seigneur divin,
nous t'en prions, avec les apôtres, les martyrs et tous les saints,
afin que, par l'intercession de tous ceux qui t'appartiennent,
ta Sainte Église te loue et te glorifie dans les siècles des siècles.
Amen.

Prières matinales

56.

Je te rends grâces, ô mon Père céleste, par Jésus-Christ ton Fils bien-aimé, de ce que tu m'as gardé de tout mal pendant la nuit qui vient de finir. Je te prie de me préserver encore pendant cette journée de tout mal et de tout péché, afin que ma conduite et toute ma vie te soient agréables. Je remets entre tes mains mon corps, mon âme et tout ce que je possède. Que ton saint ange me garde, afin que Satan n'ait aucun pouvoir sur moi. Amen.

57.

Sois devant moi la flamme qui brille,
Sois au-dessus de moi l'étoile qui me guide,
Sois sous mes pas un sentier uni.
Sois derrière moi le bon berger,
En ce jour, en cette nuit et toujours.

58.

Seigneur, accorde-moi de saluer dans la paix le jour qui vient.
Aide-moi en toute chose à m'en remettre à ta sainte volonté.
A chaque heure du jour, révèle-moi ta volonté.

Bénis mes relations avec tous ceux qui m'entourent.
Enseigne-moi à accueillir d'une âme paisible tout ce qui m'arrive au cours de la journée,
avec la ferme assurance que ta volonté conduit toutes choses.
Dans tous mes actes, toutes mes paroles, guide mes pensées et mes sentiments.
Lorsque se produisent des événements inattendus, ne me permets pas d'oublier que c'est toi qui les envoies.
Enseigne-moi à agir avec fermeté et sagesse,
sans que les autres puissent en concevoir de l'amertume ou de l'embarras.
Donne-moi la force de porter la fatigue du jour qui vient,
avec tout ce qu'il apportera.
Dirige ma volonté, enseigne-moi à prier, et viens toi-même prier en moi.
Amen.

59.
Merci, Seigneur, pour le repos de cette nuit,
pour les heures de sommeil et de rêve.
Ouvre nos esprits et nos cœurs
à tous ceux que nous rencontrerons aujourd'hui.

Nous sommes unis les uns aux autres.
Montre-nous qui nous avons à servir,
et quel travail sera le nôtre..

Nous ne pouvons vivre par nous-mêmes.
Seigneur, sois proche de nous
et relève-nous.

Marche avec nous,
pas à pas, heure par heure.

Nous prions Dieu, notre lumière et notre salut,
avec les paroles que Jésus nous a enseignées.
Notre Père, qui es aux cieux…

Entoure-nous, Dieu notre boulier,
que ta protection soit proche,
et que le danger s'éloigne.

Entoure-nous, Dieu notre soleil,
que la lumière soit proche
et que les ténèbres s'éloignent.

Entoure-nous, Dieu notre maison,
que la paix y habite
et que le mal reste dehors.

Que Dieu vous tienne auprès de lui
et vous conduise dans son amour.
Amen.

60.

Ô Dieu, tu m'as donné une nuit paisible,
Fais que je passe cette journée dans la paix.
Là où j'irai sur le chemin paisible
que tu m'as préparé,
Ô Dieu, conduis mes pas.
Si je parle, éloigne de moi le mensonge.
Si j'ai faim, préserve-moi de murmurer.
Si je suis rassasié, préserve-moi de l'orgueil.
En te priant, je passe cette journée,
Seigneur, toi qui n'as pas de maître.

61.

Père céleste,
Je te loue et te rends grâce pour le repos de la nuit,
Je te loue et te rends grâce pour cette nouvelle journée,
Je te loue et te rends grâce pour ta bonté et ta fidélité
dans ma vie passée.
Tu m'as comblé de nombreux bienfaits,
fais que j'accepte aussi de ta main ce qui est difficile.
Tu ne m'imposeras pas plus que je ne puis porter.
Par toi, toutes choses concourent au bien de tes enfants.
Seigneur, quoi que ce jour apporte, béni soit ton nom.
Amen.

62. Le cri de l'oiseau solitaire

Minuit passé,
le silence se brise
en mille morceaux
avec les cris de cet oiseau solitaire.

Tes cris, ô Dieu,
ta détresse
devant ce que nous sommes en train de faire –
nous nous blessons, nous nous crucifions les uns les
autres,
et notre monde,
et en ton nom –

le clou qui brise les os,
mais pas nos intérêts
et qui nous laisse pendus ici.

Prières du soir

63. *(d'après le psaume 134)*
Allons! bénissez le Seigneur, vous tous, serviteurs du
Seigneur,
qui vous tenez dans la maison du Seigneur pendant les
nuits.
Levez les mains vers le sanctuaire et bénissez le Seigneur.

64.
Je te rends grâce, ô mon Père céleste, par Jésus-Christ, ton Fils bien-aimé, de ce que dans ta miséricorde, tu m'as gardé pendant la journée qui vient de finir. Je te supplie de me pardonner tous les péchés que j'ai pu commettre, et de me garder aussi pendant cette nuit. Je remets entre tes mains mon corps, mon âme et tout ce que je possède. Que ton saint ange me garde, afin que Satan n'ait aucun pouvoir sur moi. Amen.

65.
Viens, Seigneur, couvre-moi de la nuit.
Étends ta grâce sur nous comme tu nous l'as promis.
Tes promesses sont plus nombreuses que toutes les
étoiles du ciel,
ta miséricorde plus profonde que la nuit.
Seigneur, il fera froid.
La nuit vient avec son souffle de mort.
La nuit vient, la fin approche,
mais Jésus vient aussi.

Seigneur, nous l'attendons, le jour et la nuit.
Amen.

Bénédictions

66. *(d'après Nombres 6: 24-26)*
Que le Seigneur nous bénisse et nous garde.
Que le Seigneur fasse resplendir sur nous son visage
et nous accorde sa grâce.
Que le Seigneur lève sur nous son regard
et nous donne la paix.
Amen.

67.
La grâce de notre Seigneur Jésus Christ –
du Seigneur en qui nous croyons
et qu'un jour serviront aussi
ceux qui aujourd'hui se font appeler seigneurs.

La grâce de notre Seigneur Jésus Christ
et l'amour de Dieu –
le Père qui nous a créés et libérés.

La grâce de notre Seigneur Jésus Christ
et l'amour de Dieu
et la communion du Saint Esprit –
que nous recevons dans sa communauté,
à son service,
et sous sa conduite.

La grâce et l'amour et la communion du Dieu Trinitaire
soient avec nous tous. Amen.

68.
Que la bénédiction du Dieu de paix et de justice soit avec nous.
Que la bénédiction du Fils qui verse les larmes de la souffrance du monde soit avec nous.
Et que la bénédiction de l'Esprit qui nous porte à nous réconcilier et à espérer soient avec nous, maintenant et pour l'éternité.
Amen.

69.

Que Dieu te bénisse
et t'accorde, toujours à nouveau,
les dons du désert:
le silence,
l'eau fraîche,
un vaste horizon,
un ciel ouvert
et des étoiles
qui éclairent ton chemin
dans l'obscurité.

Que la terre
emplisse tes pieds de danse
et tes bras de vigueur,
tes oreilles de musique
et ton nez de parfums délicieux.

Que le ciel
emplisse ton âme de tendresse
et tes yeux de lumière,
ton cœur de joie
et ta bouche de chansons.

70.

Que la grâce de notre Seigneur Jésus Christ
nous garde de nous tuer les uns les autres.
que l'amour de Dieu remplisse nos vies
d'une paix qui tend la main vers les autres
dans une réconciliation et une amitié authentiques.

71.

Croissez dans la grâce et la connaissance
de notre Seigneur Jésus Christ.
A lui soit la gloire, avec le Père et le Saint Esprit,
dès maintenant et jusqu'au jour de l'éternité. Amen.
(2 Pierre 3: 18)

Le Seigneur soit avec ton esprit.
La grâce soit avec vous tous.
(2 Timothée 4: 22)

Peuple de Dieu, mets ton espoir dans le Seigneur,
Car en lui se trouve la miséricorde,
et la rédemption abonde auprès de lui.
C'est lui qui délivrera son peuple
de toutes ses iniquités.
(Psaume 13: 7-8)

72.

Que Dieu le Père nous accorde la grâce qui transforme.
Que Dieu le Fils nous accorde la grâce qui sauve.
Que l'Esprit de vie nous accorde la grâce qui libère.
Et que sur nos chemins la paix soit célébrée.

Remerciements

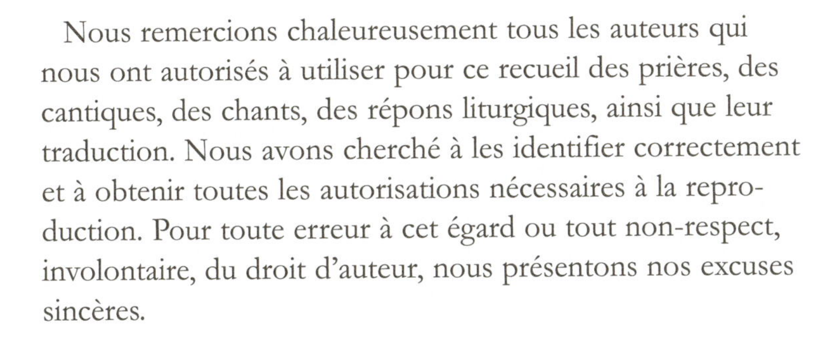

Nous remercions chaleureusement tous les auteurs qui nous ont autorisés à utiliser pour ce recueil des prières, des cantiques, des chants, des répons liturgiques, ainsi que leur traduction. Nous avons cherché à les identifier correctement et à obtenir toutes les autorisations nécessaires à la reproduction. Pour toute erreur à cet égard ou tout non-respect, involontaire, du droit d'auteur, nous présentons nos excuses sincères.

Les droits d'auteur concernant la musique sont mentionnés sous chacune des partitions.

Les citations bibliques contenues dans ce recueil sont tirées, pour le français, de la Traduction œcuménique de la Bible (TOB).

Les détenteurs des droits ont donné les autorisations pour la reproduction et l'utilisation de leurs œuvres à la Neuvième Assemblée du COE. En conséquence, ils conservent tous leurs droits, et l'autorisation pour tout autre usage doit leur être demandée.

Vorwort

Das Gebet gehört zum Wesen des Christentums, als Antwort von Christen und Christinnen auf die Herrlichkeit und Allgegenwart des transzendenten Gottes.

Die Begegnung des allmächtigen und barmherzigen Gottes mit Gottes Volk im Gebet ist nichts Zufälliges und Nebensächliches, sondern notwendig und grundlegend. Sie ist Zeichen unserer Bejahung und Ehrfurcht vor der Tatsache, dass Gott uns die Ganzheit der Schöpfung offenbart, durch Gottes Wort in der Heiligen Schrift und in Jesus Christus, unter der Leitung des Heiligen Geistes und dem Leben der Kirchen. Im Gebet begegnen Menschen ihrem Schöpfer und Erlöser, dem dreieinigen Gott.

Das Gebet steht im Zentrum einer jeden Vollversammlung des Ökumenischen Rates der Kirchen, und alle sind dazu eingeladen und willkommen. Die Versammlung ist vor allem ein Ort des Miteinanders, ein Ort des Feierns und des Gebetes zu Gott dem Allmächtigen – sie ist aber auch ein Ort, an dem dieses Miteinander auf verschiedene Weise Gestalt gewinnt und in eindrücklichen geistlichen Begegnungen und im gemeinsamen Gebet seinen Ausdruck findet.

Für die Vorbereitung der geistlichen Begegnungen während der 9. Vollversammlung in Porto Alegre, Brasilien, waren die Empfehlungen der Sonderkommission zur orthodoxen Mitarbeit im ÖRK hilfreich. Die Interpretation und praktische Umsetzung der Empfehlungen der Sonderkommission, die sich auf das gemeinsame Gebet beziehen, bleibt anspruchsvoller, kreativer Teil der Arbeit des ÖRK.

Die in diesem Buch enthaltenen Materialien für die täglichen Andachten der Versammlung sind mit Sorgfalt zusammengestellt worden. Die vorliegende Sammlung enthält liturgisches Material verschiedener kirchlicher Traditionen und konfessioneller Familien aus aller Welt. Das Buch liegt in fünf Sprachen vor. Es ist das wichtigste Arbeitsmaterial für das gottesdienstliche Leben der Vollversammlung des ÖRK. Es empfiehlt sich darüber hinaus grundsätzlich zur Verwendung bei ökumenischen Tagungen und in den Kirchen.

In den liturgischen Stücken in dieser Sammlung berührt die Gnade unsere Seele, unsere Herzen und Gedanken. Sie ist es, die das *gemeinsame Gebet* inspiriert.

Wir danken den Mitgliedern des Gottesdienst- und des Planungsausschusses der Vollversammlung, der ÖRK-Gottesdienstgruppe, den Mitarbeitenden in Brasilien und Musikerinnen und Musikern sowie all jenen, die darüber hinaus in unterschiedlicher Weise zum Gelingen dieses Buches beigetragen haben. Um wirklich allen aufrichtig zu danken für ihre harte Arbeit an dieser Publikation, für ihr Verständnis und ihre hervorragende Mitarbeit, aber auch für ihre Ermutigung und ihren Einsatz zur Verwirklichung dieses höchst mühsamen, aber lohnenden Werkes christlicher Liebe fehlen uns letztlich die Worte.

Metropolit Gennadios von Sassima
Vorsitzender des Gottesdienstausschusses für die Vollversammlung
Aghios Nikolaos, Kreta, 25. Juli 2005

Zum Gebrauch des Gottesdienstbuches

Em tua graça wurde in erster Linie als Text- und Liedersammlung für gemeinsame Andachten während der 9. Vollversammlung des Ökumenischen Rates der Kirchen in Porto Alegre, Brasilien, im Februar 2006 zusammengestellt. Der Vorbereitungsausschuss erhofft sich, dass *em tua graça* auch nach der Vollversammlung eine Quelle für die kreative Gestaltung von Gebet und Lobpreis Gottes sein kann.

Die Teilnehmenden der Vollversammlung mögen dieses Buch sowohl zu den „gemeinsamen Andachten" mitbringen, wie auch zu den Plenarsitzungen, der Bibelarbeit, den Workshops und zu anderen Begegnungen in Kleingruppen. Zu speziellen Anlässen, wie dem Eröffnungs- und Schlussgottesdienst, wird es zusätzliches Material geben.

Das alles umspannende Thema finden wir in Gebetsform als Motto der 9. Vollversammlung: „In deiner Gnade, Gott, verwandle die Welt." Dieses Thema sowie eine Reihe von Unterthemen bilden den Rahmen für die Morgen- und Abendandachten in Porto Alegre:

- In deiner Gnade, Gott, verwandle *unsere Welt* (14. und 15. Februar)
- In deiner Gnade, Gott, verwandle *die Erde* (16. Februar)
- In deiner Gnade, Gott, verwandle *unsere Gesellschaften* (17. Februar)
- In deiner Gnade, Gott, verwandle *unser Leben* (18. und 21. Februar)
- In deiner Gnade, Gott, verwandle *unsere Kirchen* (20. Februar)
- In deiner Gnade, Gott, verwandle *unser Zeugnis* (22. und 23. Februar)

In den Andachten sollen verschiedene Symbole und symbolische Handlungen dazu beitragen, das Glaubensleben in seiner Vielfalt zu veranschaulichen. Zu den weiter unten ausführlicher beschriebenen Symbolen gehören Saatgut und Sonnenblumen, Wasser und Brot, Weihrauch sowie ein zu der Vollversammlung entstandenes religiöses Gemälde in orthodoxer Tradition.

Hymnen, Lieder und musikalische Responsorien finden sich am Ende des Buches. Die nach fünf Sprachen geordneten Teile – Portugiesisch, Englisch, Spanisch, Französisch und Deutsch – sind Übersetzungen derselben Textsammlung. Bei der Vollversammlung sowie im Gebrauch bei anderen multikulturellen Anlässen wählen die Teilnehmenden für die Responsorien die ihnen vertrauteste Sprache. Damit klingt in der Andacht auch das Pfingstereignis an.

Bei den Litanien bedeutet Normalschrift, dass dieser Text von einer Person gelesen wird; ***Fettdruck in Kursivschrift*** bedeutet, dass dieser Text von allen gemeinsam gelesen wird; und einfache *Kursivschrift* bezeichnet eine Information oder Anleitung, die nicht laut verlesen wird.

Der Vorbereitungsausschuss dankt den Autoren/-innen, Komponisten/-innen und Inhabern/-innen von Urheberrechten, die ihre Genehmigung zur Übernahme der in diesem Buch enthaltenen Texte und Musikstücke erteilten. Sein Dank gilt besonders den Autorinnen und Musikern, die in Zusammenarbeit mit dem ÖRK neue Werke geschaffen haben.

Erklärung der Symbole

***Ketten* • 15. Februar**

„Befreiung für die Gefesselten und Entlassung für die Gefangenen“ *(Jes 61; Lk 4)* wird in dieser Andacht durch das Symbol zerbrochener Ketten illustriert. Die prophetische Vision Jesajas wurde zum Wahrzeichen des Dienstes Jesu: er und seine Jünger/-innen brachten den Unterdrückten die frohe Botschaft und den Verzweifelten Heilung. Im geschichtlichen Kontext Nord-, Zentral- und Südamerikas erinnert uns dieses Symbol an die Ketten der Sklaverei, die vom Kolonialismus ausgehende Unterdrückung und die Herrschaft der Mächtigen. Unter Berufung auf das Evangelium waren es Lateinamerikaner, denen es gelungen ist, Kirchen für die Sache der Befreiungstheologie zu öffnen und damit grundlegende Veränderungen herbeizuführen.

***Sonnenblumen* • 16. Februar**

Für einige indigene Völker Lateinamerikas ist die Sonnenblume ein Symbol der Auferstehung. Dem Licht entgegen wachsend wendet sich diese Blume der Quelle des Lichtes am Himmel zu. Ihre strahlenden Farben und ihre schlichte Eleganz sind Zeugen der ursprünglichen Schönheit der Schöpfung. Trotz einer langen Kette menschlicher Verfehlungen, durch die unserem Planeten Gewalt angetan wurde und die die Welt, die unserer Sorgfalt anvertraut ist, bedrohen, erinnert uns das Wachsen und das Blühen einer jeden jungen Pflanze an die Möglichkeiten, die einer neuen Geburt innewohnen - einem Neubeginn - und, dank der Gnade des Schöpfers, an das Kommen eines neuen Himmels und einer neuen Erde *(Jes 65; Offb 21)*.

***Weihrauch* • 17. Februar**

„Wie ein Rauchopfer steige mein Gebet vor dir auf," singt der Psalmist *(Ps 141, 2)*. Wie angenehm duftender Weihrauch steigen die Gebete der Menschen auf und durchdringen einander vor Gott. Propheten und Menschen aus Ninive, Apostel und Offiziere, Bewohner/-innen Galiläas und Kanaans - sie alle rufen nach Vergebung und flehen aus tiefster Seele um Erbarmen. Die Antwort auf dieses Gebet kann überraschend und unerwartet sein, sie kann unser Leben verwandeln. Der geistliche Dialog mit Gott wird für die Gläubigen zur Herausforderung, die Grenzen ihres Verstehens zu überschreiten und in der Liebe zu wachsen.

(Die Aussagen im dritten Satz weisen auf drei Schriftstellen für den 17. Februar hin, nämlich Jona 4; Apg 10 und Mt 15)

***Religiöses Gemälde* • 18. Februar**

Das für den heutigen Tag bestimmte Bild des Auferstandenen zeigt Christus, der die Schranken von Tod und Gefangenschaft niederreißt. Es handelt sich um die zeitgenössische Wiedergabe einer alten Christus-Ikone. Indem Christus in die Hölle gefahren ist, hat er deren Macht überwunden, ihre Pforten aufgetan und die Menschen von einst, die dort gefangen waren, befreit *(1. Petr 3, 18-20)*. Das Bild spiegelt die Erfahrungen vieler Märtyrer/-innen und bekennender Christen unserer Zeit wider, die unaussprechliche Erniedrigungen und Grausamkeiten in Gulags, Konzentrationslagern, Gewahrsamszentren und Reservaten erlitten haben bzw. noch immer erleiden. Durch die Gnade des Heiligen Geistes bleibt Christus als unser Erlöser in der Welt gegenwärtig; bis ans Ende der Zeit wirkt er auf die Verwandlung der ganzen Schöpfung hin.

***Kelch* • 19. Februar**

„Könnt ihr den Kelch trinken, den ich trinken werde?" Nach der Verfassung des ÖRK besteht das „Hauptziel der Gemeinschaft der Kirchen im Ökumenischen Rat der Kirchen darin, einander zur sichtbaren Einheit in dem einen Glauben und der einen eucharistischen Gemeinschaft aufzurufen...". Der Aufruf ist ergangen, doch der Weg zu dieser Eucharistiefeier, in der wir alle gemeinsam Brot und Wein teilen werden, erweist sich als lang und schwierig. Das

Symbol der heutigen Morgenandacht ist ein leerer Kelch; er ist noch zugedeckt und wartet darauf, gefüllt zu werden. Wir suchen weiter nach der Erfüllung der Verheißung Christi: „Ihr werdet den Kelch trinken, den ich trinke“ *(Mk 10, 38-39).*

Wasser* • *21. Februar

Am Anfang schied Gott Wasser von Wasser *(1. Mose 1, 6).* Als die Zeit erfüllt war, erkannte Johannes der Täufer Jesus, als dieser im Wasser des Jordan stand und der Heilige Geist vom Himmel auf ihn herabkam *(Mk 1,10).* Wasser ist eine freie Gabe, dargeboten zum Gebrauch aller Menschen. Es ist die Grundlage irdischen Lebens und ein Symbol der Zuneigung Gottes zu allen Kreaturen. Reines Wasser ist für die Gesundheit notwendig, und sauberes Wasser für die Heilung. Jesus, der in Gleichnissen lehrte, beschrieb die von ihm dargebrachte Erlösung als “eine Quelle des Wassers, das in das ewige Leben quillt“ *(Joh 4, 4).*

Brot* • *22. Februar

„Unser tägliches Brot gib uns Tag für Tag“ *(Lk 11, 3).* Brot steht als Symbol für unsere allgemeinen und elementaren Lebensbedürfnisse, aber auch für Gottes gnädige Gaben, von denen unser Leben abhängt. Ohne Brot kann der Tisch zum verheissenen Fest in Gottes Reich nicht bereitet werden. Ein im zweiten Jahrhundert entstandenes Gebet enthält folgende Bitte: „Wie dieses Brot, das zuvor als Weizen auf den Feldern zerstreut war zu einem Leib geformt wurde, so bringe auch deine Kirche aus allen Enden der Welt in deinem Reich zusammen.“ Das Brot, das wir als Gabe zu dieser Morgenandacht bringen, soll am Ende des Tages nach dem orthodoxen Abendgottesdienst geschwisterlich geteilt werden.

Saatgut* • *23. Februar

„Ein jegliches hat seine Zeit, und alles Vorhaben unter dem Himmel hat seine Stunde: geboren werden hat seine Zeit, sterben hat seine Zeit; pflanzen hat seine Zeit, ausreißen, was gepflanzt ist, hat seine Zeit…“ *(Pred 3, 1-2).* Jetzt, da sich die Zeit dieser Versammlung ihrem Ende zuneigt, mögen wir uns fragen, was wir wohl gesät haben. Wie weit wurde die Saat ausgestreut und welche Früchte werden aus ihr hervorgehen? Das Gleichnis Jesu erinnert uns daran, dass nicht wir es sind, die

die Früchte unserer Arbeit bestimmen *(Mk 4, 27);* wir sind jedoch aufgefordert, uns bereit zu halten, wenn das Korn heranreift, wenn die Felder durch Gottes gnädige Vorsehung verwandelt werden und die Früchte reif zur Ernte sind.

In deiner Gnade, Gott, verwandle die Welt

Biblische Leitsätze

a) Schaffet Recht dem Armen und der Waise und helft dem Elenden und Bedürftigen zum Recht. Errettet den Geringen und Armen und erlöst ihn aus der Gewalt der Gottlosen. (Psalm 82, 3-4)

b) Da werden die Wölfe bei den Lämmern wohnen und die Panther bei den Böcken lagern. Ein kleiner Knabe wird Kälber und junge Löwen und Mastvieh miteinander treiben. Kühe und Bären werden zusammen weiden, daß ihre Jungen beieinander liegen, und Löwen werden Stroh fressen wie die Rinder. Und ein Säugling wird spielen am Loch der Otter, und ein entwöhntes Kind wird seine Hand stecken in die Höhle der Natter. Man wird nirgends Sünde tun noch freveln auf meinem ganzen heiligen Berge; denn das Land wird voll Erkenntnis des Herrn sein, wie Wasser das Meer bedeckt. (Jesaja 11, 6-9)

c) So folgt nun Gottes Beispiel als die geliebten Kinder. (Epheser 5, 1)

d) Gott, der die Welt gemacht hat und alles, was darin ist, er, der Herr des Himmels und der Erde, wohnt nicht in Tempeln, die mit Händen gemacht sind. Auch läßt er sich nicht von Menschen-händen dienen, wie einer, der etwas nötig hätte, da er doch selber jedermann Leben und Odem und alles gibt. (Apostelgeschichte 17, 24-25)

Schriftlesungen

Jesaja 61, 1-4
Lukas 4, 61-21 (-30)

Gebete, Responsorien und Litaneien

1.

O Jesus,
Sei das Kanu, das mich auf dem Meer
des Lebens trägt;
sei das Ruder, das mich auf geradem Weg hält;
sei der Anker, der mir in Zeiten der Versuchung Halt gibt.
Lass Deinen Geist mein Segel sein,
das mich täglich weiter treibt.
Stärke meinen Körper, so dass ich sicher
durch die Wogen des Lebens rudern kann.
Amen.

2. Psalm 146, 5-10

Wohl dem, dessen Hilfe der Gott Jakobs ist,
der seine Hoffnung setzt auf den Herrn,
seinen Gott, der Himmel und Erde gemacht hat,
das Meer und alles, was darinnen ist;
der Treue hält ewiglich,
der Recht schafft denen, die Gewalt leiden,
der die Hungrigen speiset.

♪ ***2. Antwortgesang: Bem aventurados os pobres, porque deles é o reino do céus***

Der Herr macht die Gefangenen frei.
Der Herr macht die Blinden sehend.
Der Herr richtet auf, die niedergeschlagen sind.
Der Herr liebt die Gerechten.
Der Herr behütet die Fremdlinge und erhält die
Waisen und die Witwen;
aber die Gottlosen führt er in die Irre.

♪ 2. Antwortgesang: Bem aventurados os pobres, porque deles é o reino do céus

Der Herr ist König ewiglich,
dein Gott, Zion, für und für.
Halleluja!

♪ 2. Antwortgesang: Bem aventurados os pobres, porque deles é o reino do céus

3.

Heute ist Ostern,
und Jesu Auferstehung
verkündigt uns Hoffnung auf neue Zeiten.
Alles kann anders sein.
Steine können aus dem Weg geräumt werden,
Gräber können sich für immer öffnen,
Tränen können versiegen.
Angst wird nicht mehr sein,
jede Frage wird eine Antwort haben.
Das Licht besiegt die Finsternis,
Freude kommt zu denen, die traurig sind,
Friede berührt die mutlosen Herzen,
die Mächtigen verlieren,
und die Demütigen triumphieren.
Gewalt und Hass kommen nicht
gegen die Liebe an,
Ketten der Unterdrückung werden gesprengt,
Wahrheit umarmt die Gerechtigkeit,
und Gerechtigkeit und Frieden küssen einander.
Erinnerungen schmerzen nicht länger,
zu träumen ist keine Sünde mehr.
Der Himmel öffnet sich und Gott lächelt.
Das LEBEN hat den Sieg davongetragen.
Jesus lebt, und eine neue Welt ist möglich.

4.

Laßt das Wort Gottes
wie eine Perle in jedem Herzen sein.
Das lebendige Wort wird verkündet und gehört,
um die Welt zu heilen.

Laßt die Liebe Gottes
sich in Jesus Christus entfalten.
Das Kreuz des Todes
gab dem Leben seinen Atem,
um die Welt zu heilen.

Laßt den Wind Gottes wehen,
er brauste durch alle Zeiten.
Der Geist bewegt,
prüft und erneuert,
um die Welt zu heilen.

Laßt die Kirche Gottes
engagiert, wahr und mutig sein.
Wir teilen das Brot
im Handeln und im Beten,
um die Welt zu heilen.

5.

Spender der guten Gaben, wir warten auf dich.
Wie die Kranken warten auf ihre Arznei.
O Jesus, du hast den Tod überwunden
und jede Art von Krankheit
und hast uns wieder heil gemacht.

6. *(nach Jesaja 61, 1-4)*
Gott der Gnade,
lehre uns, das Jahr deiner Gnade zu verkünden.

Wir beten für alle, die gefangen sind
in quälender Armut und entwürdigender Arbeit,
für die Menschen, die wie Objekte
auf einem Bilanzbogen behandelt
und gehandelt werden.
Erhöre unser Gebet für alle,
die sich nach Befreiung aus ungerechten Systemen
und aus tyrannischer Gewalt sehnen,
und besonders für die, die Krieg, Hungersnot
und wirtschaftlichem Zerfall zu entfliehen suchen.

Gott der Gnade, möge dein Wort heute
in unserer und ihrer Gegenwart erfüllt werden.

***♪4. Antwortgesang: Nkosi, Nkosi, yiba nenceba.
Krestu, Krestu, yiba nenceba.***

Gott der Gnade,
lehre uns, das Jahr deiner Gnade zu verkünden.

Wir beten für alle, die an Seele, Leib
und Geist leiden und für alle Menschen,
die sich nach Heilung sehnen.
Wir beten um Befreiung von stigmatisierendem
Verhalten gegen Behinderte und Kranke.
Erhöre unser Gebet, besonders für die
Menschen, die an HIV, AIDS, Tuberkulose
und Malaria leiden,damit sie alle
gleichen Zugang haben zu Gesundheitsfürsorge
und Medikamenten, die sie brauchen.

Gott der Gnade,
schenke uns das Öl der Freude statt der Trauer.

***♪4. Antwortgesang: Nkosi, Nkosi, yiba nenceba.
Krestu, Krestu, yiba nenceba.***

Gott der Gnade,
lehre uns, das Jahr deiner Gnade zu verkünden.

In einer Welt der Knechtschaft
beten wir für alle, die versuchen,
Eichen der Rechtschaffenheit zu sein,
für alle, die die Ketten der Ungerechtigkeit
sprengen und Zeugnis davon geben,
dass eine durch Gnade verwandelte Welt
möglich ist.

Erhöre unser Gebet für die, die Zeichen setzen,
für dein Reich der Liebe und der Gerechtigkeit
in den Städten und Ländern, die durch Krieg
zerstört, durch Hass oder durch Umwelt-
katastrophen verwüstet wurden.

Gott der Gnade,
sende uns deinen Geist,
dass auch wir die frohe Botschaft bringen.

♪ ***4. Antwortgesang: Nkosi, Nkosi, yiba nenceba.***
Krestu, Krestu, yiba nenceba.

7.

Jesus, wir möchten in der Erkenntnis wachsen.

Stärke auch unseren Leib, unsere Seele
und unseren Geist.

Jesus, wir möchten im Glauben wachsen.

Wir danken dir für Menschen des Glaubens –
in Vergangenheit und Gegenwart –
deren Leben uns ein Beispiel ist.

Jesus, wir möchten in der Hoffnung wachsen.

Wir beten für alle, die für Freiheit, Frieden
und Gerechtigkeit in dieser Welt eintreten.

Jesus, wir möchten in der Liebe wachsen.

Hilf uns, einander zu lieben,
wie du uns geliebt hast.
Du hast Dein Leben für uns gegeben.
Wir beten für die, die heute ihr Leben
für andere hingeben.

In deiner Gnade, Gott, verwandle die Erde

Biblische Leitsätze

a) Unser Herr ist groß und von großer Kraft,
und unbegreiflich ist, wie er regiert.
Der Herr richtet die Elenden auf und
stößt die Gottlosen zu Boden.
Psalm 147, 5-6)

b) Wenn ihr keine Gewalt übt gegen
Fremdlinge, Waisen und Witwen und
nicht unschuldiges Blut vergießt an
diesem Ort und nicht andern Göttern
nachlauft zu eurem eigenen Schaden,
so will ich immer und ewig bei euch
wohnen an diesem Ort, in dem Lande,
das ich euren Vätern gegeben habe.
(Jer. 7, 6-7)

c) Ein anderes Gleichnis legte er ihnen vor
und sprach: Das Himmelreich gleicht
einem Senfkorn, das ein Mensch nahm
und auf seinen Acker säte; das ist das
kleinste unter allen Samenkörnern; wenn
es aber gewachsen ist, so ist es größer als
alle Kräuter und wird ein Baum, so daß
die Vögel unter dem Himmel kommen
und wohnen in seinen Zweigen.
(Mt. 13, 31-32)

d) Siehe da, die Hütte Gottes bei den
Menschen! Und er wird bei ihnen
wohnen, und sie werden sein Volk sein,
und er selbst, Gott mit ihnen, wird ihr
Gott sein. (Offb. 21, 3)

Schriftlesung

Jesaja 65, 17-25
Matthäus 20, 1-16

Gebete, Responsorien und Litaneien

8. Psalm 65, 10-14

Du suchst das Land heim und bewässerst es
und machst es sehr reich;
Gottes Brünnlein hat Wasser die Fülle.
Du lässest ihr Getreide gut geraten;
denn so baust du das Land.
Du tränkst seine Furchen
und feuchtest seine Schollen;
mit Regen machst du es weich
und segnest sein Gewächs.
Du krönst das Jahr mit deinem Gut,
und deine Fußtapfen triefen von Segen.
Es triefen auch die Auen in der Steppe,
und die Hügel sind erfüllt mit Jubel.
Die Anger sind voller Schafe,
und die Auen stehen dick mit Korn,
daß man jauchzet und singet.

9.

Wir brauchen Visionen und Fantasie,
damit wir die Schönheit der Erde
in ihrer Ganzheit erkennen,
damit wir uns der unauflöslichen Verbundenheit
und der heiligen Würde aller Teile der
Schöpfung bewusst werden;
damit wir die Vielfalt feiern
und die Einheit achten.

Gott aller Liebe und aller Wahrheit,
öffne unsere Augen und unsere Herzen.

Wir brauchen Ehrfurcht und Staunen,
damit wir die Ewigkeit
in einem Sandkorn sehen können;
damit sich uns das Universum erschließt,

wenn ein Sperling zur Erde fällt;
damit wir die Bedeutung von zwei Pfennigen
auf einem Teller sehen;
Leben in einem Samenkorn,
das zu sterben scheint;
Vertrauen in den ausgestreckten Händen
eines Säuglings;
damit wir sehen, wie Christus,
der Herr der Welt,
uns aus dem Unscheinbaren entgegenlächelt.

Gott aller Liebe und aller Wahrheit,
öffne unsere Augen und unsere Herzen.

Wir brauchen Feuer und Kraft,
damit wir zornig werden
über kurzsichtige Politik,
über eiskaltes Wirtschaften und unfairen Handel;
damit wir aufstehen gegen Habgier
und den Missbrauch der Ressourcen dieser Erde;
damit wir dürsten nach Gerechtigkeit
und alle unsere Kenntnisse, Fähigkeiten
und Gaben einsetzen,
um das Leben in seiner Vielfalt zu bewahren
und zu umarmen.

Gott aller Liebe und aller Wahrheit,
öffne unsere Augen und unsere Herzen.

10.

Herr über die Meere,
Schenke uns Mut und Glauben,
uns den Flutwellen unserer Zeit auszusetzen.

Herr über die Riffe,
schenke uns Mut und Glauben,
der Erosion unserer Zeit zu widerstehen.

Herr über die Inseln,
schenke uns Mut und Glauben,
den Wirbelstürmen unserer Zeit standzuhalten.

11.

Liebender Gott und Schöpfer,
wir bewundern staunend

die Pracht deiner Schöpfung:
Reiche Felder mit Teppichen
von goldgelbem Korn
und übervolle Körbe mit reifen Früchten.
Ein Festmahl vollmundiger Weine
und köstlicher Speisen,
ein Fest, bereitet für alle, daran teilzuhaben.
Hilf uns, von deiner Großzügigkeit zu lernen,
unser Brot mit den Hungrigen zu teilen
und es uns ein Anliegen sein zu lassen,
ein Festmahl für alle Völker zu bereiten,
ein üppiges Fest, an dem alle teilhaben.
Amen.

12. Jenseits von Alice Springs

Gott der wandernden Kamele
und der fernen Orte,
Gott der abgelegenen roten Schluchten
und der Gesichter der Ureinwohner;

Gott der tiefen Stille
und der ehrfurchterregenden Sonnenuntergänge,
der mondbeschienenen Ebenen
und der Dingos auf der Flucht;

Gott der wiederkehrenden Trockenheit
und der von der Flut gespeisten Wasserläufe,
Gott, der Felder voller Gänseblümchen
und voller Wüstenerbsen.

Gott der unermesslichen Horizonte
und des treibenden Sandes,
tritt uns gegenüber und lehre uns Erkenntnis,
in diesem rätselhaften Land.

13.

Gott, schenke uns die Vision unserer Welt,
wie deine Liebe sie gestalten würde:
Eine Welt, in der die Schwachen beschützt statt
ausgebeutet werden,
und in der niemand hungert oder verarmt.
Eine Welt, in der die Gaben und Reichtümer
der Erde miteinander geteilt werden,
und in der jeder sich an ihnen erfreuen kann.

Eine Welt, in der die verschiedenen Nationen, Rassen
und Kulturen tolerant
und in gegenseitiger Achtung zusammenleben.
Eine Welt, in der Friede auf Gerechtigkeit
aufbaut und Liebe die Gerechtigkeit formt.
Schenke uns den Mut und die Fantasie,
diese Welt zu schaffen
durch Jesus Christus, unseren Herrn. Amen.

14.

Vergib uns, Herr,
unsere Gleichgültigkeit gegenüber
der Zerstörung der Natur;
unser Trachten nach übermäßigem Gewinn,
ohne Achtung für das Leben.

Vergib uns, Herr,
die Gewalt, die wir der Erde antun,
unser Schweigen, wenn die Wälder zerstört
und die Flüsse verschmutzt werden.

Vergib uns, Herr,
unsere Mitschuld an der Ausrottung von Tier-
und Pflanzenarten,
unsere Bereitschaft zu zerstören,
was anders ist als wir.

Vergib uns, Herr,
unser rücksichtsloses Konsumieren
auf Kosten künftiger Generationen,
vergib uns, dass wir uns nur um das Heute
sorgen, ohne an ein Morgen zu denken.

Vergib uns, Herr,
unsere Arroganz zu glauben,
wir seien der Mittelpunkt des Universums,
unseren mangelnden Eifer für die Bewahrung
deiner Schöpfung.

Lehre uns, in deiner Gnade,
alle als deine Geschöpfe,
unsere Geschwister, zu lieben
und für das Leben in allen seinen Formen
Sorge zu tragen.

In deiner Gnade, Gott, verwandle unsere Gesellschaften

3

Biblische Leitsätze

a) Wenn ein Fremdling bei euch wohnt in eurem Lande, den sollt ihr nicht bedrücken. Er soll bei euch wohnen wie ein Einheimischer unter euch, und du sollst ihn lieben wie dich selbst; denn ihr seid auch Fremdlinge gewesen in Ägyptenland. Ich bin der Herr, euer Gott. (3. Mose 19, 33-34)

b) Deine Gerechtigkeit steht wie die Berge Gottes und dein Recht wie die große Tiefe. Herr, du hilfst Menschen und Tieren. (Psalm 36, 7)

c) Suchet der Stadt Bestes, dahin ich euch habe wegführen lassen, und betet für sie zum Herrn; denn wenn's ihr wohlgeht, so geht's auch euch wohl. (Jeremia 29, 7)

d) Wahrlich, ich sage euch: Was ihr getan habt einem von diesen meinen geringsten Brüdern, das habt ihr mir getan. (Matthäus 25, 40)

Schriftlesugen

Apostelgeschichte 10, 9-35
Matthäus 15, 21-28

Gebete, Responsorien und Litaneien

15. Morgengebet *(unter Einbeziehung von liturgischen Elementen aus allen Kirchen orientalisch-orthodoxer Tradition)*

Anrufung

Im Namen des Vater, des Sohnes und des Heiligen Geistes, des einen wahren Gottes.

Amen.

Heilig, heilig, heilig bist du, o Allmächtiger Herr, dessen Ruhm Himmel und Erde füllt. Hosianna in der Höhe. Gesegnet sei Er, der da kommt und noch kommen wird im Namen des Herrn. Hosianna in der Höhe!

♪ 11. Vater Unser - Aboun Dhahmayo *(auf Aramäisch)*

***Aus Osten und Westen,
aus Norden und Süden,
all ihr Rassen und Völker,
segnet den Schöpfer aller Dinge
mit einem neuen Lobpreis.
Denn Gott hat das Licht der Sonne
heute über der Welt aufgehen lassen.***

Lesung aus dem Neuen Testament – Apostelgeschichte 10, 9-35

Lied: Asato maa sad gamaya *(auf Sanskrit)*

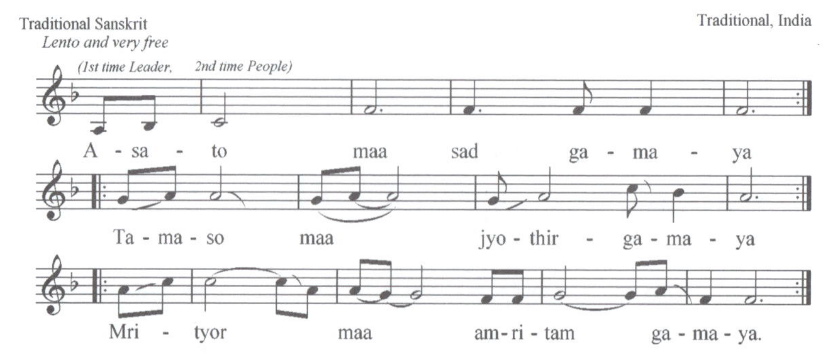
Traditional Sanskrit
Traditional, India
Lento and very free
(1st time Leader, 2nd time People)
A - sa - to maa sad ga - ma - ya
Ta - ma - so maa jyo - thir - ga - ma - ya
Mri - tyor maa am - ri - tam ga - ma - ya.

Lead me from falsehood to truth, from darkness to light, from death to life.
Führe mich von der Unwahrheit zur Wahrheit, aus Dunkelheit zum Licht, vom Tod zum Leben.
Conduis-moi du mensonge à la verité, des tenèbres à la lumière, de la mort à la vie.
Condúceme de la falsedad a la verdad, de la oscuridad a la luz, de la muerte a la vida.
Conduze-me da falsidade à verdade, das trevas à luz, da morte à vida.

Responsorium

Laßt uns Gott, unserem Vater, danken,
der alles aus Liebe geschaffen
und jeden Menschen nach Gottes Ebenbild
geformt hat.

Gesegnet sei Gott, unser Schöpfer,
der uns alle zusammengebracht hat
zu dieser Stunde in Freude und Frieden,
in Vergebung und Versöhnung.

Barmherziger Gott,
vergib uns die Sünde, dein heiliges Bild
in anderen nicht zu erkennen.

Bewahre uns alle in Frieden als ein Leib
in deinem heiligen Namen,
heute und an allen Tagen unseres Lebens.

Unser Herr Jesus Christus, du sagtest zu deinen
heiligen Jüngern: „Viele Propheten und
Gerechte haben begehrt zu sehen, was ihr seht,
und haben's nicht gesehen, und zu hören, was
ihr hört, und haben's nicht gehört.
Aber selig sind eure Augen, dass sie sehen,
und eure Ohren, dass sie hören."
Herr, laß uns würdig sein, dein Wort zu hören
und nach deinem heiligen Evangelium zu leben.

Koptischer Hymnus

Lesung des Evangeliums - Matthäus 15, 21-28

Äthiopischer Hymnus mit Trommelbegleitung

Fürbitte

Lasst uns beten zum Herrn
um Gnade und Frieden.

Antwortgesang: Natha kripa chei *(auf Malayalam*

Kyrie eleison
in Malayalam
India
Na - tha kri - pa chei thee de - na - me Na - tha kri - pa chei
thee de-na-me Na - tha kri-pa chei thee de - na - me

Lord, have mercy on us.
Seigneur, aie pitié de nous.
Herr, erbarme dich.
Señor, ten piedad de nosotros.
Senhor, tem piedade de nós.

Laßt uns beten für diese Vollversammlung
und für alle, die hier im Geist der Einheit,
Versöhnung und Liebe versammelt sind.

Antwortgesang: Natha kripa chei

Laßt uns Gott danken für das große göttliche
Erbarmen, das in der ganzen Schöpfung seinen
Ausdruck findet und für die Gabe, Gottes Liebe
in jedem Geschöpf zu erkennen.

Antwortgesang: Natha kripa chei

Laßt uns den Dreieinigen Gott dafür preisen,
dass er uns zu allen Zeiten Zeugnis von seiner
Güte und Vergebung in allen Nationen und
Kulturen gegeben hat; laßt uns beten für
gegenseitiges Verständnis und Eintracht.

Antwortgesang: Natha kripa chei

Laßt uns für diese Stadt, für dieses Land,
für all unsere Länder beten
und für die Menschen, die in ihnen wohnen,
damit sie von Gewalt und Krieg,
Bürgerkrieg und religiösen Konflikten
und von Naturkatastrophen verschont bleiben.

Antwortgesang: Natha kripa chei

Laßt uns der Kranken und Niedergeschlagenen,
der Flüchtlinge und der Heimatlosen gedenken
sowie der Kinder, die gezwungen sind, für ihren
Lebensunterhalt zu arbeiten, und der Armen,
die Ungerechtigkeit und Demütigung erleiden;
laßt uns beten für Heilung und Befreiung.

Antwortgesang: Natha kripa chei

Laßt uns beten für günstiges Wetter für die
Früchte der Erde, für den Schutz der Umwelt,
auf dass alle an Gottes Gaben in Dankbarkeit
und gegenseitiger Fürsorge teilhaben können.

Antwortgesang: Natha kripa chei

In Hoffnung und Glauben,
laßt uns beten für die Verwandlung unserer Welt
durch die Gnade des Allmächtigen,
damit eine neue Weltordnung der Gerechtigkeit
und des Friedens für alle errichtet werde.

Äthiopischer Hymnus mit Trommelbegleitung

(Gottes Gnade, Gottes Gnade, uns gegeben, Gottes Gnade)

Schlussgebet

***O Gott, gib uns heute rechtschaffene
Mitmenschen, Friedensbotschaften,
aufrichtige Gedanken und erfüllende Arbeit,
frei von den Sorgen dieser Welt.
Schenke uns lautere Gedanken
und heilige Lippen,
und Gerechtigkeit in unserem Urteil.
Schenke uns Gesundheit, gib uns das tägliche
Brot, aufgeklärte Sinne und klares Erkennen.
Rette uns von sündiger Begierde
und vor dem Bösen,
bewahre uns vor aller Dunkelheit,
heilige uns mit deiner Liebe und Ehrfurcht,
damit wir in Wort und Tat Kinder
des Lichtes werden. Amen.***

Segen

Laßt uns um Gottes Segen bitten:

Der Segen der heiligen
und leuchtenden Dreifaltigkeit,
Vater, Sohn und Heiliger Geist,
sei mit uns in Ewigkeit.
Amen.

16.

Wir erkennen, dass nur barmherzige
und aus der Gnade geborene Augen
eine verwandelte Welt sehen können;
deshalb bitten wir:
Öffne unsere Augen, damit sie sehen.

Gott, es gibt Trennungen unter uns Völkern.
Wir brauchen die heilende Kraft des Evangeliums.
Wir sehen, was uns trennt,
und sehen nicht, was uns eint.
Mach uns zu Werkzeugen der Einheit
und der gegenseitigen Achtung.

Öffne unsere Augen, damit wir sehen.
In deiner Gnade, führe uns in die Nachfolge
des barmherzigen Christus.

Gott, unser Land ist durch Gewalt verwundet.
Wir brauchen die heilende Kraft
gegenseitiger Fürsorge.
Mach uns zu Mittlern des gewaltlosen Wandels,
entflamme unsere Herzen für die Sache des
Friedens und der Gerechtigkeit.

Öffne unsere Augen, damit wir sehen.
In deiner Gnade, führe uns in die Nachfolge
des barmherzigen Christus.

Gott, da sind Kinder, die auf den Strassen leben.
Sie brauchen ein Zuhause
und Hoffnung für die Zukunft.
Mach uns zu Mittlern des wahren Lebens.
Hilf uns zu tun, was Jesus geboten hat: „Wer ein
solches Kind aufnimmt in meinem Namen,
der nimmt mich auf ."

Öffne unsere Augen, damit wir sehen.
In deiner Gnade, führe uns in die Nachfolge
des barmherzigen Christus.

Gott, wir beten für die, die Macht haben
und unser Land regieren;
schenke ihnen Weisheit und Wahrhaftigkeit,
so dass sie ihr Amt zum Wohl aller ausführen.

Öffne unsere Augen, damit sie sehen.
In deiner Gnade, führe uns in die Nachfolge
des barmherzigen Christus.

17.

Gütiger Gott,
Sämann der Saat in der Neuen Erde,
durch deine Gnade erblicken unsere Augen
neue Horizonte:
wo die Unterdrückten Befreiung erfahren,
wo die Betrübten Freude erleben,
und wo diese zerbrochene Welt
Einheit kennenlernt.

Möge der Traum von deinem Reich in unseren
Herzen lodern wie eine Flamme,
die brennt, bis sie ihr Ziel erreicht.

Mögen unsere Füße
voller Hoffnung ausschreiten,
mögen unsere Arme für den Frieden wirken,
mögen unsere Lippen eine Litanei voller Liebe
und Leidenschaft für das Leben beten.

18.

Ewiger Gott, Schöpfer des Weltalls,
es gibt keinen Gott außer Dir.
Groß und wunderbar sind Deine Werke,
wundersam Deine Wege.
Wir danken Dir
für die schillernde Vielfalt Deiner Schöpfung.
Wir danken Dir
für die zahlreichen Möglichkeiten,
Deine Gegenwart und Deinen Heilsplan zu
bezeugen, und für die Freiheit, dies zu tun.
Vergib uns das Unrecht,
das wir Deiner Schöpfung antun.
Vergib uns die Gewalt, die wir einander antun.
Wir fühlen Ehrfurcht und Dankbarkeit
für Deine immerwährende Liebe,
für alle Deine Kinder: Juden, Christen, Muslime
wie auch für alle, die einen anderen Glauben haben.
Gib uns und denen, die Verantwortung tragen,
Kraft und Stärke,
gegenseitigen Respekt in Wort und Tat,
Zurückhaltung bei der Ausübung von Macht
und den Willen, Frieden und Gerechtigkeit
für alle herbeizuführen.
Ewiger Gott, Schöpfer des Weltalls,
es gibt keinen Gott außer Dir. Amen.

19.

Gott und Vater:
Du hast deinem Volk von alters her geboten
„Du sollst auch den Fremden lieben..."

Hilf uns, uns daran zu erinnern,
dass auch sie deine geliebten Kinder sind;
Menschen, für die Jesus gestorben ist
und ohne die wir nicht gerettet werden.

Schenke uns das Vertrauen,
friedlich unseren Glauben zu bezeugen
und dem Weg zu folgen,
auf den du uns gerufen hast.

Hilf uns, gastfreundlich zu sein
und den Geschichten unserer Nachbarn
zuzuhören: ihren Erwartungen,
ihren Hoffnungen und ihren Sorgen.

Bewahre uns davor,
unsere eigene Rechtschaffenheit geltend
zu machen und andere zu verurteilen
durch unser engstirniges Verständnis
von Wahrheit.

Hilf uns, in einer Gesellschaft,
in der so viele Hoffnungen zerbrochen sind,
Menschen des Friedens, der Gerechtigkeit
und der Liebe zu sein.

In deiner Gnade, Gott, verwandle unser Leben

Biblische Leitsätze

a) Ist nun bei euch Ermahnung in Christus, ist Trost der Liebe, ist Gemeinschaft des Geistes, ist herzliche Liebe und Barmherzigkeit, so macht meine Freude dadurch vollkommen, daß ihr eines Sinnes seid, gleiche Liebe habt, einmütig und einträchtig seid. Tut nichts aus Eigennutz oder um eitler Ehre willen, sondern in Demut achte einer den andern höher als sich selbst, und ein jeder sehe nicht auf das Seine, sondern auch auf das, was dem andern dient. Seid so unter euch gesinnt, wie es auch der Gemeinschaft in Christus Jesus entspricht. (Philipper 2, 1-5)

b) Man soll nicht mehr von Frevel hören in deinem Lande noch von Schaden oder Verderben in deinen Grenzen, sondern deine Mauern sollen «Heil» und deine Tore «Lob» heißen. (Jesaja 60, 18)

c) So vertrage dich nun mit Gott und mache Frieden; daraus wird dir viel Gutes kommen. (Hiob 22: 21)

d) Und als er nahe hinzukam, sah er die Stadt und weinte über sie und sprach: Wenn doch auch du erkenntest zu

dieser Zeit, was zum Frieden dient!
Aber nun ist's vor deinen Augen
verborgen. (Lukas 19, 41-42)

Schriftlesungen

Hesekiel 36, 26-27
Hesekiel 47, 1-12
2. Korinther 12, 6-10
Johannes 4, 7-15

Gebete, Responsorien und Litaneien

20. Morgengebet *(basiert auf einer verkürzten Form der östlich-orthodoxen Morgenandacht)*

Im Namen des Vaters und des Sohnes
und des Heiligen Geistes.
Lob sei Dir, unser Gott, Lob sei Dir!

Himmlischer König, Tröster,
Du Geist der Wahrheit, überall gegenwärtig
und alles erfüllend, Quelle des Segens
und Spender allen Lebens:
Komm und wohne in uns, reinige uns
von aller Unreinheit, und errette uns,
barmherziger Herr.

♪ ***12. Lied: Sfinte Dumnezeule*** *(auf Rumänisch)*

Ehre sei dem Vater und dem Sohn
und dem Heiligen Geist
jetzt und immerdar und von Ewigkeit
zu Ewigkeit. Amen.

Vaterunser *(in der jeweiligen Muttersprache)*

Psalm 143

Herr, erhöre mein Gebet, vernimm mein Flehen um deiner Treue willen, erhöre mich um deiner Gerechtigkeit willen, und geh nicht ins Gericht mit deinem Knecht; denn vor dir ist kein Lebendiger gerecht.
Denn der Feind verfolgt meine Seele und schlägt mein Leben zu Boden, er legt mich ins Finstere

wie die, die lange schon tot sind.
Und mein Geist ist in Ängsten, mein Herz ist erstarrt in meinem Leibe.
Ich denke an die früheren Zeiten; ich sinne nach über all deine Taten und spreche von den Werken deiner Hände. Ich breite meine Hände aus zu dir, meine Seele dürstet nach dir wie ein dürres Land.
Herr, erhöre mich bald, mein Geist vergeht; verbirg dein Antlitz nicht vor mir, daß ich nicht gleich werde denen, die in die Grube fahren. Laß mich am Morgen hören deine Gnade; denn ich hoffe auf dich. Tu mir kund den Weg, den ich gehen soll; denn mich verlangt nach dir.
Errette mich, mein Gott, von meinen Feinden; zu dir nehme ich meine Zuflucht. Lehre mich tun nach deinem Wohlgefallen, denn du bist mein Gott; dein guter Geist führe mich auf ebner Bahn.
Herr, erquicke mich um deines Namens willen; führe mich aus der Not um deiner Gerechtigkeit willen, und vernichte meine Feinde um deiner Güte willen und bringe alle um, die mich bedrängen; denn ich bin dein Knecht.

Troparia der Auferstehung

Antwortgesang: Blagosloven yesi Gospodi *(auf Kirchenslawisch)*

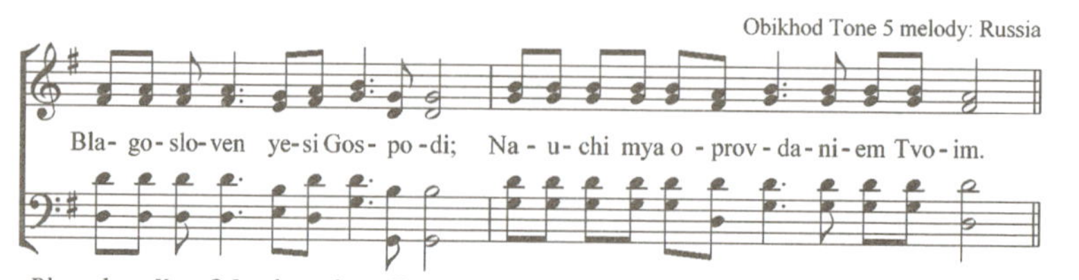
Obikhod Tone 5 melody: Russia
Bla- go-slo-ven ye-si Gos- po -di; Na - u- chi mya o - prov-da-ni-em Tvo-im.

Blessed are You, O Lord, teach me Your statutes
Bendito és tu, Senhor, ensina.me teus estatutos.
Bendito eres tú, Señor; enseñame tus leyes.
Gesegnet bist Du, Herr, lehre mich Deine Ordnungen.
Tu es béni, Seigneur, apprends-moi tes volontés.

Chor: Der Engelbote wurde von Ehrfurcht erfüllt, als er Dich unter den Toten sah.
Die Macht des Todes zerstörend,
O Erlöser, hast Du Adam auferweckt
und Menschen aus der Hölle errettet.

Antwortgesang: Blagosloven yesi Gospodi

Chor: Im Grab rief der hell leuchtende Engel
den Myrrhe bringenden Frauen zu:
Warum tränkt ihr die Myrrhe mit euren
Tränen? Schaut in das Grab und erkennt:
Der Heiland ist von den Toten
auferstanden.

Antwortgesang: Blagosloven yesi Gospodi

Chor: Am frühen Morgen liefen die Frauen
voller Trauer mit Myrrhe zu Deinem
Grab, doch ein Engel trat zu ihnen und
sprach: Die Zeit der Trauer ist zu Ende,
weint nicht mehr und verkündet den
Aposteln die Auferstehung.

Antwortgesang: Blagosloven yesi Gospodi

Chor: Die Frauen mit der Myrrhe näherten sich
voller Trauer Deinem Grab, doch ein
Engel sagte zu ihnen: Warum zählt ihr
den Lebendigen zu den Toten? Da Er
Gott ist, ist Er vom Grabe auferstanden.

Antwortgesang: Glory to the Father and to the Son and to the Holy Spirit *(auf Englisch)*

Gloria seja ao Pai e ao Filho e ao Espírito Santo.
Gloria sea al Padre, y al Hijo y al Espíritu Santo.
Ehre sei dem Vater und dem Sohn und dem Heiligen Geist,
Gloire au Père et au Fils et au Saint-Esprit.

Chor: Ehre sei dem Vater und dem Sohn
und dem Heiligen Geist:
der Heiligen Dreieinigkeit, eines Wesens!
Mit den Seraphinen rufen wir:
Heilig, heilig, heilig bist Du, o Herr!

Antwortgesang: Now and ever and unto ages of ages. Amen. *(auf Englisch)*

Agora e sempre, pelos séculos dos séculos. Amém.
Ahora y siempre, por los siglos de los siglos. Amén.
Jetzt und immerdar und in alle Ewigkeit. Amen.
Maintenant, et toujours, et dans les siècles des siècles. Amen.

Chor: Du hast den geboren, der das Leben gibt,
o Jungfrau,und hast Adam
von der Sünde befreit.
Freude aber hast Du Eva
gegen Trübsal getauscht.
Lenke uns hin zu dem,
der das Leben hervorströmen lässt,
dem aus dir Fleisch gewordenen Gott
und Menschen.

Antwortgesang: Alleluia

Aleluia, aleluia, aleluia, gloria a ti, Ó Deus.
Aleluya, aleluya, aleluya, gloria a tí, Oh Dios.
Halleluja, halleluja, halleluja, Ehre sei Dir, o Herr.
Alleluia, alleluia, alleluia, gloire à toi, ô Dieu.

Laßt heute Himmel und Erde tanzen
und uns einmütig Christus, unseren Gott,
preisen, der die Gefangenen des Todes
aus den Gräbern auferweckt hat.
Die ganze Schöpfung frohlockt und singt
dem Schöpfer aller Dinge und unserem
Erlöser würdige Lieder.
Als der, der das Leben bringt, hat er heute
das Menschengeschlecht aus der Hölle befreit
und mit sich in den Himmel erhoben.
Er hat den Stolz des Feindes zerschlagen

und durch die Kraft seiner Göttlichkeit die Tore der Hölle durchbrochen.

Schriftlesung: 2. Korinther 12, 6-10

Antwortgesang: Thoxa Si thoxa Si *(auf Griechisch)*

Greek Orthodox
Δό - ξα σοι Κύ - ρι - ε δό - ξα σοι
Tho - xa Si Ky - ri - e tho - xa Si.
Glo - ry to You O Lord, glo - ry to You.

Glória a ti, Senhor, glória a ti! / ¡Gloria a tí, Señor, gloria a tí!
Gloire à toi, Seigneur, gloire à toi! / Ehre sei Dir, o Herr, ehre sei Dir!

Litaneien zur Versöhnung, Heilung und Überwindung von Gewalt

Christus, unser Gott, der Du für die gebetet hast,
die Dich gekreuzigt haben, und uns,
Deinen Dienern und Dienerinnen, geboten hast,
für unsere Feinde zu beten,
vergib denen, die uns hassen und unterdrücken.
Wandle durch Deine Gnade und Liebe zu den
Menschen ihr von bösem und sündhaftem Tun
bestimmtes Leben, damit sie ihre Nächsten
lieben und ihr Leben von Güte erfüllt wird.
Laß keinen von ihnen unseretwegen zugrunde
gehen,sondern laß uns miteinander Buße tun,
so dass wir errettet werden.
Darum bitten wir Dich, Herr,
erhöre uns und sei uns gnädig:

Antwortgesang: Kyrie eleison

Orthodox liturgy of Kiev
Ky- ri e e- lei -son. Ky - ri- e e- lei-son. Ky- ri- e e-le - i- son.

Hilf uns, o Herr, soweit es in unserer Macht
liegt, Dein Gebot zu erfüllen,
unsere Feinde zu lieben,
und denen, die uns hassen, Gutes zu tun.

Wir bitten Dich inständig und beten:
Du Allbarmherziger,
verwandle die Bosheiten unserer Feinde
in Taten der Liebe und der Versöhnung
und lenke ihre Gedanken zur Dir
und Deiner heiligen Kirche,
damit sie nicht in diesem Zustand der Sünde
zugrunde gehen.
Darum bitten wir Dich,
unseren barmherzigen Herrn,
erhöre uns und sei uns gnädig.

Antwortgesang: Kyrie eleison

Herr, unser barmherziger und fürsorgender Gott,
sieh hinein in unsere Herzen,
denen es an Liebe und Einmütigkeit fehlt,
die von Dornen des Hasses und anderer Sünde
umzingelt sind.
Laß einen Tropfen der Gnade Deines Heiligen
Geistes auf sie fallen,
damit wir alle reiche Frucht
an guten Werken bringen
und in Liebe und Eintracht miteinander leben.
Laß durch die Gnade Deines Heiligen Geistes
den in uns wohnenden Hass schwinden
und erwärme unsere Herzen und Seelen
mit der Flamme deiner Liebe
und mit Liebe füreinander.
Darum bitten wir Dich inständig.
Erhöre Du uns, o Herr, Du Quelle aller Güte,
erhöre uns und sei uns gnädig.

Antwortgesang: Kyrie eleison

Herr, laß uns alles, was dieser Tag uns bringt,
ruhig annehmen und uns ganz Deinem heiligen
Willen ergeben. Führe uns und hilf uns jede
Stunde dieses Tages. Lenke unsere Gedanken
und Gefühle in allem, was wir tun und sagen.
Wenn Unvorhergesehenes hereinbricht, laß uns
nicht vergessen, dass alles von Dir kommt.
Lehre uns, unseren Brüdern und Schwestern

gegenüber gerecht zu sein, niemals zum Zorn zu reizen oder Trübsal herbeizuführen. Lenke unseren Willen und lehre uns, zu beten, zu glauben, zu hoffen, zu leiden, zu vergeben und zu lieben.
Herr, mache uns zu einem Werkzeug Deines Friedens, dass wir Liebe üben, wo man sich haßt, dass wir verzeihen, wo man sich beleidigt, dass wir Einigkeit und Hoffnung verbreiten, wo Verzweiflung quält, Licht, wo Finsternis regiert, und Freude, wo der Kummer wohnt. O göttlicher Lehrer, laß uns danach trachten, zu trösten, statt getröstet zu werden, zu verstehen, statt verstanden zu werden, einander zu lieben, statt geliebt zu werden. Denn wenn wir vergeben, wird uns vergeben, wenn wir geben, empfangen wir und wenn wir sterben, werden wir zum ewigen Leben geboren.
Heiliger Geist, hilf uns, diesen Tag unserem Herrn und Heiland zu widmen.
Herr Jesus, Sohn Gottes, es ist besser, nicht zu leben als ohne Dich zu leben. Wir danken Dir, Gott, für das Geschenk dieses Tages und für alle die guten Taten, die wir heute mit Deiner Hilfe tun können.
Schenke uns Mut, Dir würdig zu dienen, Gerechtigkeit über Gewinn zu stellen, nach edlen Taten statt nach den Freuden des Augenblicks zu trachten, mehr an andere Menschen als an uns selbst zu denken und Dein Gebot der Liebe zu erfüllen. Laß das Licht Deiner Schönheit, Deiner Güte und Deiner Liebe in uns scheinen. Amen.

Segen

Laßt uns um Gottes Segen bitten:

Der Segen des Herrn und seine Barmherzigkeit komme über uns durch seine Gnade und seine Menschenliebe alle Zeit, jetzt und immerdar und in alle Ewigkeit. Amen.

♪ ***13..Troparion der Auferstehung: Let all things rejoice***
(auf Griechisch und Englisch)

21. *Psalm 63, 2-6*

♪ ***34. Antwortgesang: O God, you are my God,***
I seek you, my soul thirsts for you
(Gott, du bist mein Gott, den ich suche. Es dürstet meine Seele nach dir.)
Mein ganzer Mensch verlangt nach dir aus
trockenem, dürrem Land, wo kein Wasser ist.
♪ ***34. Antwortgesang: O God, you are my God,***
I seek you, my soul thirsts for you
So schaue ich aus nach dir in deinem Heiligtum,
wollte gerne sehen deine Macht und Herrlichkeit.
♪ ***34. Antwortgesang: O God, you are my God,***
I seek you, my soul thirsts for you
Denn deine Güte ist besser als Leben;
meine Lippen preisen dich.
♪ ***34. Antwortgesang: O God, you are my God,***
I seek you, my soul thirsts for you
So will ich dich loben mein Leben lang
und meine Hände in deinem Namen aufheben.
♪ ***34. Antwortgesang: O God, you are my God,***
I seek you, my soul thirsts for you
Das ist meines Herzens Freude und Wonne,
wenn ich dich mit fröhlichem Munde loben kann.

22.

Lasst uns beten:

An den Ufern in Fortaleza saßen wir
und beweinten die Opfer der Cholera.
Die dort lebten, waren traurig, und wir
wußten nicht, was wir sagen sollten.
Denen, die dort lebten,
kam kein Lied auf ihre Lippen.
Sie wollten Freude, aber ohne Wasser und
Gesundheit gab es nichts, um sich zu freuen.

Wie können wir dem Herrn lobsingen
inmitten solchen Leidens?
Falls wir dich vergessen,
werden wir durstig sein.
Mögen unsere Lippen austrocknen,
wenn wir dich vergessen, wenn wir nicht
Wasser, Gesundheit und Freude zurückbringen.
Richte über unsere Eliten, Herr,
denn ihre Nachlässigkeit und ihre Habgier haben
uns lange misshandelt.
Aber erinnere dich an Fortaleza, an deine Kinder
in Ceará, die Hunger und Cholera erleiden;
laß die Erde nicht austrocknen.

Laß Gerechtigkeit fließen wie Wasser,
und Rechtschaffenheit wie einen nie versiegenden Strom.
Amen.

23.

O Herr, Gott des Lebens,
der Sorge für die Schöpfung trägt:
schenke uns Frieden!
Damit unsere Sicherheit nicht von Waffen,
sondern von Achtung abhängt;
damit unsere Stärke nicht Gewalt,
sondern Liebe ist;
damit unser Reichtum nicht aus Geld,
sondern aus miteinander Teilen besteht;
damit unser Weg nicht von Ehrgeiz,
sondern von Gerechtigkeit bestimmt wird;
damit unser Sieg nicht Rache,
sondern Vergebung ist.
Ohne Waffen und zuversichtlich wollen wir
die Würde der ganzen Schöpfung verteidigen,
wollen wir heute und zu allen Zeiten das Brot
der Solidarität und des Friedens miteinander teilen.
Durch Jesus Christus, deinen göttlichen Sohn,
unseren Bruder, der ein Opfer unserer Gewalt
wurde und vom Kreuz herab uns deine
Vergebung brachte.
Amen.

24.

Möge Gott dich segnen mit Unbehagen
gegenüber allzu einfachen Antworten,
Halbwahrheiten, und oberflächlichen
Beziehungen, damit Leben in der Tiefe
deines Herzens wohnt.
Möge Gott dich mit Zorn segnen gegenüber
Ungerechtigkeit, Unterdrückung
und Ausbeutung von Menschen,
damit du nach Gerechtigkeit,
Gleichberechtigung und Frieden strebst.

Möge Gott dich mit Tränen segnen, zu vergießen
für die, die unter Schmerzen, Ablehnung,
Hunger und Krieg leiden, damit du deine Hand
ausstreckst, um sie zu trösten und ihren Schmerz
in Freude zu verwandeln.

Und möge Gott dich mit der Torheit segnen,
daran zu glauben, dass du die Welt verändern
kannst, indem du Dinge tust, von denen andere
meinen, es sei unmöglich sie zu tun.

25.

Allmächtiger Gott, unser Herr,
Verwandler und Schöpfer,
dein Bild ist erkennbar in den Gesichtern
von Männern und Frauen,
die vor dir mit ihrem Geständnis
der Verzweiflung zusammenkommen,
mit Herzen voller Hoffnung.

Gnädiger Gott, deine Kirche ging
durch die Wehen der Geburt
und die Stürme der Kindheit
an den Ufern des Mittelmeeres.
Begleite deine Kirche in ihrem Wachstum
in aller Welt zur Reife und zur vollen Einheit.

Wir bitten dich
um deine Gabe der Umwandlung.
Entzünde in uns den Geist der Gemeinschaft.
Forme aus unseren Ideen Gedanken der Liebe.

Präge den Sinn für Friede und Versöhnung
in uns ein.

Schenke uns Mut und Kraft, um Verwandlung
in uns und in anderen Menschen zu bejahen:
in Leidenden und Verursachern von Leid,
unter Opfern und Tätern
und in deinem ganzen Volk.

In einer Welt voller Hass und Gewalt,
gib uns den Mut, Liebe und Harmonie zu säen.
In einer Welt, in der Diskriminierung
und Ungerechtigkeit herrschen,
laß unter uns die Saat der Einheit
und der Weisheit gedeihen,
damit wir unsere Uneinigkeit erkennen
und heilen können.

Bereite unsere Herzen, Gedanken und Hände,
um deine Ernte einzuholen.
Amen.

26.

Geist der Schöpfung, du schwebtest über der
formlosen Leere und trenntest Wasser von
Wasser: wir bitten dich, laß uns Haushalten mit
dem Wasser, damit es das Wohl deiner Welt vermehre.
Wir beten für Wissenschaftler, Planer
und Politiker – Männer und Frauen -,
damit sie uns weise leiten.
Wir beten für Ingenieurinnen und Bauarbeiter,
damit sie die besten Ideen umsetzen.
Wir beten für uns alle, damit wir unseren Platz
in der Natur finden und in Einklang leben mit
allen Elementen und Organismen –
deinen unvergänglichen Gaben.

♪ 24. Antwortgesang: Ouve, Deus de amor nosso clamor!

Geist der Ermutigung, du gabst Zeichen
der Hoffnung trotz der großen Flut,
gabst der Kreatur die Sicherheit einer Arche
und reichtest der Taube einen Olivenzweig,

um ihn nach Hause zu tragen:
wir beten für alle, die unter den ansteigenden
Fluten von Tsunamis und Taifunen,
von Orkanen, Hochwassern und Überschwemmungen
gelitten haben.
Wir beten für alle, die trauern, damit sie im
Wissen deiner steten Fürsorge getröstet werden.
Wir beten für die Leidenden und für alle,
die zusammenarbeiten, um die Gesellschaften
wiederaufzubauen in der Hoffnung
auf eine bessere Welt.
Wir beten für eine Generation, der es nicht
gelungen ist, der globalen Erwärmung und dem
raschen Klimawechsel mutig zu begegnen.
Rette uns, Herr, vor den rauhen Stürmen der
Natur, vor allem aber rette uns vor uns selbst.

♪ ***24. Antwortgesang: Ouve, Deus de amor nosso clamor!***

Geist der Gemeinschaft,
du hast uns wiedergeboren und als deine Kinder
durch die Wasser der Taufe angenommen:
wir beten im Namen der Verlorenen
und Einsamen, der Entfremdeten und aller,
die Liebe suchen.
Wir beten um geistige Quellen, aus denen wir
schöpfen können, um uns anderen zuzuneigen
und um sie dort zu treffen, wo sie leben,
damit es uns gelingt dem Durstenden frisches
Wasser und allen das Wort des Lebens
zu reichen.

♪ ***24. Antwortgesang: Ouve, Deus de amor nosso clamor!***

Bete du in unseren Gebeten, liebender Geist,
auf dass unsere Sinne wieder belebt werden, so
wie sanft heilendes Wasser einem ausgedörrten
und unfruchtbaren Boden neues Wachstum
bringt. Darum bitten wir im Namen des
dreieinigen Gottes. Amen.

27.

Von Worten und Taten, die Zwietracht,
Vorurteile und Hass säen –
Befreie uns, o Gott.

Von Argwohn und Ängsten, die der Versöhnung
im Wege stehen –
Befreie uns, o Gott.

Von Lügen und dem Verbreiten von falschen
Gerüchten über andere Völker und Staaten –
Befreie uns, o Gott.

Von hartherziger Gleichgültigkeit gegenüber den
Schreien der Hungrigen und Obdachlosen –
Befreie uns, o Gott.

Von allem, was uns davon abhält,
deine Friedensverheißung zu erfüllen –
Befreie uns, o Gott.

Mach uns frei von unserer Zerbrochenheit,
das bitten wir dich, o Gott.
Durch deine gnädige und heilende Gegenwart
führe uns zu dir ...

Zum frischen Wasser und auf grüne Weiden –
Führe uns, o Schöpfergott.

Zur Freiheit und zur Vergebung, die wir
bei dir finden –
Führe uns, o auferstandener Christus.

Zu der schweren Aufgabe, unsere Feinde
zu lieben –
Führe uns, o Jesus.

Zu freudigem Dienst in deinem Namen –
Führe uns, du Diener aller Menschen.

Zu der Verheißung eines neuen Himmels
und einer neuen Erde, zu vollkommener
Gerechtigkeit, zur Macht deines Friedens –
Führe uns, o Heiliger Geist, jetzt und in Zukunft.

Rüste unser Leben und unsere Kirchen aus
mit der Kraft deines Friedens, o Gott.
Überwinde unsere Ängste und Selbsttäuschungen
mit der Verheißung deiner Gegenwart.
Mach uns zu Zeichen deines Großmutes
und deiner Gerechtigkeit.
Erfülle uns jeden Tag neu mit dem Licht
deiner Hoffnung, damit wir in deiner Wahrheit
wandeln und Liebe üben können
in deinem Namen.
Amen.

28.

Wenn das Leid unerträglich wird,
laßt uns der Worte Jesu gedenken:
Laß dir an meiner Gnade genügen.

Wenn Verzweiflung Körper und Geist ergreift,
laßt uns der Worte Jesu gedenken:
Laß dir an meiner Gnade genügen.

Wenn Ungerechtigkeit unsere Augen
und unser Leben überfällt,
laßt uns der Worte Jesu gedenken:
Laß dir an meiner Gnade genügen.

Wenn unser Todeswunsch stärker ist
als unser Wille zum Leben,
laßt uns der Worte Jesu gedenken:
Laß dir an meiner Gnade genügen.

Weil die Macht der Liebe in der Schwäche
vollkommen wird,
laßt uns der Worte Jesu gedenken:
Laß dir an meiner Gnade genügen.

In deiner Gnade, Gott, verwandle unsere Kirchen

5

Biblische Leitsätze

a) Darum spricht Gott der Herr: Siehe, ich lege in Zion einen Grundstein, einen bewährten Stein, einen kostbaren Eckstein, der fest gegründet ist. Wer glaubt, der flieht nicht. Und ich will das Recht zur Richtschnur und die Gerechtigkeit zur Waage machen. (Jesaja 28, 16-17a)

b) Der gesegnete Kelch, den wir segnen, ist der nicht die Gemeinschaft des Blutes Christi? Das Brot, das wir brechen, ist das nicht die Gemeinschaft des Leibes Christi? Denn ein Brot ist's: So sind wir viele ein Leib, weil wir alle an einem Brot teilhaben. (1. Korinther 10, 16-17)

c) Hier ist nicht Jude noch Grieche, hier ist nicht Sklave noch Freier, hier ist nicht Mann noch Frau; denn ihr seid allesamt einer in Christus Jesus. (Galater 3, 28)

d) Einer trage des andern Last, so werdet ihr das Gesetz Christi erfüllen. (Galater 6, 2)

Schriftlesungen

Markus 10, 32-45
Philipper 2, 1-11

Gebete, Responsorien und Litaneien

29. Psalm 133

Siehe, wie fein und lieblich ist's,
wenn Brüder einträchtig beieinander wohnen!
Es ist wie das feine Salböl
auf dem Haupte Aarons,
das herabfließt in seinen Bart, das herabfließt
zum Saum seines Kleides,
wie der Tau, der vom Hermon herabfällt
auf die Berge Zions!
Denn dort verheißt der Herr den Segen
und Leben bis in Ewigkeit.

30.

Herr, wir stehen vor dir, nicht allein,
sondern miteinander.

Wir teilen unser Glück –
und es wird größer.

Wir teilen unsere Sorgen –
und sie werden kleiner.

Wir tragen einer des anderen Kummer
und Last –
und ihr Gewicht wird erträglich.

Mögen wir nie zu geizig sein, um zu geben,
noch zu stolz, um zu nehmen.

Denn im Geben wie im Nehmen
lernen wir zu lieben und geliebt zu werden,
finden wir den Sinn des Lebens,
das Geheimnis des Daseins –

und entdecken dich.

31.

Liebender und allmächtiger Gott,
wir beten, dass die Kirche ihre Einheit in
Christus entdecken möge als eine wahre
Gemeinschaft der Wolke der Zeugen
und derer, die heute unseren Herrn Jesus
Christus lieben und ihm dienen.
Reuevoll und bekümmert bekennen wir vor dir,
dass wir noch immer uneins sind
und diese Uneinigkeit unser Zeugnis in der Welt
unglaubhaft werden lässt.

♪ 17. ***Antwortgesang: A ti, Señor, te pedimos***

Dein heiliger Tisch steht immer vor uns,
dein Leib und der Kelch deines Blutes
sind deine immerwährenden Gaben an uns,
zur Heilung und Errettung der Welt.
Aber UNSER Kelch ist leer,
und wir können ihn nicht teilen.

♪ 17. ***Antwortgesang: A ti, Señor, te pedimos***

Wir sind noch immer gefangen in unseren
Vorurteilen und in unserem Stolz.
Hilf uns, die Trennungen der Vergangenheit zu
heilen und heute versöhnt miteinander zu leben.
Hilf uns, unsere Einheit im Bekenntnis des
gemeinsamen apostolischen Glaubens neu zu
entdecken, so dass wir ganz und gar von dem
Verlangen nach Einheit und nach der Teilhabe
an dem einen Abendmahl erfüllt werden..

♪ 17. ***Antwortgesang: A ti, Señor, te pedimos***

Herr Jesus Christus,
Du bist der Weg des Friedens, der Versöhnung
und der Heilung.
Komm mit deiner heilenden Liebe
in die Zerbrochenheit unseres Lebens
und unserer Gemeinschaften.
Hilf uns, vor dir aufrichtige Bu,e zu tun

Und uns voreinander in ehrlicher Vergebung
zu neigen.

♪ 17. ***Antwortgesang: A ti, Señor, te pedimos***

Durch das Feuer der Gnade deines Heiligen
Geistes erlöse uns von unserer Hartherzigkeit,
zerstöre Stolz und Vorurteile, die uns trennen.
Erfülle uns, o Herr, mit deiner vollkommenen
Liebe, die die Angst vertreibt
und uns mit hinein nimmt in die Einheit,
die du mit dem Vater und dem Heiligen Geist
teilst.

♪ 17. ***Antwortgesang: A ti, Señor, te pedimos***

32.

Dreieiniger Gott,
wir treten vor dich mit tiefem Verlangen nach
wahrer Gemeinschaft zwischen Jung und Alt,
Männern und Frauen, Reichen und Armen,
zwischen allen Nationen.
Wir sehnen uns danach, die Trennungen
zwischen Christen zu überwinden.
Hilf uns, die vielen Schranken, die wir errichten,
wieder niederzureißen.
Hilf uns, unseren Argwohn zu vertreiben
***damit wir die guten Absichten in denen
erkennen, die uns begegnen.***

Hilf uns, unsere eigene Unsicherheit
zu überwinden,
***damit wir die Würde anderer Menschen
achten können.***

Hilf uns, unsere eigenen Ängste abzuwerfen,
damit wir anderen in ihren Ängsten beistehen können.

Hilf uns, unseren eigenen Stolz zu besiegen,
damit wir unsere Nächsten lieben wie uns selbst.

Schenke uns die Gabe wahrer Gemeinschaft,
versöhnt mit anderen Menschen.
Amen.

33.
O Gott, Quelle unserer Eintracht,
niemand von uns kann seinen Schwestern
oder Brüdern etwas geben,
wenn wir nicht zuerst dir gehört haben;
gib uns deinen Geist des Bandes
der vollkommenen Einheit, damit der Geist
uns in eine neue Menschheit verwandelt:
frei und vereint in deiner Liebe,
durch unseren Herrn Jesus Christus,
deinen Sohn, der Gott ist, mit dir lebt
und regiert in der Einheit des Heiligen Geistes,
einer Welt ohne Ende.
Amen.

34.
Wir sind gerufen, Kirche zu sein,
Zeugnis Christi in der Welt.
Jünger und Jüngerinnen in der Nachfolge
des Einen, der inmitten der Ausgegrenzten lebte,
für jene, die außerhalb der Gesellschaft stehen.
Wir sind gerufen, die Fremden in unserer Mitte
willkommen zu heißen.
Aber Furcht behindert unsere Gastfreundschaft
und Angst schließt unsere offenen Arme.
Entfache in uns die Flamme der Solidarität,
damit wir uns zum Handeln verpflichten,
damit durch unser Denken, Reden und Träumen
das Fremde in unserer Mitte eine Heimat findet.

35. Gebet aus dem Grossen Komplet
O Christus, unser Gott, langmütig und überreich
an Güte und Barmherzigkeit; der zu allen Zeiten
und zu jeder Stunde, sowohl im Himmel wie auf
Erden, angebetet und verherrlicht wird;
der die Gerechten liebt und Erbarmen mit den
Sündern hat; der Menschen zum Heil durch die

Verheissung des kommenden Segens ruft:
derselbe Herr, empfange Du auch heute unsere Bittgebete und lenke unser Leben nach deinen Geboten. Heilige unsere Seelen; reinige unsere Leiber; läutere unsere Sinne; kläre unsere Gedanken, und befreie uns von Sorgen, Kummer und Bösem. Umgib uns mit deinen heiligen Engeln, damit wir, durch ihre Gegenwart beschützt und gelenkt, zur Einheit im Glauben und zur Erkenntnis Deiner unsagbaren Herrlichkeit kommen; denn gesegnet bist du, von Ewigkeit zu Ewigkeit. Amen.

36.

Heiliger Gott, Friedensspender, Schöpfer der Wahrheit, wir bekennen, dass wir getrennt und zerstritten sind, dass ein böser Geist zwischen uns getreten ist und uns aufhetzt gegen deinen Heiligen Geist des Friedens und der Liebe.
Befreie uns von Misstrauen Voreingenommenheit, Streit und von allem Bösen, das uns heute trennt.
Bewirke in uns den Wunsch zur Versöhnung, die unsere persönlichen Verletzungen und Klagen überwindet, so dass wir gemeinsam in deine Nachfolge treten, treu ergeben unserem Herrn und Heiland, Jesus Christus. Amen.

In deiner Gnade, Gott, verwandle unser Zeugnis

6

Biblische Leitsätze

a) Ich will meinen Geist in euch geben
und will solche Leute aus euch machen,
die in meinen Geboten wandeln und
meine Rechte halten und danach tun.
(Hesekiel 36, 27)

b) Wie lieblich sind auf den Bergen die
Füße der Freudenboten, die da Frieden
verkündigen, Gutes predigen, Heil
verkündigen, die da sagen zu Zion:
Dein Gott ist König! (Jesaja 52, 7)

c) Denn ich schäme mich des
Evangeliums nicht; denn es ist eine
Kraft Gottes, die selig macht alle, die
daran glauben, die Juden zuerst und
ebenso die Griechen. (Römer 1, 16)

d) Seid allezeit bereit zur Verantwortung
vor jedermann, der von euch
Rechenschaft fordert über die
Hoffnung, die in euch ist
(1. Petrus 3, 15)

Schriftlesungen

2. Korinther 3, 18
Markus 4, 26-29
Lukas 13, 20-21

Gebete, Responsorien und Litaneien

37. Psalm 130, 1-6

Aus der Tiefe rufe ich, Herr, zu dir.
Herr, höre meine Stimme! Laß deine Ohren
merken auf die Stimme meines Flehens!
Wenn du, Herr, Sünden anrechnen willst –
Herr, wer wird bestehen?
Denn bei dir ist die Vergebung,
daß man dich fürchte.
Ich harre des Herrn, meine Seele harret,
und ich hoffe auf sein Wort.
Meine Seele wartet auf den Herrn
mehr als die Wächter auf den Morgen;
mehr als die Wächter auf den Morgen.

38. Psalm 116, 1-6; 13-19

Ich liebe den Herrn,
denn er hört die Stimme meines Flehens.
Er neigte sein Ohr zu mir; darum will ich
mein Leben lang ihn anrufen.
Stricke des Todes hatten mich umfangen, des
Totenreichs Schrecken hatten mich getroffen;
ich kam in Jammer und Not.
Aber ich rief an den Namen des Herrn:
Ach, Herr, errette mich!
Der Herr ist gnädig und gerecht,
und unser Gott ist barmherzig.
Der Herr behütet die Unmündigen;
wenn ich schwach bin, so hilft er mir.

♪ ***31. Antwortgesang: Senhor, tem piedade de nós***

Ich will den Kelch des Heils nehmen
und des Herrn Namen anrufen.
Ich will meine Gelübde dem Herrn erfüllen
vor all seinem Volk.
Der Tod seiner Heiligen wiegt schwer
vor dem Herrn.
Ach, Herr, ich bin dein Knecht,
ich bin dein Knecht, der Sohn deiner Magd;

♪31. Antwortgesang: Senhor, tem piedade de nós

Du hast meine Bande zerrissen.
Dir will ich Dank opfern
und des Herrn Namen anrufen.
Ich will meine Gelübde dem Herrn erfüllen
vor all seinem Volk
in den Vorhöfen am Hause des Herrn,
in dir, Jerusalem.
Halleluja!

♪31. Antwortgesang: Senhor, tem piedade de nós

39.

Lieber Gott, unser Baumeister,
du hast alle Baumaterialien, die nötig sind,
unsere Gesellschaft aufzubauen.
Du hast alle Kraft, Weisheit zu bringen in das,
was in unserem Leben auseinander fällt.
Du hast die Weisheit, die Welt neu zu gestalten.
Erfülle uns mit all deiner Weisheit, Stärke
und Liebe, und befähige uns in unserer
Gemeinschaft wieder aufzurichten,
was in Trümmern liegt. Amen.

40.

Herr, dieses Leben ist voller Widerspruch,
ich selbst bin eine Verkörperung dieses Widerspruchs;
denn mein Leben ist gekennzeichnet von:
Liebe und Hass,
Stärke und Schwäche,
Licht und Dunkelheit,
Kummer und Freude,
Demütigung und Ermutigung,
Wahrheit und Lüge,
Orientierung und Chaos,
dem Ich und dem Anderen,
von Leben und Tod.
All dies lastet schwer auf mir.
Doch du, Gott des Himmels, weißt darum
und hast beschlossen, mich zum Werkzeug
deines Willens in deiner Welt zu machen.

Hilf mir, mich selbst zu sehen, andere zu sehen,
und dieses Leben mit deinen Augen zu sehen.

41.

Wenn wir solche Schönheit bedenken,
die Unendlichkeit vor uns,
blütenreich, von Farbe und Duft,
die überraschende Vielfalt all dessen,
was uns umgibt,
die grünen Wälder, die Tiere,
die Vernunft, die uns Menschen erlaubt,
mit dir, Gott, zu arbeiten
an der Wirklichkeit deiner Gnade,
zu unserem Wohl,
dann können wir uns nur freuen,
deine Kinder zu sein,
und den Großmut deiner Liebe
fröhlich besingen. Amen.

42.

Unser himmlischer Vater, unser Tröster, Geist
der Wahrheit. Schöpfer und Erhalter des Lebens.
Schöpfer der Farbe, des Tones, des Gewebes,
der Ruhe und der ruhelosen Schönheit in den
lebendigen Dingen. Schöpfer des blauen Meeres,
der Korallenriffe, der Kokosbäume und der
sanften Brise des Pazifiks. Alles, was schön ist,
der Reichtum und die Vielfalt zu Land und zu
Wasser waren gut in deinen Augen. Wir, die
Kinder deiner Liebe, die Geschöpfe deiner Güte,
die Hüter deiner Schöpfung, preisen dich.
Gott, in deiner Gnade,
verwandle unser Zeugnis.

Deine Liebe und Gnade bleiben in Ewigkeit.
Auch wenn wir untreu sind,
hältst Du uns die Treue.
Auch wenn wir die Dunkelheit wählen,
scheint dein Licht auf unsere Sorgen.
Auch wenn wir fallen,
stellst du uns auf festen Grund.
Deine Barmherzigkeit überwindet

unsere Schwächen.
Deine Liebe übersteigt die Grenzen
und das Verstehen der Menschen.
Vergib uns, dass wir uns von deiner Güte
und Weisheit abwenden, uns auf unsere eigene
Vernunft und unsere Stärke stützen und deiner
schönen Schöpfung und der Menschheit
Schaden zufügen.
Gott, in deiner Gnade,
verwandle unser Zeugnis.

Wir beten, dass du uns führst,
wenn wir nach Frieden, Eintracht und Solidarität
in der Welt streben.
Leite unseren Sinn, unsere Hände, unsere Füße,
unsere Augen und Ohren, unseren ganzen Leib
und unsere Herzen, damit dein Name
verherrlicht werde durch unsere Worte,
Gedanken und Taten.
Leite uns, damit wir dir treu bleiben, indem wir
unseren Nachbarn und unseren Feind lieben,
damit wir dir verantwortlich sind, o Herr, indem
wir Glück in die Welt bringen.
Walte in unserem Leben, wenn wir weiterhin
deinen Willen in unserem Leben suchen,
Wir segnen dich für deine Schöpfung,
dein Vertrauen, deine Liebe,
deine ewig währende Güte.
Gott, in deiner Gnade,
verwandle unser Zeugnis.
Amen.

43.

Für alle, die tastend Gott suchen,
dass sie ihn finden.

Für die, die meinen, Gott zu besitzen,
dass sie ihn suchen.

Für alle, die die Zukunft fürchten,
dass sie vertrauen.

Für alle, die gescheitert sind,
dass sie neue Chancen bekommen.

Für alle, die zweifeln,
dass sie nicht verzweifeln.

Für alle, die verloren umherlaufen,
dass sie ein Zuhause finden.

Für die Einsamen,
dass sie einem Menschen begegnen.

Für alle, die hungern, wie auch immer,
dass sie gesättigt werden.

Für die, die satt sind,
dass sie lernen, was Hunger ist.

Für die, die es gut haben,
dass sie nicht hartherzig werden.

Für die Mächtigen,
dass sie ihre Verletzlichkeit begreifen.

Für alle, die in dieser Welt leben,
zwischen Hoffnung und Furcht,
und für uns selbst beten wir zu Gott:

Befreie uns von der Furcht
und von der falschen Sicherheit
und gib uns alles, was gut für uns ist,
durch Christus, unsern Herrn.

44.

Geist des Friedens, erfülle die ganze Welt
mit deiner verwandelnden Gegenwart:
Mögen die Regierenden aller Länder ihr Amt
mit Reife und Gerechtigkeit ausüben.
Mögen alle Nationen Ruhe finden
und ihre Söhne und Töchter gesegnet sein.
Mögen die Menschen, die Gemeinden und die

Herden gedeihen und frei von Krankheit sein.
Mögen die Felder viel Früchte tragen
und der Boden fruchtbar sein.
Möge sich das Antlitz aller Feinde
dem Frieden zuwenden.

♪ 32. Antwortgesang: Oré poriajú vereko Ñandeyara

Geist der Einheit, wir beten für deine Kirche.
Fülle dein Volk mit aller Wahrheit und Frieden.
Wo wir verderbt sind, läutere uns.
Wo wir irren, führe uns.
Wo wir unrecht tun, bessere uns.
Wo wir recht haben, stärke uns.
Wo wir in Not sind, sorge für uns.
Wo wir getrennt sind, eine uns.

♪ 32. Antwortgesang: Oré poriajú verekó Ñandeyara

Geist der Liebe, behüte die Schlaflosen
oder Weinenden, und heiße deine Engel,
über die Schlafenden zu wachen.
Nimm dich der Kranken an, gewähre den Müden
Ruhe, schenke den Frauen Mut bei ihrer
Niederkunft, lindere den Schmerz
der Leidenden und segne die Sterbenden.

♪ 32. Antwortgesang: Oré poriajú verekó Ñandeyara

Gott der Schöpfung, des Pflanzens, Wachsens
und Erntens: Säe die Kraft deines Wortes in
unser Leben, inmitten dieser Welt,
wie die Saat verstreut wird im Boden
des fruchtbaren Feldes.
Durch die Gegenwart deines Sohnes,
der unser Licht ist und unser Leben,
nähre die zarten Schößlinge des Glaubens,
damit sie groß und stark werden.
Durch die Kraft deines Geistes,
hilf uns, die Ernte des ehrlichen Glaubens,
der Einheit und der Gerechtigkeit, des Friedens
und der Liebe einzuholen. Amen.

45.

Spender aller guten Dinge,
wir danken dir für die Erhörung unseres Gebets
um die Gabe des täglichen Brotes.
Auf deinen Befehl keimt die Saat,
und das Korn wächst aus dem Boden,
Arbeiterinnen und Arbeiter folgen dem Ruf,
die reife Ernte einzubringen.
Dank deiner Gnade mahlen die Müller
und backen die Bäcker,
damit Stadt und Land Nahrung erhält.
Gib allen Menschen dieser Erde
ihr tägliches Brot, darum bitten wir dich.

♪ ***26. Antwortgesang: Bendice, Señor, nuestro pan***

Du Haupt der Glaubensfamilie,
du kennst jede Familie beim Namen:
Wir bitten dich, versammle uns alle
an deinem übervollen Tisch.
Öffne unsere Augen und Ohren,
belebe jeden unserer Sinne,
damit wir in dem Brot, das so gnädig
für alle gegeben wird, den klaren Beweis
deiner Herrschaft und Fürsorge erkennen.

♪ ***26. Antwortgesang: Bendice, Señor, nuestro pan***

Brot des Lebens, du bist die beste Quelle,
unseren Leib und Geist zu nähren:
Wenn Frauen und Männer große Not leiden
und wenig Zuversicht haben,
überrasche uns wieder mit barmherzigen Gaben,
die wie Manna scheinen für die, die dem Tod
entgegensehen, die trauern, die leiden
und sich verlassen fühlen.
Gib uns unser Brot für jeden Tag
und lass es uns willig mit den Hungrigen teilen.

♪ ***26. Antwortgesang: Bendice, Señor, nuestro pan***

Lehre uns, wie wir von Herzen beten können,
Herr, damit wir dir ganz und gar vertrauen.
Denn du bist mit uns in der Gabe des täglichen
Brotes, doch du begleitest uns auch zur
Fastenzeit und bleibst unser Weggefährte in
Zeiten des Leidens, der Armut und der Not.
Bewahre uns in deiner Liebe, und gib, dass wir
dir und unseren Nachbarn Liebe erweisen.
Darum bitten wir im Namen Jesu,
der das Brot gebrochen und es freigiebig
mit anderen geteilt hat. Amen.

Weitere Gebete

Aufruf zum Gebet und Eröffnungsgebete

46.

Ehre sei dem Vater und dem Sohn,
und dem Heiligen Geist.
Wie es war im Anfang, jetzt und immerdar
und von Ewigkeit zu Ewigkeit.
Amen.

47.

Blitzlicht und Leuchtröhren,
Kerzen und Sonnenlicht -
Wozu brauchen wir mehr Licht?

In unserer Arbeit herrscht viel Dunkelheit:
Unkenntnis und Egozentrik, Machtlust
und Furcht vor dem Unbekannten.

Jesus ist das Licht des Lebens.
Er ruft uns, ein Licht für die ganze Welt zu sein.

So wollen wir uns nicht verbergen!
Unser Glauben soll kühn
in unserem Leben aufleuchten –
damit alle Jesus Christus sehen
und sich ihm nähern.

48.

Herr, obwohl wir es nicht wert sind,
in deiner Gegenwart zu stehen
und obwohl wir nur ein kleiner Teil

deiner Schöpfung sind,
sind wir gekommen, dich zu preisen.
Du hast uns den Wunsch
zur Andacht eingegeben
und hast uns geschaffen,
dass wir an deinem Lob Freude haben.
Denn du hast uns für dich erschaffen,
Herr,unsere Herzen sind rastlos,
bis sie Ruhe in dir finden. Amen.

FÜRBITTEN

49.

Unser Gott,
heile uns von ausbeuterischen Sozialstrukturen,
die viele zur Armut verurteilen und sie Infektionen aussetzen.
Heile uns von Armut, die den Körper der
Ansteckung aussetzt und uns zu unsicheren
Praktiken zwingt.
Heile uns in deiner Gnade, Gott,
und verwandle die Welt.

Heile uns von internationaler Ungerechtigkeit,
die ausbeuterische Regeln für die Handelspolitik
festlegt und Millionen Menschen den Zugang
zu HIV-Medikamenten verweigert.
Heile uns in deiner Gnade, Gott,
und verwandle die Welt.

Heile uns von der Gewalt,
die zur Ausbreitung von HIV beiträgt.
Heile uns von Stammes- und Bürgerkriegen,
die den Virus verbreiten.
Heile uns in deiner Gnade, Gott,
und verwandle die Welt.

Heile uns von ungesunden Geschlechter-
beziehungen, die Frauen keine Macht lassen,
sich selbst zu schützen,
und die die Partner und Eheleute den HIV-
Infektionen und anderen damit verbundenen
Krankheiten aussetzen.

Heile uns in deiner Gnade, Gott,
und verwandle die Welt.

Heile uns von krankhaften Familienbeziehungen,
die Untreue dulden
und Familienmitgliedern aller Generationen
Schmerz und Kränkung bereiten.
Heile uns in deiner Gnade, Gott,
und verwandle die Welt.

Heile uns von sozialer Ausgrenzung
und Diskriminierung, die uns zu mitleidslosen
Akten der Isolation führen
und uns davon abhalten, für rechte Pflege
und Prävention zu sorgen.
Heile uns in deiner Gnade, Gott,
und verwandle die Welt.

Heile uns von Resignation und Erschöpfung,
die uns hoffnungslos, untätig und blind machen
für das Leben in Fülle,
dass du uns verheißen hast.
Heile uns in deiner Gnade, Gott,
und verwandle die Welt.

Heile unsere gebrochenen Herzen und unsere
Schwermut, die unseren Geist und unsere Seele
weiterhin quält und uns in unserer Suche nach
dem Sinn des Lebens leer lässt.
Heile uns in deiner Gnade, Gott,
und verwandle die Welt.

Heile uns mit der Macht der Auferstehung.
Gib, dass wir von Furcht
und Hoffnungslosigkeit auferstehen,
erwecke uns in die Hoffnung
deiner Auferstehung hinein.
Laß uns unser Recht auf Leben
und auf Lebensqualität einfordern.
Verwandle uns durch die Freude
deines Geistes und deines Friedens,
der alle Vernunft übersteigt.
Amen.

50.

Um ein waches Gewissen,
um Vergebung der Schuld
und ein offenes ruhiges Herz,
laßt uns bitten:
Erbarme dich, Gott.

Um Verständnis für unsere Mitmenschen,
um Hilfsbereitschaft
und um Mut, die Wahrheit zu sagen,
laßt uns bitten:
Erbarme dich, Gott.

Um die Fähigkeit, allen Menschen
so zu begegnen,
dass sie auch durch uns Gottes Liebe erfahren,
laßt uns bitten:
Erbarme dich, Gott.

Für unsere Kirche und die ganze Christenheit,
dass sie über alles Trennende hinweg eins werde
im Glauben und im Tun,
laßt uns bitten:
Erbarme dich, Gott.

Für unser Volk und alle Völker der Welt,
dass sich Gerechtigkeit durchsetze
und Friede werde, wo Krieg ist,
laßt uns bitten:
Erbarme dich, Gott.

Für Menschen in Not und Bedrängnis,
dass ihnen geholfen werde,
laßt uns bitten:
Erbarme dich, Gott.

Bleibe bei uns, Gott,
mit deinem Wort und den Gaben deiner Güte.
Dein Reich komme.
Darum bitten wir dich im Glauben an Jesus
Christus, unseren Herrn.

Glaubensbekenntnisse

51. Glaubensbekenntnis von Nizäa Konstantinopel

Wir glauben an den einen Gott,
den Vater, den Allmächtigen,
der alles geschaffen hat, Himmel und Erde,
die sichtbare und unsichtbare Welt.

Wir glauben an den einen Herrn Jesus Christus,
Gottes eingeborenen Sohn,
aus dem Vater geboren vor aller Zeit:
Licht vom Licht, wahrer Gott vom wahren Gott,
gezeugt, nicht geschaffen,
eines Wesens mit dem Vater;
durch ihn ist alles geschaffen.
Für uns Menschen und zu unserm Heil
ist er vom Himmel gekommen,
hat Fleisch angenommen
durch den Heiligen Geist
von der Jungfrau Maria
und ist Mensch geworden.
Er wurde für uns gekreuzigt
unter Pontius Pilatus,
hat gelitten und ist begraben worden,
ist am dritten Tage auferstanden nach der Schrift
und aufgefahren in den Himmel.
Er sitzt zur Rechten des Vaters
und wird wiederkommen in Herrlichkeit,
zu richten die Lebenden und die Toten;
seiner Herrschaft wird keine Ende sein.

Wir glauben an den Heiligen Geist,
der Herr ist und lebendig macht,
der aus dem Vater hervorgeht,
der mit dem Vater und dem Sohn
angebetet und verherrlicht wird,
der gesprochen hat durch die Propheten,
und die eine, heilige, katholische
und apostolische Kirche.
Wir bekennen die eine Taufe

zur Vergebung der Sünden.
Wir erwarten die Auferstehung der Toten
und das Leben der kommenden Welt. Amen.

52.

Wir glauben an Gott, den Allmächtigen Vater,
den Schöpfer des Himmels und der Erde,
den Schöpfer aller Völker und Kulturen,
den Schöpfer aller Sprachen und Rassen.

Wir glauben an Jesus Christus, seinen Sohn,
unseren Herrn,
den Gott, der Fleisch geworden ist
in einem Menschen
für die ganze Menschheit,
den Gott, der Fleisch geworden ist
in einer Zeit für alle Zeiten,
den Gott, der Fleisch geworden ist
in einer Kultur für alle Kulturen,
den Gott, der Fleisch geworden ist
in Liebe und Gnade für die ganze Schöpfung.

Wir glauben an den Heiligen Geist,
durch den Gott, der in Jesus Christus
seine Gegenwart zeigt
in Völkern und Kulturen;
den Gott, der uns die Kraft gibt,
neue Geschöpfe zu werden,
dessen unendliche Gaben uns
zu einem Volk machen, zum Leib Christi.

Wir glauben die weltweite Kirche,
denn sie ist ein Zeichen des Reiches Gottes;
ihre Glaubenstreue scheint in allen Farben,
die eine einzige Landschaft malen,
die in allen Sprachen das gleiche Loblied singt.

Wir glauben an das Reich Gottes,
den Tag der Großen Fiesta,
an dem alle Farben der Schöpfung
einen harmonischen Regenbogen bilden werden,

an dem alle Völker zu einem fröhlichen
Festmahl geladen sind,
an dem in allen Sprachen des Universums
das gleiche Lied erklingt.

Und weil wir glauben, verpflichten wir uns
zu glauben für jene, die nicht glauben,
zu lieben für jene, die nicht lieben,
zu träumen für jene, die nicht träumen,
bis zu jenem Tag,
an dem die Hoffnung Wirklichkeit wird.
Amen.

53. Der Gott, an den ich glaube

ICH GLAUBE WEDER AN DEN GOTT
der Obrigkeiten
noch an den Gott der Generäle
oder der patriotischen Rhetorik.

ICH GLAUBE WEDER AN DEN GOTT
schwermütiger Hymnen
noch an den Gott der Gerichtssäle
oder der Präambeln oder Verfassungen
oder der Epiloge zu redegewandten Ansprachen.

ICH GLAUBE WEDER AN DEN GOTT
des guten Glücks der Reichen
noch an den Gott der Furcht der Reichen
noch an den Gott des Glücks derer,
die die Menschen berauben.

ICH GLAUBE WEDER AN DEN GOTT
des falschen Friedens
noch an den Gott der Gerechtigkeit,
die nicht vom Volk selbst stammt,
noch an den Gott ehrenwerter
nationaler Traditionen.

ICH GLAUBE WEDER AN DEN GOTT
inhaltsloser Predigten
noch an den Gott der formellen Begrüßungen
oder liebloser Ehen.

ICH GLAUBE WEDER AN DEN GOTT,
der nach dem Bild
und Ebenbild der Mächtigen geschaffen ist,
noch an den Gott, der als Beruhigungsmittel
für das Elend und Leid der Armen
erfunden wurde.

ICH GLAUBE NICHT AN DEN GOTT,
der im Innern der Kirchen schläft
oder im Tresor der Kirche verborgen liegt.

ICH GLAUBE NICHT AN DEN GOTT,
der kommerzialisierten Weihnacht
noch an den Gott raffinierter Reklame.

ICH GLAUBE NICHT AN DEN GOTT,
der aus Lügen besteht,
zerbrechlich wie ein Tontopf,
und auch nicht an den Gott
einer etablierten Ordnung,
die auf Unordnung beruht
und sich mit ihr abfindet.

DER GOTT, AN DEN ICH GLAUBE,
wurde in einer Höhle geboren.
Er war Jude.
Er wurde von einem ausländischen König verfolgt
und wanderte durch Palästina.
Er machte die Menschen zu seinen Jüngern
und gab den Hungrigen Brot,
Licht denen, die im Dunkeln waren,
Freiheit denen, die gefangen lagen,
und Frieden denen,die um Gerechtigkeit beteten.

DER GOTT, AN DEN ICH GLAUBE,
stellte den Menschen über das Gesetz
und die Liebe an die Stelle alter Traditionen.
Er hatte keinen Stein, auf den er sein Haupt
legen konnte und mischte sich unter die Armen.
Mit Gelehrten hatte er nur zu tun,
wenn diese sein Wort in Frage stellten.

Er erschien vor Richtern,
die versuchten, ihn schuldig zu sprechen.
Er wurde bei der Polizei
als ein Gefangener gesehen.
Er betrat den Palast des Statthalters
um ausgepeitscht zu werden.

DER GOTT, AN DEN ICH GLAUBE,
trug eine Dornenkrone.
Sein Umhang war ganz von Blut getränkt.
Er hatte Eskorten, um seinen Weg
nach Golgatha freizumachen,
wo er zwischen Räubern am Kreuz starb.

DER GOTT, AN DEN ICH GLAUBE,
ist niemand anderes
als Marias Sohn,
Jesus von Nazareth.
Jeden Tag stirbt er,
gekreuzigt durch unsere
eigennützigen Handlungen.
Jeden Tag steht er von den Toten auf
durch die Macht unserer Liebe.

Besondere Gebete und Meditationen

54.

O gnädiger Gott,
durch Deinen ewigen Sohn
und durch Deinen Heiligen Geist
hast Du die Welt aus dem Nichts geschaffen.
Du hast alle Dinge aus dem Nichts
in das Sein gebracht,
nicht aus Notwendigkeit,
sondern aus Deinem eigenen freien Willen,
aufgrund Deiner liebenden Güte,
in Deiner Gnade,
hast Du die Welt geschaffen,
an der Du Wohlgefallen hast.
Als Krone und Erfüllung Deiner Schöpfung

hast Du uns Menschen geschaffen,
die Du nach Deinem Bild geformt hast,
zu Deinem Ebenbild,
um in der Welt Freude zu finden, Dir zu Ehren.

Aber wir haben die Freiheit missbraucht,
wir haben Dein Bild entstellt und haben uns
von Deiner lebendigen Gegenwart entfernt.
Durch uns und mit uns
ist die ganze Schöpfung gefallen.
Doch Du hast Dich nicht von der Welt,
die Du liebst, abgewandt.
Aus Deinem eigenen freien Willen,
in Deiner Gnade und liebender Güte,
hast du Deinen Sohn gesandt,
um die Welt zu erlösen,
die Welt zu verwandeln,
die Welt neu zu schaffen.

In Deinem Sohn, unserem Herrn,
Gott und Heiland Jesus Christus,
hast Du uns erneuert.
Doch wir fahren fort, diese Gabe zu verleugnen.
Wir fallen und müssen zur Buße
zurückgerufen werden.
Wir haben uns von Dir entfernt:
erinnere Dich nicht an unsere Sündhaftigkeit!
Rufe uns wieder, damit wir zu Dir zurückkehren,
bis Du uns einmal
in Dein kommendes Reich bringst,
bis Du uns zu Teilhabern
an Deinem Wesen machst.
In Deiner Gnade hast Du uns
durch Deinen Sohn im Heiligen Geist erlöst:
O Gott, in Deiner Gnade,
verwandle unser Leben!

In Deinem Sohn
und durch Deinen Heiligen Geist
hast Du uns die Kirche gegeben –
den Leib Christi -
die Du zu einer, heiligen, katholischen

und apostolischen Kirche gemacht hast.
In Deiner Kirche erfahren wir
Dein kommendes Reich.
In Deiner Kirche erfahren wir die Erlösung,
Verwandlung, Neuschöpfung der Welt.
In Deiner Kirche werden wir geheilt
und versöhnt.
Durch Deinen Heiligen Geist erhalte uns
in Treue gegenüber der Einheit, Heiligkeit, Katholizität
und Apostolizität Deiner Kirche.
Rufe uns auf zur Buße, zur Verwandlung,
damit wir wahrlich Deine Kirche sind.
In Deiner Gnade hast Du uns
die heilige Kirche gegeben:
O Gott, in Deiner Gnade
verwandle uns um Deiner Kirche willen!

In Deinem Sohn, der vor seinen Jüngern
Verwandelt und verklärt wurde,
hast Du uns das göttliche Licht der
ungeschaffenen Gnade gezeigt,
hast Du uns gezeigt, dass der Eine,
der der Kreuzigung entgegen ging,
Leben und Licht ist.
In Deinem Sohn, der sich selbst entäußert hat,
indem er die Gestalt eines Knechtes annahm,
und der freiwillig
den lebenspendenden Tod erlitt,
hast Du uns gelehrt, dass der Weg
zur Verwandlung der ist:
einander - selbst unsere Feinde –
zu lieben wie uns selbst,
unser Kreuz täglich aufzunehmen,
einander zu dienen.
In unserer Kleinlichkeit, unserem Stolz
und unserer Lust nach Macht,
erniedrigen wir die Würde des anderen,
ignorieren wir Dein Bild in dem anderen,
verwunden wir uns gegenseitig
und brechen einander mit Gewalt.
Rufe uns auf zur Buße,

zum Zeugnis in der Welt, zur Verwandlung.
In Deiner Gnade hast Du uns alles gegeben,
dessen wir bedürfen, um in Harmonie
und Gerechtigkeit zusammenzuleben,
O Gott, in deiner Gnade, verwandle uns
um der Welt willen!

Du hast uns eine Welt gegeben,
an der wir uns erfreuen, sie ist ein Zeichen
Deiner eigenen ungeschaffenen Herrlichkeit,
und hast uns den Auftrag gegeben,
sie zu bebauen und zu bewahren,
eine verantwortliche Haushalterschaft
über alle lebenden Dinge
und die ganze Schöpfung auszuüben.
Du hast uns die Beispiele Deiner Heiligen
gegeben, in deren Beziehungen zu den Tieren
und zur Natur das neue Leben vorbildhaft dargestellt ist,
in dem der Löwe beim Lamm lagern wird.
Aber in unserer Gefühllosigkeit haben wir die
Tiere misshandelt und viele Arten ausgerottet.
In unserer Habgier und unserer Kurzsichtigkeit
haben wir die Ressourcen der Welt
verschwendet, Wälder abgeholzt,
Luft und Gewässer vergiftet.
Wir bedrohen uns selber,
einander und künftige Generationen,
und wir verletzen Deine Ehre.
Wegen unserer Sünde seufzt die ganze Schöpfung und
sehnt sich nach Verwandlung.
In Deiner Gnade,
hast Du uns eine herrliche Welt gegeben -
in uns ist sie gefallen,
in uns laß sie wieder auferstehen:
O Gott, in Deiner Gnade,
verwandle die ganze Schöpfung!

55.

Gott allen Lebens,
du hast die Apostel und deine geliebten Kinder
mit deinem Heiligen Geist
und deiner Gnade erleuchtet,

damit wir dich ehren und preisen können,
Durch deine Gnade, die in uns geboren wurde,
hast du Frieden, Gerechtigkeit und Versöhnung
in aller Welt gestiftet.

Erleuchte und richte unsere Seelen,
Herzen und Sinne auf dich.
Leite die Gedanken deiner unnützen Diener,
auf dass wir uns deines göttlichen und gnädigen
Bildes würdig erweisen und uns als
würdige Nachfolger deines Rufes
verwandeln zur Ehre, Freude und Zierde
deiner Heiligen Kirche.

Vergib unsere Sünden,
Und die Sünden aller,
die anbetend vor dir knien.
Erhöre uns, die wir im Glauben
um deine göttliche Gnade bitten.
Wir beten für die Niedergeschlagenen,
die Armen, die Kranken,
und für die Menschen, die Unrecht tun.
Behüte uns vor allem Bösen,
vor Uneinigkeit und Feindschaft,
und stärke uns durch deine Gnade, auf dass wir
dein Heiliges Evangelium verkünden.

O Gott, unser Herr,
darum bitten wir dich vereint mit den Aposteln,
den Märtyrern und allen Heiligen.
Möge durch die Fürbitte aller, die dir angehören,
deine Heilige Kirche dich loben
und preisen immerdar.
Amen.

Morgengebete

56.

Ich danke dir, mein himmlischer Vater,
durch Jesum Christum, deinen lieben Sohn,
dass du mich diese Nacht vor allem Schaden
und Gefahr behütet hast, und bitte dich,

du wollest mich diesen Tag auch behüten
vor Sünden und allem Übel, dass dir all mein
Tun und Leben gefalle. Denn ich befehle mich,
meinen Leib und Seele und alles in deine Hände;
dein heiliger Engel sei mit mir, dass der böse
Feind keine Macht an mir finde. Amen.

57.

Sei eine helle Flamme vor mir,
sei ein leitender Stern über mir,
sei ein ebener Weg unter meinen Füßen,
sei ein gütiger Hirte hinter mir -
heute, morgen, und in Ewigkeit.

58.

O Herr, gib, dass ich den neuen Tag
in Frieden begrüße.
Hilf mir, dass ich in allen Dingen
deinem heiligen Willen vertraue.
Laß mich in jeder Stunde des Tages
deinen Willen erkennen.
Segne meinen Umgang mit allen,
denen ich heute begegne.
Lehre mich, alles, was mir an diesem Tag
widerfährt, mit friedlichem Herzen und in der
festen Überzeugung anzunehmen,
dass dein Wille alles regiert.
Leite meine Gedanken und Gefühle
in allem was ich tue und sage.
Laß mich, wenn mir Unerwartetes begegnet,
nicht vergessen, dass alles von dir kommt.
Lehre mich, entschlossen und weise zu handeln
ohne andere zu verbittern oder zu verletzen.
Gib mir die Kraft, die Mühen des kommenden
Tages zu tragen, mit allem
was er mir bringen wird.
Leite meinen Willen, lehre mich beten
und bete du in mir. Amen.

59.

Wir danken dir, Gott, für die Ruhe dieser Nacht,
für die Stunden des Schlafens und Träumens.

Öffne unsere Gedanken und Herzen für alle,
denen wir heute begegnen.

Wir sind eins miteinander.
Zeige uns die Menschen, denen wir dienen
und die Arbeit, die wir tun sollen.

Allein können wir nicht leben.
Gott, sei uns nahe
und gib uns Kraft.

Geh mit uns,
Schritt für Schritt, Stunde um Stunde.

Wir beten zu Gott, unserem Licht
und unserem Heil,
mit den Worten, die Jesus uns gelehrt hat:
Vater unser im Himmel …

Gott, unser Schild, umgib uns,
beschütze uns
und bewahre uns vor Gefahr.

Gott, unsere Sonne, umgib uns,
sei uns nahe mit deinem Licht
und halte die Dunkelheit von uns fern.

Gott, unsere Heimat, umgib uns,
erhalte in uns den Frieden
und bewahre uns vor dem Bösen.

Möge Gott euch umfangen
und euch in seiner Liebe leiten.
Amen.

60.

O Gott, Du hast mich die Nacht
in Frieden ruhen lassen,
laß mich auch den Tag in Frieden verbringen.
Wo immer ich gehen mag auf meinem Weg,
den Du für mich als einen Weg des Friedens
bereitet hast,
leite meine Schritte, O Gott.

Wenn ich spreche, halte fern von mir die Lüge.
Wenn ich hungrig bin, laß mich nicht murren.
Wenn ich zufrieden bin,
halte fern von mir den Stolz.
Mit deinem Namen auf den Lippen
verbringe ich den Tag,
O Herr, der Du keinen Herrn über Dir hast.

61.

Vater im Himmel,
Lob und Dank sei dir für die Ruhe der Nacht,
Lob und Dank sei dir für den neuen Tag.
Lob und Dank sei dir für alle deine Güte
und Treue in meinem vergangenen Leben.
Du hast mir viel Gutes erwiesen,
laß mich nun auch das Schwere
aus deiner Hand hinnehmen.
Du wirst mir nicht mehr auflegen,
als ich tragen kann.
Du läßt deinen Kindern alle Dinge
zum Besten dienen.
Herr, was dieser Tag auch bringt – dein Name sei gelobt.
Amen

62. Der Schrei des einsamen Vogels

Nach Mitternacht
zerreißt der Schrei des einsamen Vogels
die Ruhe
in tausend Stücke.

Deine Schreie, o Gott,
dein Kummer darüber,
was wir tun -
einander verwunden, einander kreuzigen
und unsere Welt
und in deinem Namen -

der Nagel, der den Knochen zerschmettert
aber nicht unsere Privilegien
und uns hier hängen lässt.

Abendgebete

63. *(Ruf zum Gebet nach Psalm 134)*
Wohlan, lobet den Herrn,
alle Knechte des Herrn,
die ihr steht des Nachts im Hause des Herrn!
Hebet eure Hände auf im Heiligtum
und lobet den Herrn!

64.
Ich danke dir, mein himmlischer Vater,
durch Jesum Christum, deinen Lieben Sohn,
dass du mich diesen Tag gnädiglich behütet hast,
und bitte dich, du wollest mir vergeben alle
meine Sünden, wo ich unrecht getan habe,
und mich diese Nacht gnädiglich behüten.
Denn ich befehle mich, meinen Leib und Seele
und alles in deine Hände; dein heiliger Engel sei
mit mir, dass der böse Feind keine Macht an mir
finde. Amen.

65.
Komm, Herr, und bedecke mich mit der Nacht.
Breite deine Gnade über uns aus,
wie du es versprochen hast.
Deine Verheißungen sind zahlreicher
als alle Sterne am Himmel;
deine Barmherzigkeit reicht tiefer als die Nacht.
Herr, es wird bitterkalt.
Die Nacht kommt mit dem Atem des Todes.
Die Nacht kommt, das Ende naht,
da kommt auch Jesus.
Herr, wir warten auf ihn Tag und Nacht.
Amen.

Segen

66. *(nach 4. Mose 6, 24-26)*
Der Herr segne uns und behüte uns.
Der Herr lasse sein Angesicht leuchten über uns
und sei uns gnädig.
Der Herr erhebe sein Angesicht auf uns
und gebe uns seinen Frieden.
Amen.

67.

Die Gnade unsers Herrn Jesus Christus –
des Herrn, an den wir glauben
und dem auch die einst dienen werden,
die sich heute Herren nennen lassen.

Die Gnade unseres Herrn Jesus Christus
und die Liebe Gottes –
des Vaters, der uns geschaffen
und erlöst hat.

Die Gnade unseres Herrn Jesus Christus
und die Liebe Gottes
und die Gemeinschaft des Heiligen Geistes –
die wir in seiner Gemeinde,
in seinem Dienst,
unter seiner Leitung erfahren.

Die Gnade und die Liebe
und die Gemeinschaft des dreieinigen Gottes
sei mit uns allen.
Amen.

68.

Der Segen des Vaters, Gott des Friedens
und der Gerechtigkeit sei mit uns;
Der Segen des Sohnes, der die Leidensträne
dieser Welt weint, sei mit uns;
Und der Segen des Geistes,
der uns zu Versöhnung und Hoffnung anstiftet,
sei mit uns - jetzt und in Ewigkeit.
Amen.

69.

Gott segne Dich
und schenke Dir immer wieder neu
die Gaben der Wüste:
Stille,
frisches Wasser,
einen weiten Horizont,
einen offenen Himmel
und Sterne,

die Dir den Weg erhellen,
wenn es dunkel ist.

Die Erde
erfülle Deine Füße mit Tanz
und Deine Arme mit Kraft,
Deine Ohren mit Musik
und Deine Nase mit Wohlgerüchen.

Der Himmel
erfülle Deine Seele mit Zärtlichkeit
und Deine Augen mit Licht,
Dein Herz mit Freude
und Deinen Mund mit einem Lied.

70.

Möge die Gnade unseres Herrn Jesus Christus
uns davor bewahren, einander zu töten;
und möge Gottes Liebe unser Leben erfüllen
mit einem Frieden, der seine Hand
nach anderen ausstreckt
zu echter Versöhnung und Freundschaft.

71.

Wachset aber in der Gnade und Erkenntnis
unseres Herrn und Heilands, Jesus Christus.
Ihm sei Ehre mit dem Vater
und dem Heiligen Geist
jetzt und für ewige Zeiten. Amen.
(nach 2. Petrus 3, 18)

Der Herr sei mit deinem Geist!
Die Gnade sei mit euch!
(nach 2. Timotheus 4, 22)

Volk Gottes: hoffe auf den Herrn!
Denn bei dem Herrn ist unerschütterliche Liebe
und bei Gott ist die Gnade der Erlösung.
Es ist Gott, der die Menschen erlösen wird
von all ihrem Elend.
(nach Psalm 130, 7-8)

72.

Gott der Vater schenke uns die Gnade,
die uns verwandelt.
Gott der Sohn schenke uns die Gnade,
die uns rettet.
Gott, der Geist des Lebens
schenke uns die Gnade, die uns befreit.
Und wenn wir uns nun auf den Weg machen,
laßt uns den Frieden feiern.

Dank

Wir danken all denjenigen, die uns die Erlaubnis für den Abdruck von Gebeten, Hymnen, Liedern, liturgischen Responsorien sowie deren Übersetzung in diesem Buch erteilt haben. Wir haben uns bemüht, alle Urheberinnen und Urheber korrekt zu identifizieren sowie alle erforderlichen Genehmigungen für den Nachdruck einzuholen. Sollte uns dennoch ein Irrtum in der Quellenangabe unterlaufen sein oder sollten wir unwissentlich ein Urheberrecht verletzt haben, bitten wir ausdrücklich um Entschuldigung.

Die Angaben zum Urheberrecht für die Musik stehen direkt unter den Liedern.

Die Bibelzitate in diesem Buch wurden der revidierten Fassung der Übersetzung Martin Luthers (1984) entnommen.

Die verschiedenen Inhaber der Urheberrechte haben die Erlaubnis für den Nachdruck des Materials und dessen Gebrauch während der 9. Vollversammlung erteilt. Die Inhaber behalten jedoch sämtliche Rechte, und für jegliche sonstige Verwendung muss ihre Erlaubnis eingeholt werden.

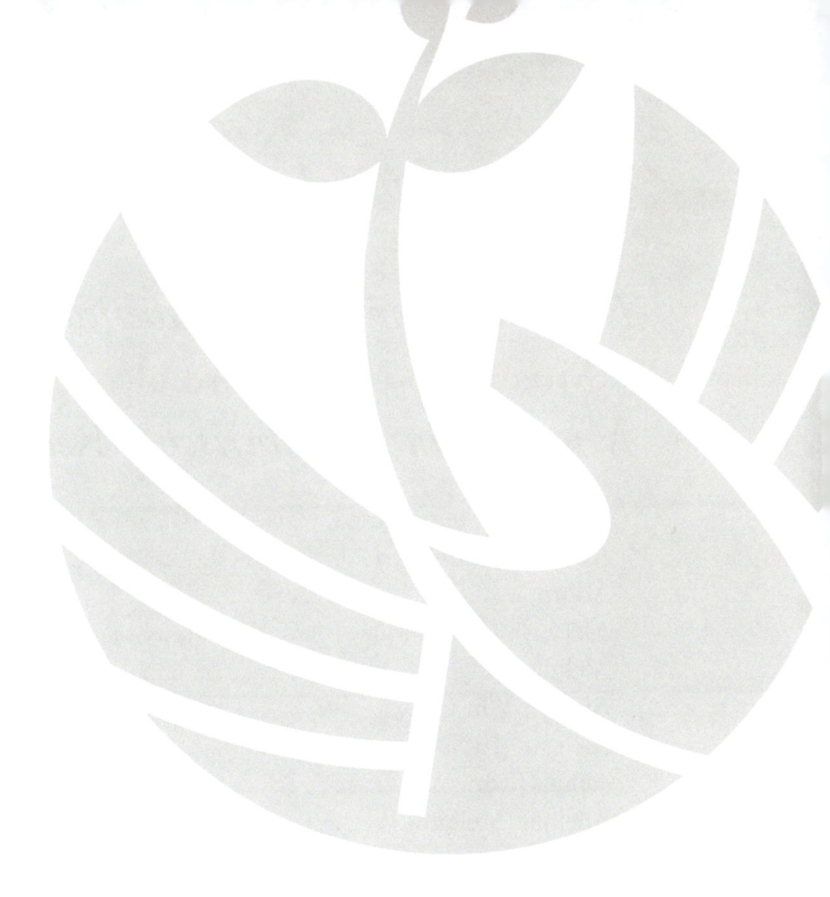

Música

Music

Música

Musique

Musik

Música – em ordem alfabética
Music – alphabetical
Música – por orden alfabético
Musique – par ordre alphabétique
Musik – in alphabetischer Reihenfolge

Música – em ordem numérica
Music – numerical
Música – por orden numérico
Musique – par ordre numérique
Musik – in numerischer Reihenfolge

1. God, in your grace

Shirley Erena Murray, New Zealand

Per Harling, Sweden

F
B♭
F
C
Dm
world, turn us to you to trans - form the world!
Welt, wend uns zu dir, dass sich wan - delt die Welt.
mar, o mun - do po - de se trans - for - mar.
mar! ¡El mun- do a - yú - da-nos a trans - for - mar!

2. Pathways we choose,
undeserved freedom,
earth as our kingdom,
still we abuse;
much we have done,
gross human error,
misuse of power
darkens the sun.

2. Ohne Verdienst frei,
wählen wir Wege,
knechten die Erde,
nützen sie aus.
Wir taten vieles,
irrten als Menschen.
Missbrauch der Macht
verdunkelt das Licht.

2. Sem merecer
a liberdade
inda abusamos
com nossas mãos.
Erros e o mal
são densas nuvens
sobre o teu mundo,
sobre o teu sol.

2. Por poseer
hemos tomado
de lo creado
sin merecer.
Enormes son
nuestros errores,
cruentos horrores
nublan el sol.

3. Terror and tears,
wounds without healing,
hearts without feeling
mirror our fears:
life without trust,
greed and high prices,
conflict and crisis
grind us to dust.

3. Terror und Tränen,
offene Wunden,
Herzen, die hart sind,
spiegeln die Furcht.
Gier nur und Habsucht,
doch kein Vertrauen.
Kämpfen und Streiten
mahlt uns zu Staub.

3. Choro e terror,
dores sem cura,
sem sentimentos,
já sem amor.
Vida sem luz,
crise e conflito
deixam-nos todos,
mortos no pó.

3. Llanto y terror,
cuerpos abiertos,
almas desiertas
por el dolor.
¿Cómo confiar
si la codicia
toda justicia
viene a aplastar?

4. Let us stand still,
look at each other,
sister and brother
thwarting your will:
teach us good care,
grace to seek pardon,
reclaim your garden,
riches to share.

4. Lehre uns still stehn,
einander anschaun,
Schwester und Bruder;
du willst es so.
Mache uns achtsam,
schenk uns Vergebung.
In deinem Garten
teilen wir gern.

4. Irmãos e irmãs,
reconciliados,
juntos contigo,
por teu perdão.
Tens teu jardim,
pra nós aberto,
com tua graça,
sempre a fluir.

4. Es tiempo ya
de detenernos
y de mirarnos
en tu verdad.
Enséñanos,
Dios, a cuidarnos,
a perdonarnos
y dar tu amor.

2. Bem-aventurados os pobres

Matthew 5: 3
Lisète Espíndola,
Roy Oliveira, Tércio Junker, Brazil
E7
E7
Bem - a - ven - tu - ra - dos os po - bres,
Bles - sed are the poor and the nee - dy,
Bien - a - ven - tu - ra - dos los po - bres,
Bien - heu - reux les pau - vres de coeur,
Se - lig sind die geist - lich Ar - men,
D6/G
F♯m9
E9
por - que de - les é o rei - no dos céus.
for sure - ly God's king - dom is theirs.
Dios, a e - llos, su rei - no da - rá.
car le Roy - aume des cieux est à eux.
denn das Him - mel - reich ist ihr.

3. Aleluia

Simei Monteiro
Baião
D
G
C
A - le - lu - ia, A - le - lu - ia,
D
C
1. D
2. D
A - le - lu - ia!
ia!

4. Nkosi, Nkosi

In 'ne-nce-ba' the middle syllable, 'nce,' is pronounced by making a 'tsch' sound that a mother uses to reprimand a child, with the addition of a nasalized beginning.

Dans le mot 'ne-nce-ba', la syllabe du milieu, 'nce', se prononce 'tch', à la manière d'une mère qui réprimande son enfant, en nasalisant le début.

Beim Wort "ne-nce-ba" wird die Silbe in der Mitte - "nce" - als "tsch" ausgesprochen: wie eine Mutter, die ihr Kind tadelt. Dabei wird der Wortanfang nasal gesprochen.

En la palabra 'ne-nce-ba', la sílaba del medio, 'nce' se pronuncia 'tk', de la manera como una madre reprende a su niño, con nasalización en el inicio: 'ntk'

Na palavra 'ne-nce-ba', a sílaba do meio, 'nce', se pronuncia 'tk', da maneira como a mãe repreende a criança, com nasalização no início: 'ntk'

5. Pai Nosso

Music: Simei Monteiro and Tércio Junker

6. Jikelele

I know Jesus, he travels all around the world.
Ich kenne Jesus, er reist um die ganze Welt.
Je connais Jésus, il voyage à travers le monde entier.
Conozco a Jesús. El viaja por todo el mundo.
Conheço a Jesus, ele viaja por todo o mundo.

7. Praise the God of all creation

Marty Haugen, USA

Marty Haugen, USA

LEADER ♩ = 108

Gm Dm7 E♭maj7 Dm7 Gm

1. Praise the God of all cre - a - tion, God of mer - cy and com - pas - sion:
1. Lasst uns lo - ben un-sern Schöp - fer, Gott so gü - tig und barm - her - zig:
1. Sois bé - ni, ô Dieu du mon - de, toi, dont la grâ - ce est fé - con - de:
1. Cri - a - dor, se - jas lou - va - do, Deus de a - mor, per - dão e gra - ça!
1. Dios de to - do lo cre - a - do ¡que tu a - mor sea a - la - ba - do!

ALL

Gm Dm7 E♭maj7 Dm7 Gm G

1-4. 5.

Al - le - lu - ia! Al - le - lu - ia! Praise the Word of truth and life! life!
Hal - le - lu - ja! Hal - le - lu - ja! Got - tes Wort schenkt Le - bens - kraft! - kraft!
Al - lé - lu - ia! Al - lé - lu - ia! Ta Pa - ro - le est no - tre joie! joie!
A - le - lu - ia! A - le - lu - ia! És Pa - la - vra, vi - da e luz! luz!
¡A - le - lu - ya! ¡A - le - lu - ya! ¡Tu Pa - la - bra es vi - da y luz! luz!

2. Tree of life and endless wisdom,
be our root, our growth and glory:

3. Living water, we are thirsting
for the life that you have promised:

4. Come, O Spirit, kindle fire
in the hearts of all your people:

5. Praise the God of all creation,
God of mercy and compassion:

2. Lebensbaum, wir wollen wachsen,
in Gott wurzeln und vertrauen:

3. Gott, wir dürsten nach dem Wasser,
das uns Leben neu verheisst:

4. Komm, erfüll uns, Geist des Lebens
mit dem Feuer deiner Vollmacht:

5. Lasst uns loben unsern Schöpfer,
Gott so gütig und barmherzig:

2. Tu donnes vie et sagesse,
sois notre force sans cesse:

3. Eau vivante, jaillissante,
en nous source bienfaisante:

4. Viens habiter, par l'Esprit Saint,
dans le coeur de tous les humains:

5. Sois béni, ô Dieu du monde,
toi, dont la grâce est féconde:

2. Fonte de sabedoria,
sê raiz de força e glória:

3. Água viva, vem sacia
nossa sede de justiça:

4. Vem Espírito, qual chama,
move o coração do povo:

5. Criador, sejas louvado,
Deus de amor, perdão e graça!

2. Árbol de sabiduría
sé raíz de nuestra gloria:

3. Agua viva, ven y sacia
nuestro anhelo de justicia:

4. Ven Espíritu cual llama,
nuestro corazón inflama:

5. Dios de todo lo creado
¡que tu amor sea alabado!

8. El cielo canta alegría

Pabo Sosa, Argentina

Pablo Sosa, Argentina

2. El cielo canta alegría, ¡Aleluya!
porque a tu vida y la mía las une el amor de Dios.

3. El cielo canta alegría, ¡Aleluya!
porque tu vida y la mía proclamarán al Señor.

2. O céu exulta contente, Aleluia!
porque a vida da gente se encontra no amor de Deus.

3. O céu exulta contente, Aleluia!
porque a vida de gente proclamará o Senhor.

2. Heaven is singing for joy, Alleluia!
for both your life and mine unite in the love of God.

3. Heaven is singing for joy, Alleluia!
for both your life and mine will always bear witness to God.

2. Himmel erklingen vor Freude, Halleluja!
Denn dein und mein Leben sind durch die Liebe Gottes vereint.

3. Himmel erklingen vor Freude, Halleluja!
Denn dein und mein Leben können ein Zeugnis geben für Gott.

9. Himmel, Erde, Luft und Meer

2. Seht das große Sonnenlicht,
wie es durch die Wolken bricht;
auch der Mond, der Sterne Pracht
jauchzen Gott bei stiller Nacht.

3. Seht, wie Gott der Erde Ball
hat gezieret überall.
Wälder, Felder, jedes Tier
zeigen Gottes Finger hier.

4. Seht, wie fliegt der Vögel Schar
in den Lüften Paar bei Paar.
Blitz und Donner, Hagel, Wind
seines Willens Diener sind.

5. Seht der Wasserwellen Lauf,
wie sie steigen ab und auf;
von der Quelle bis zum Meer
rauschen sie des Schöpfers Ehr.

6. Ach mein Gott, wie wunderbar
stellst du dich der Seele dar!
Drücke stets in meinen Sinn,
was du bist und was ich bin.

2. See at dawn, the rising sun,
show the wonders God has done!
Moon and stars with silvery light
praise God through the silent night.

3. Look around this earthly ball,
God has richly dressed it all,
Urban lights and canyons deep,
forests, fields, with cows and sheep.

4. Waters surge and windstorms blow,
thunder, lightning, hail, and snow:
Through their frenzy, even these,
God would praise and God would please.

5. All these things with curious force,
find them drawn to praise their source:
Wake, my soul, awake and sing,
to your Maker praises bring.

6. Still, my God, more wondrously
you reveal yourself to me.
You engrain with your own hand
what you are and who I am.

10. Khudaayaa, raeham kar

KHUDAAYAA

Traditional Urdhu — R. F. Liberius, Pakistan

Senhor, tem piedade de nós. Cristo, tem piedade de nós.
Señor, ten piedad de nosotros. Cristo, ten piedad de nosotros.
Seigneur, aie pitié de nous. Christ, aie pitié de nous.
Herr, erbarme dich unser. Christus, erbarme dich unser.

11. Aboun Dbashmayo

ܐܒܘܢ ܕܒܫܡܝܐ ܢܬܩܕܫ ܫܡܟ ܬܐܬܐ

ܡܠܟܘܬܟ ܢܗܘܐ ܨܒܝܢܟ: ܐܝܟܢܐ ܕܒܫܡܝܐ

ܐܦ ܒܐܪܥܐ. ܗܒ ܠܢ ܠܚܡܐ ܕܣܘܢܩܢܢ ܝܘܡܢܐ:

ܘܫܒܘܩ ܠܢ ܚܘܒܝܢ: ܐܝܟܢܐ ܕܐܦ ܚܢܢ ܫܒܩܢ

ܠܚܝܒܝܢ. ܘܠܐ ܬܥܠܢ ܠܢܣܝܘܢܐ: ܐܠܐ ܦܨܢ ܡܢ

ܒܝܫܐ: ܡܛܠ ܕܕܝܠܟ ܗܝ ܡܠܟܘܬܐ ܘܚܝܠܐ

ܘܬܫܒܘܚܬܐ: ܠܥܠܡ ܥܠܡܝܢ: ܐܡܝܢ܀

12. Sfinte Dumnezeule

Holy God, Holy Mighty, Holy Immortal: have mercy on us.
Glory, to the Father, and to the Son, and to the Holy Spirit,
now and ever, and unto ages of ages. Amen.

Heiliger Gott, heiliger Mächtiger, heiliger Unsterblicher, erbarme dich unser.
Ehre sei dem Vater und dem Sohn und dem Heiligen Geist,
jetzt und immerdar und von Ewigkeit zu Ewigkeit. Amen.

Dieu saint, saint et fort, saint et immortel, aie pitié de nous.
Gloire au Père et au Fils et au Saint Esprit,
maintenant et toujours, pour les siècles des siècles. Amén.

Santo Dios, santo y poderoso, santo y inmortal ¡Ten misericordia de nosotros!
Gloria sea al Padre y al Hijo y al Espíritu Santo,
ahora y siempre y por los siglos de los siglos. Amén.

Santo Deus, santo e poderoso, santo e imortal, tem piedade de nós.
Glória seja ao Pai e ao Filho e ao Espírito Santo,
agora e sempre e pelos séculos dos séculos. Amém.

13. Let all things rejoice

Εὐφραινέσθω τά οὐράνια

Orthodox tradition
Resurrectional Troparion
Third Tone

Greece

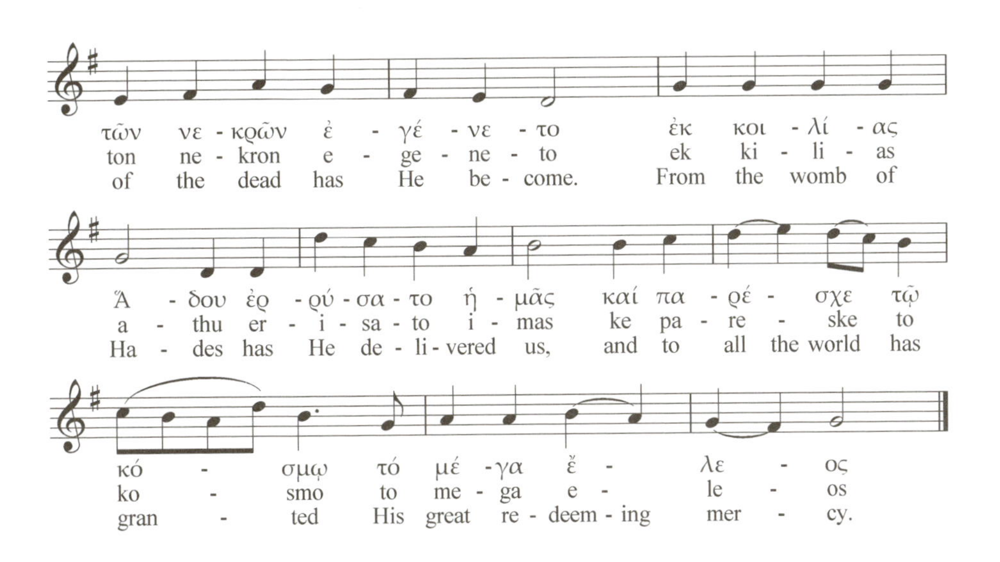

Εὐφραινέσθω τά οὐράνια ἀγαλλιάσθω
τά ἐ πίγεια ὅτι ἐ ποίησε
κράτος ἐν βραχίονι αὐτοῦ ὁ Κύριος.
Ἐπάτησε τῷ θανάτῳ τόν θάνα-
τον πρωτότοκος τῶν νεκρῶν ἐγένετο
ἐκ κοιλίας Ἅδου ἐρρύσατο ἡμᾶς καί πα-
ρέσχε τῷ κόσμῳ τό μέγα ἔλεος

14. Aliluia

Orthodox tradition, Romania

15. Ososŏ

Geonyong Lee, Korea

Geonyong Lee, Korea

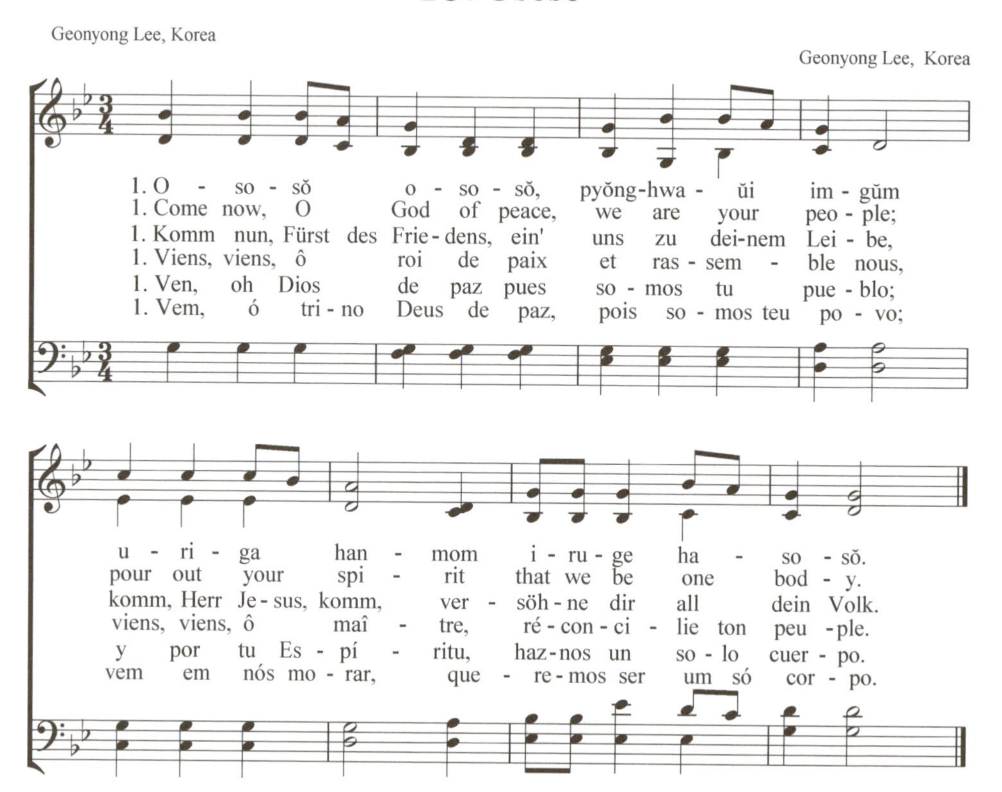
1. O - so - sŏ o - so - sŏ, pyŏng-hwa - ŭi im - gŭm
1. Come now, O God of peace, we are your peo - ple;
1. Komm nun, Fürst des Frie - dens, ein' uns zu dei-nem Lei - be,
1. Viens, viens, ô roi de paix et ras - sem - ble nous,
1. Ven, oh Dios de paz pues so - mos tu pue - blo;
1. Vem, ó tri - no Deus de paz, pois so - mos teu po - vo;
u - ri - ga han - mom i - ru - ge ha - so - sŏ.
pour out your spi - rit that we be one bod - y.
komm, Herr Je - sus, komm, ver - söh - ne dir all dein Volk.
viens, viens, ô maî - tre, ré - con - ci - lie ton peu - ple.
y por tu Es - pí - ritu, haz-nos un so - lo cuer - po.
vem em nós mo - rar, que - re - mos ser um só cor - po.

2. Ososŏ ososŏ,
sarangŭi imgŭm,
uriga hanmom
iruge hasosŏ.

3. Ososŏ ososŏ,
chayuŭi imgŭm,
uriga hanmom
iruge hasosŏ.

4. Ososŏ ososŏ,
tongilŭi imgŭm,
uriga hanmom
iruge hasosŏ.

2. Come now, O God of love,
we are your people;
pour out your spirit
that we be one body.

3. Come now, O God of hope,
we are your people;
pour out your spirit
that we be one body.

4. Come now, O God of joy,
we are your people;
pour out your spirit
that we be one body.

2. Komm nun, Gott der Liebe,
ein' uns zu deinem Leibe,
komm, Herr Jesus, komm,
versöhne dir all dein Volk.

3. Komm nun, und befrei uns,
denn du bist unser Retter,
komm, Herr Jesus, komm,
versöhne dir alle Völker.

4. Komm, erhoffte Einheit,
ein' uns zu einem Leibe,
komm, Herr Jesus, komm,
versöhne dir alle Völker.

2. Viens, viens, ô roi d'amour
et rassemble-nous,
viens, viens, ô maître,
réconcilie ton peuple.

3. Viens, viens, libérateur
et libère-nous,
viens, viens, ô maître
réconcilie ton peuple.

4. Viens, viens, source d'espoir
fais de nous ton corps,
viens, viens, ô maître,
réconcilie les peuples.

2. Ven, oh Dios de Amor,
pues somos tu pueblo;
y por tu Espíritu,
haznos un solo cuerpo.

3. Ven, oh Dios de Gracia,
somos tu pueblo;
y por tu Espíritu,
haznos un solo cuerpo.

4. Ven, oh Dios de Vida,
somos tu pueblo;
y por tu Espíritu,
haznos un solo cuerpo.

2. Vem, ó trino Deus de amor,
pois somos teu povo;
vem em nós morar,
queremos ser um só corpo.

3. Ó Deus de esperança, vem,
pois somos teu povo;
vem em nós morar,
queremos ser um só corpo.

4. Ó Deus de vida, vem,
pois somos teu povo;
vem em nós morar,
queremos ser um só corpo.

16. I love the Lord

1. I love the Lord; he heard my cries,
And pitied ev'ry groan;
Long as I live, when troubles rise,
I'll hasten to his throne.

2. I love the Lord; he bowed his ear,
And chased my griefs away;
O let my heart no more despair,
While I have breath to pray!

Psalm 116:1-4. Isaac Watts (1674-1748) Para. Isaac Watts, UK © Public Domain

Amo ao Senhor,
porque ele ouve a minha voz e a minha súplica.
Porque inclina para mim o seu ouvido,
invocá-lo-ei enquanto viver.

Amo a Jehová,
pues ha oído mi voz y mis súplicas,
porque ha inclinado a mí su oído;
por tanto, lo invocaré en todos mis días.

Alleluia! J'aime,
lorsque Yahvé entend le cri de ma prière,
lorsqu'il tend l'oreille vers moi,
le jour où j'appelle.

Ich liebe den Herrn,
denn er hört die Stimme meines Flehens.
Er neigte sein Ohr zu mir;
darum will ich mein Leben lang ihn anrufen.

17. A ti, Señor, te pedimos

2. De tiempos inmemoriales
que nos hemos separado
de tu comunión bendita:
perdona nuestro pecado.

3. De tiempos inmemoriales
que nos hemos separado
de todos los que tú amas:
perdona nuestro pecado.

4. De tiempos inmemoriales,
en el alma del humano
hay luchas que lo destruyen:
perdona nuestro pecado.

2. De tempos já sem memória
vivemos tão separados
da tua mesa bendita:
perdoa nossos pecados.

3. De tempos já sem memória
vivemos tão separados
de todos os que tu amas:
perdoa nossos pecados.

4. De tempos já sem memória
vivemos desesperados
em lutas, ódio e malícia:
perdoa nossos pecados.

2. As long as we can remember
we hide, O Lord, from your presence;
our hearts are yearning to know you.
O Lord, have mercy upon us.

3. How long, O Lord, have we wandered
alone in darkness, not loving
our sisters, brothers, your children.
O Lord, have mercy upon us.

4. As long as we can remember
our spirits are torn asunder
by greed and malice and hatred.
O Lord, have mercy upon us.

2. Wir bitten dich, Gott, vergib uns,
wir haben dich oft verraten.
Wir haben mit dir gebrochen
in Gedanken, Worten und Taten.

3. Wir bitten dich, Gott, vergib uns,
wir leben auf Kosten and'rer.
Weil wir nicht eins mit uns selbst sind,
fehlt uns der Atem zur Liebe.

4. Wir bitten dich, Gott, sei mit uns,
weil wir deine Nähe brauchen.
Wir bitten dich, Gott, bleib mit uns.
Zeig uns die Spuren des Friedens.

2. Depuis trop longtemps, nous sommes
loin de toi et de ta face,
sans communion, sans ta grâce.
Pardon, Seigneur, pour nos fautes.

3. Depuis trop longtemps, nos guerres
font mal à ton cœur de père,
nous qui sommes tes enfants.
Pardon, Seigneur, pour nos fautes.

4. Redonne-nous l'espérance,
et viens guérir nos souffrances,
et tous les péchés du monde.
Pardon, Seigneur, pour nos fautes.

18. The thirsty deer longs for the streams

Words and Music: George Mulrain. Spanish: Pablo Sosa. German: Hartmut Handt.

Refrain:
Why are you cast down, O my soul?
Why are you so troubled inside?
O put your hope in our God,
yes, God is our help,
O sing praises to our living God.

2. I'm never alone when I sing,
declaring the wonders of God.
The crowds in God's holy house,
they all join with me
just to proclaim how God's great and good.

3. The wicked may make fun of me
and tease me if I am depressed;
but I am confident that
God will rescue me,
yes, God's always done this in times past.

Refrain
Was bist du so traurig, mein Herz,
warum so unruhig in mir?
Setz deine Hoffnung auf Gott,
denn Gott hilft dir gern.
Dem lebendigen Gott sing dein Lied!

2. Ich bin nicht allein, wenn ich sing
und sage, was Gott mir getan;
in Gottes Haus stimmen viele
ein in den Dank
und das Lob: Gott ist groß und ist gut.

3. Mag mancher mit Spott und mit Hohn
mich treffen, wenn mutlos ich bin -
auch dies Mal rettet mich Gott,
das glaube ich fest.
So hat Gott es ja immer getan.

Refrain:
¿Por qué, alma mía, el temor?
¿Por qué tu amargura y dolor?
Espera en Dios, porque aún
le habré de alabar;
él es mi salvación y mi Dios.

2. Si canto ya solo no estoy,
pensando en la casa de Dios
a donde fui con el pueblo
para alabar
tu grandeza y tu fidelidad.

3. Los necios se burlan de mí,
me ven y preguntan por ti;
pero yo sé que tu amor
me rescatará
y alegría a mi alma traerá.

19. Halelu, Haleluja

Ms Hlar Hay, Myanmar

Ha - le - lu, Ha- le - lu - ja, Ha - le - lu, Ha - le - lu - ja, Ha - le - lu, Ha - le - lu - ja!

20. Hineh ma tov

21. Somos uno en Cristo

Original words in Spanish and music: anonymous from Latin America. French: Robert Faerber. Portuguese: Simei Monteiro. German: Hartmut Handt. English: © WCC-COE. 150, Route de Ferney, CH-1211, Geneva 2, Switzerland.

22. Alelouya

Traditional Creole

Communauté Ste-Thérèse, Guadaloupe

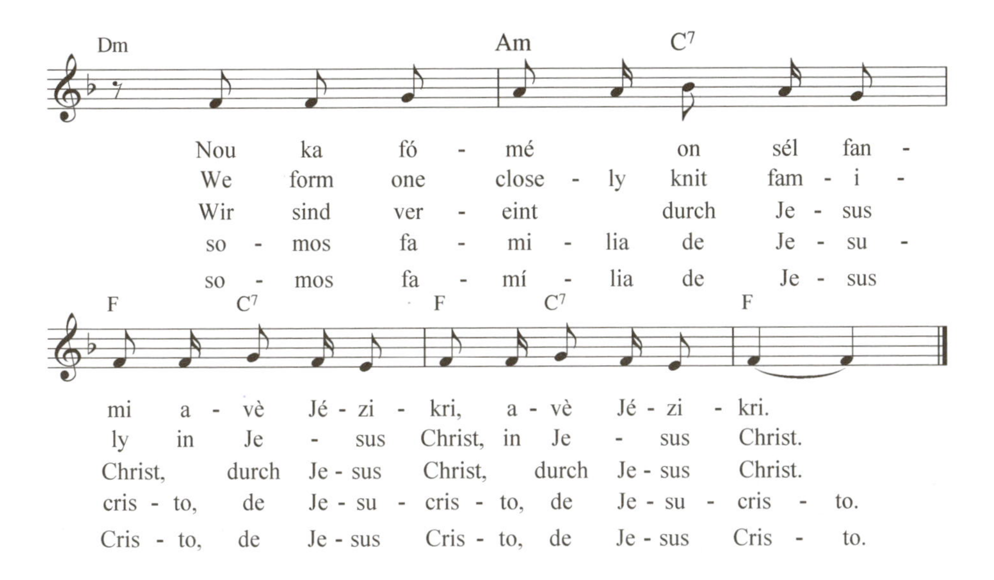

2.Sémem lèspwila ka sanblé nou, avè Jézikri, avè Jézikri.
Nou nou fómé on sél fanmi avè Jézikri, avè Jézikri

3. Nou káy kontré avè Jézikri, avè Jézikri, avè Jézikri.
Nou vlé viv avè Jézikri, avè Jézikri, avè Jézikri.

2. The very same Spirit gathers us round, in Jesus Christ, in Jesus Christ.
We form one global family in Jesus Christ, in Jesus Christ.

3. We're going to meet with Jesus Christ, with Jesus Christ, with Jesus Christ.
We want to live with Jesus Christ, with Jesus Christ, with Jesus Christ.

2. Derselbe Geist ist's, der uns vereint in Jesus Christ, in Jesus Christ
und uns zu einer Familie macht, in Jesus Christ, in Jesus Christ.

3. Wir werden bei Jesus sein allezeit, bei Jesus Christ, bei Jesus Christ.
Unsere Freud wird vollkommen sein bei Jesus Christ, bei Jesus Christ.

2. El mismo Espíritu une a la gente en Jesucristo, en Jesucristo, en Jesucristo;
un solo cuerpo y comunidad en Jesuscristo, en Jesucristo, en Jesucristo.

3. Nos acojemos en Jesucristo, en Jesucristo, en Jesucristo.
y viviremos con Jesucristo, con Jesucristo, con Jesucristo.

2. O mesmo Espírito é quem nos une em Jesus Cristo, em Jesus Cristo;
um corpo vivo, uma família em Jesus Cristo em Jesus Cristo.

3. Vamos ao encontro de Jesus Cristo, de Jesus Cristo, de Jesus Cristo,
e viveremos com Jesus Cristo, com Jesus Cristo, com Jesus Cristo.

23. O choro pode durar

G♯m/E F♯m/E B/E A/E E
Fine
G♯dim7
vem pe - la ma - nhã. 1. Eu te e - xal - ta-rei ó Deus
with the morn - ing light. 1. I will praise you, O my God,
al a - ma - ne - cer. 1. Yo te a - la - ba-ré, mi Dios,
mit dem Mor - gen - licht. 1. Mein Gott, prei - sen will ich dich.
F♯m7
por-que tu me li - ber - tas - te; con - ver - tes - te o meu
for you lift - ed me and freed me. You have changed my tears and
por-que tu me li - be - ras - te y cam - bias - te mi la -
Frei bin ich durch dei - ne Gü - te; ja, du machst aus mei - ner
E Maj7 F♯ F♯/E E
D. S. al Fine
pran - to em fol - gue - dos e can - ções. O
mourn - ing in - to dance and joy - ful song. My
men - to en bai - le, en ri - sa, en can - ción. El
Kla - ge ei - nen Rei - gen und ein Lied. Mein

2. Eu te exaltarei ó Deus, porque to me protegeste,
quando muitos me humilhavam e zombavam do que fiz.

3. Eu te exaltarei ó Deus, porque tu me socorreste,
quando estava enfermo e triste e com tanta precisão.

4. Ouve, ó Deus, o meu clamor, que levanto em esperança.
Quero agradecer, agora, tua grande compaixão.

2. I will praise you, O my God, you protected me and saved me.
You have kept me from all danger, you have spared me from all harm.

3. I will praise you, O my God, for you heard my cry and healed me,
when you saw me sick and helpless, you restored me, made me whole.

4. I will praise you, O my God, I will sing and not be silent.
I give thanks to you forever, for your mercy, grace, and love.

2. Yo te alabaré, mi Dios porque tu me protegiste
cuando muchos me humillaban y mentían sobre mí.

3. Yo te alabaré, mi Dios porque tú me socorriste
cuando estaba enferma y triste, me cuidaste con amor.

4. Dios, escucha este clamor que levanto en esperanza,
y con agradecimiento por tu amor y compasión.

2. Mein Gott, preisen will ich dich, denn dein Schutz war meine Rettung.
Du warst mir ein starker Helfer in Gefahr, in Angst und Not.

3. Mein Gott, preisen will ich dich, denn du hörtest auf mein Schreien,
sahst mich hilflos Kranken, machtest mich an Leib und Seele heil.

4. Mein Gott, preisen will ich dich. Ich will singen und nicht schweigen.
Ich besinge täglich deine Liebe, deine Freundlichkeit.

24. Ouve, Deus de amor

Original words, music adaptation, Spanish and English: Simei Monteiro. French and German: WCC-COE.

25. God, if your grace

Shirley Erena Murray, New Zealand

Music: I-to Loh, Taiwan

26. Bendice, Señor, nuestro pan

27. Alleluia

28. Nita mwimbiya Bwana

Asata Choir: Dem. Rep. of Congo

2. Nita mwimbiya Bwana
kwa kuwa Yeye ana ni penda.
3. Nita mwimbiya Bwana
kwa kuwa Yeye ana ni juwa.

1. I will sing to the Lord because he cares for me.
2. I will sing to the Lord because he loves me.
3. I will sing to the Lord because he knows me.

1. Cantaré al Señor porque Él me cuida.
2. Cantaré al Señor porque Él me ama.
3. Cantaré al Señor porque Él me conoce.

1. Ich will dem Herrn singen, denn er sorgt für mich.
2. Ich will dem Herrn singen, denn er liebt mich.
3. Ich will dem Herrn singen, denn er kennt mich.

1. Je chanterais au Seigneur car il me protège.
2. Je chanterais au Seigneur car il m'aime.
3. Je chanterais au Seigneur car il me connaît.

1. Cantarei ao Senhor porque ele cuida de mim.
2. Cantarei ao Senhor porque ele me ama.
3. Cantarei ao Senhor porque ele me conhece.

29. Vem, Jesus nossa esperança

Jaci Maraschin, Brazil

Marcílio de Oliveira Filho, Brazil

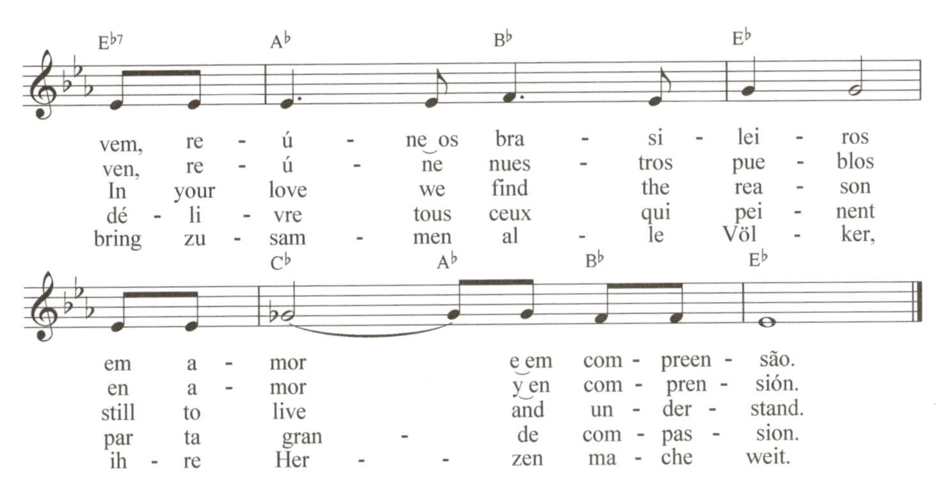

2. Vem tecer um mundo novo
nos caminhos da verdade;
para que, afinal, o povo
viva em plena liberdade.
Vem, Jesus, abre o futuro
do teu reino de alegria.
Vem, derruba o imenso muro
que separa a noite e o dia.

2. Come to build your new creation
through the road of servanthood;
give new life to every nation,
changing evil into good.
Come and open our tomorrow
for your joyful reign so near.
Take away all human sorrow,
give us hope against our fear.

2. Ven, y teje un mundo nuevo
caminando en la verdad,
para que, por fin, el pueblo
viva en plena libertad.
Ven, Jesús, abre el futuro
de tu Reino de alegría.
Ven, derrumba este gran muro
que hoy separa noche y día.

2. Viens ton monde renouvelle
fais régner la vérité
pour qu'enfin ton peuple vive
dans la sainte liberté.
Viens Jésus et que ton règne
nous apporte paix et joie.
Viens et détruis la muraille
qui nous sépare de toi.

2. Komm, bau deine neue Schöpfung
auf dem Weg der Wahrheit fort.
Jedes Volk auf dieser Erde
finde seiner Freiheit Ort.
Öffne, Jesus, uns die Zukunft,
die dein Reich der Freude kennt.
Komm, reiß ein die große Mauer,
die die Nacht vom Tag noch trennt.

30. Jesu tawa pano

31. Senhor, tem piedade de nós

Traditional — Roy Oliveira, Brazil

Señor, ten piedad de nosotros. Cristo, ten piedad. Señor, ten piedad de nosotros.
Seigneur, aie pitié de nous. Christ, aie pitié. Seigneur, aie pitié de nous.
Herr, erbarme dich unser. Christus, erbarme dich. Herr, erbarme dich unser.
Lord, have mercy on us. Christ, have mercy. Lord, have mercy on us.

32. Oré poriajú

Señor, ten piedad de nosotros. Jesucristo, ten piedad de nosotros.
Senhor, tem piedade de nós. Jesus Cristo, tem piedade de nós.
Seigneur, aie pitié de nous. Jésus Christ, aie pitié de nous.
Herr, erbarme dich unser. Jesus Christus, erbarme dich unser.
Lord, have mercy on us. Jesus Christ, have mercy on us.

33. Deus, em tua graça

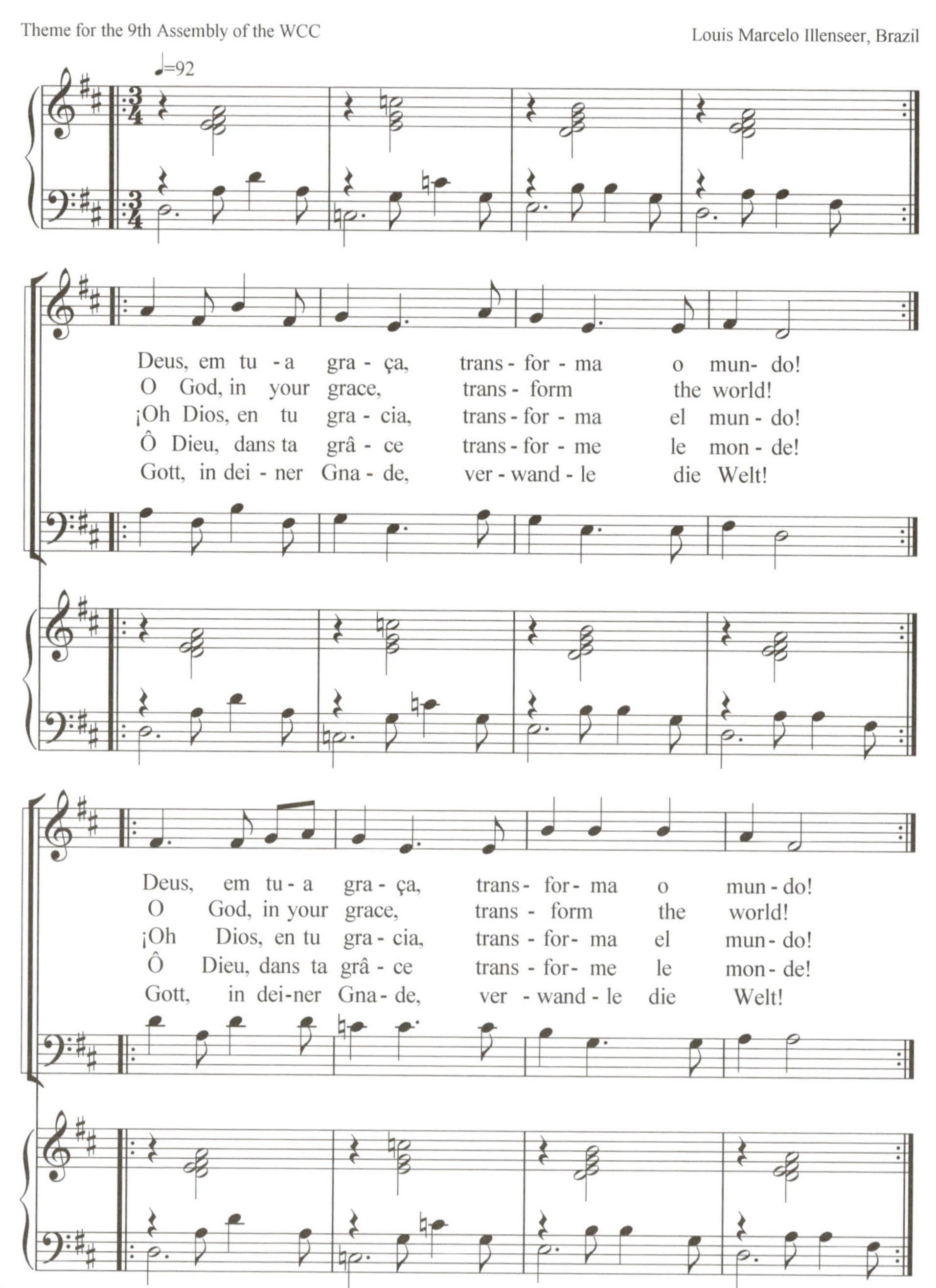
Theme for the 9th Assembly of the WCC
Louis Marcelo Illenseer, Brazil
♩=92
Deus, em tu - a gra - ça, trans - for - ma o mun- do!
O God, in your grace, trans - form the world!
¡Oh Dios, en tu gra - cia, trans - for - ma el mun - do!
Ô Dieu, dans ta grâ - ce trans - for - me le mon - de!
Gott, in dei - ner Gna - de, ver - wand - le die Welt!
Deus, em tu - a gra - ça, trans- for- ma o mun - do!
O God, in your grace, trans - form the world!
¡Oh Dios, en tu gra - cia, trans - for- ma el mun- do!
Ô Dieu, dans ta grâ - ce trans - for- me le mon- de!
Gott, in dei-ner Gna- de, ver - wand - le die Welt!

34. O God, you are my God

Simei Monteiro, Brazil

Psalm 63: 1

35. Sanctus et Benedictus

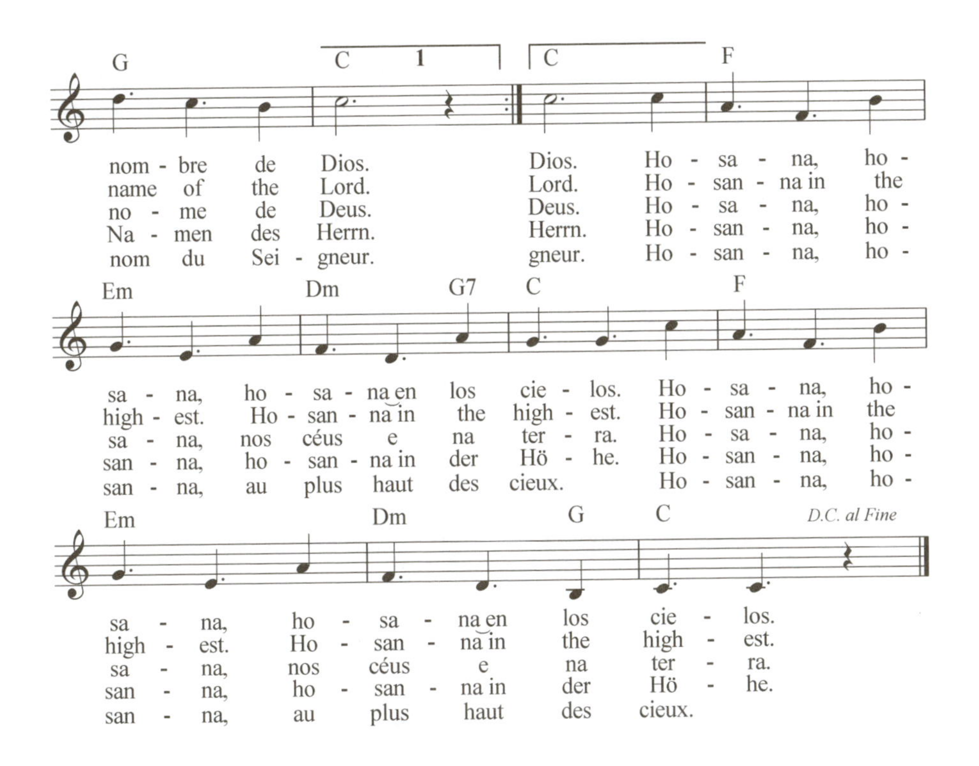

36. Halle, hallelujah

Traditional

Syria

As taught by Metropolitan Mar Gregorios Yohanna Ibrahim

37. Come, Holy Spirit

Original English text: CWME, 2005. Music: Sister Celine Monteiro. Harmonization: Horacio Vivares.
Spanish, French, German adaptations: Simei Monteiro.

38. Oye, Señor

Betty Hernández
and Maritza Dixon
Betty Hernández
and Maritza Dixon: Mexico/Panama
Dm
♩ = 85
O - ye, Se - ñor, tu pue - blo te cla - ma.
Hear us, O Lord, your peo - ple cry to you.
En - tends, Seig - neur, ton peu - ple qui t'ap - pelle.
Ou - ve, Se - nhor, teu po - vo cla - ma a Ti.
Hör uns, oh Herr, dein Volk ruft nach dir.
Dm
O - ye, Se - ñor, tu pue - blo te cla - ma.
Hear us, O Lord, your peo - ple cry to you.
En - tends, Sei - gneur, ton peu - ple qui t'ap - pelle,
Ou - ve, Se - nhor, teu po - vo cla - ma a Ti.
Hör uns, oh Herr, dein Volk ruft nach dir.
C
A7
Dm
Dá - nos tu for - ta - le - za
Give us your stead - fast cour - age
don - - ne - nous cou - ra - ge
Da - nos tua for - ta - le - za
Schen - ke uns Mut und Stär - ke,
A7
Dm
y a - vi - va nues - tra fé.
to live out our faith with strength.
pour for - ti - fier no - tre foi.
e a - vi - va nos - sa fé.
den Glau - ben uns er - neur'!
A7
Dm
A7
Dm
¡O - ye, Se - ñor! ¡O - ye, Se - ñor!
Hear us, O Lord. Hear us, O Lord.
En - tends, Sei - gneur, en - tends, Sei - gneur.
Ou - ve, Se - nhor! Ou - ve, Se - nhor!
Er - hör uns Herr! Er - hör uns Herr!

39. Pelas dores deste mundo

A7 D G
A tu - a paz, ben - di - ta e ir - ma -
We pray for peace, the bles - sed peace that
Se - a tu paz, ben - di - ta y her - ma -
Gib Dei - nen Frie - den, Ge - rech - tig - keit und
A7 F♯m
na - da co'a jus - ti - ça a -
comes from mak - ing jus - tice, to
na - da a la jus - ti - cia que a -
Se - gen für die Völ - ker! Schließ
Bm G A
bra - ce o mun - do in - tei - ro. tem com - pai - xão!
cov - er and em - brace us. Have mer - cy, Lord!
bra - ce al mun - do en - te - ro: ¡ten com - pa - sión!
uns in Dei - ne Ar - me, er - bar - me Dich!
A7 D G
O teu po - der sus - ten - te o tes - te -
We pray for power, the power that will sus -
Que tu po - der sus - ten - te el tes - ti -
Zeig Dei - ne Macht! Wir sind Dein Volk, wir
A7 F♯m
mu - nho do teu po - vo. Teu
tain your peo - ple's wit - ness: un -
mo - nio de tu pue - blo; tu
wol - len Dich be - zeu - gen! Herr,
Bm G D
Rei - no ve - nha a nós! Ky - ri - e e - le - i - son!
til your King - dom come, Ky - ri - e e - le - i - son!
Rei - no ven - ga hoy, ¡Ky - ri - e e - le - i - son!
komm mit Dei - nem Reich! Ky - ri - e e - le - i - son!

40. Gloria
Luke 2:14
Cueca
♩.=72
Pablo Sosa, Argentina
F
Glo - ria, glo - ria, glo - ria
Gló - ria, gló - ria, gló - ria,
Eh - re, Eh - re, Eh - re,
Gloi - re, Gloi - re, Gloi - re,
Glo - ria, glo - ria, glo - ria,
C7
en las al - tu - ras a Dios.
nas al - tu - ras, gló - ria a Deus.
Eh - re im Him - mel sei Gott.
dans les lieux très hauts à Dieu.
glo - ry be to God on high.
C
F
Y en la tie - rra paz a la gen - te
E na ter - ra paz pa - ra o po - vo
Und auf Er - den Fried' un - ter de - nen,
Sur la ter - re paix à ceux qui ai -
And on earth peace to the peo - ple in
C
F
que a - ma el Se - ñor.
que a - ma ao Se - nhor.
die ihn lie - ben.
ment le Sei - gneur.
whom God is well pleased.

41. Aleluya. ¡El Señor resucitó!

Honduran traditional

Tune: from Honduras
Arrangement: John L. Bell

Aleluya. Aleluya.
Alleluya. Aleluya.
Alleluya. Aleluya.
¡El Senõr resucitó!

Alleluia. Alleluia.
Alleluia. Alleluia.
Alleluia. Alleluia.
Christ, the Lord is ris'n indeed.

Aleluia. Aleluia.
Aleluia. Aleluia.
Aleluia. Aleluia.
O Senhor ressuscitou!

Halleluja! Halleluja!
Halleluja! Halleluja!
Halleluja! Halleluja!
Auferstanden ist der Herr!

Alléluia. Alléluia.
Alléluia. Alléluia.
Alléluia. Alléluia.
Le Christ est ressucité!

42. Ameni

Amen

43. Icon of grace

Trisha Watts and Monica O'Brien, Australia

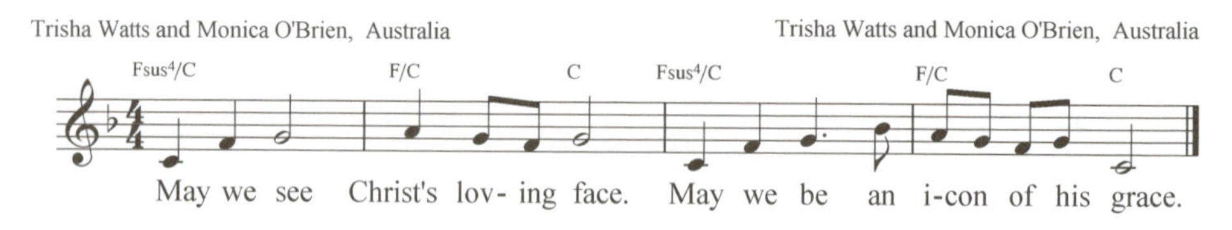

Que vejamos o rosto amoroso de Cristo. Que sejamos um ícone da sua graça.
Que veamos el rostro amoroso de Cristo. Que seamos un icono de su gracia.
Puissions nous voir le visage plein d'amour du Christ. Que nous soyons une icône de sa grâce.
Mögen wir das liebende Angesicht Christi sehen. Mögen wir eine Ikone seiner Gnade sein.

44. Behold, I make all things new

Based on Revelation 21:5
John L. Bell

John L. Bell, Scotland

Eis que faço novas todas as coisas.
Yo hago nuevas todas las cosas.
Voici: je renouvelle toutes choses.
Siehe, ich mache alles neu!

45. Yarabba ssalami

46. Aleluya Y'in Oluwa

2. E k'orin ayo s'Oluwa
   e k'orin ayo s'Oluwa
   ka f'ope fun ka si tun maa jo
   e k'orin ayo s'Oluwa
3. E k'orin e lu'lu f'Oluwa
   e k'orin e lu'lu f'Oluwa
   O seun, o seun, o seun, o seun baba
   e k'orin e lu'lu f'Oluwa

2. Songs of joy sing to the Lord.
   Songs of joy sing to the Lord.
   Dancing and singing your praises to God,
   songs of joy sing to the Lord.
3. Beat the drums; sing out for the Lord.
   Beat the drums; sing out for the Lord.
   Praises, high praises, give thanks to the Lord.
   Beat the drums; sing out for the Lord.

2. Freudenlieder singt uns'rem Gott!
   Freudenlieder singt uns'rem Gott!
   Tanzend und singend bringt dar euer Lob!
   Freudenlieder singt uns'rem Gott!
3. Schlagt die Trommeln zu Gottes Lob!
   Schlagt die Trommeln zu Gottes Lob!
   Singt Gott, oh singt Gott, oh singt uns'rem Gott!
   Schlagt die Trommeln zu Gottes Lob!

2. Aleluia, dançai, cantai!
   Aleluia, dançai, cantai!
   Alegremente com grato louvor.
   Aleluia, dançai, cantai!
3. Alegria no Senhor!
   Alegria no Senhor!
   Toquem tambores em alto e bom som.
   Alegria no Senhor!

47. O God in your grace

Theme for the 9th Assembly of the WCC

Rev. Paul G. Jansen

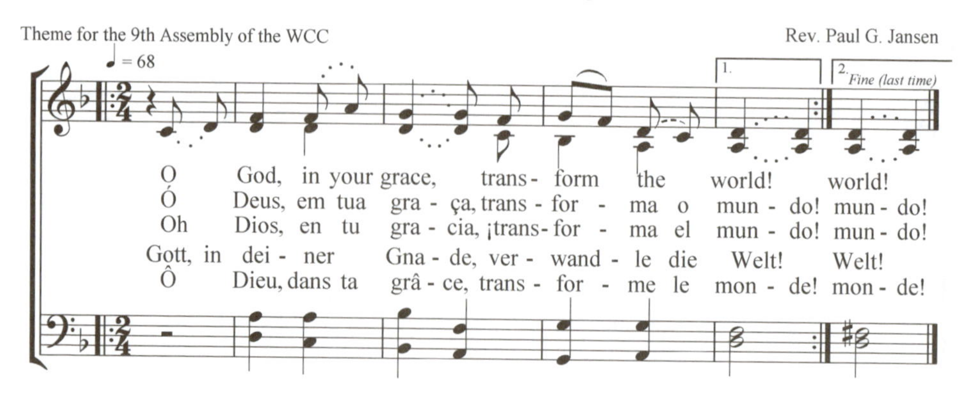
♩ = 68
1.
2. Fine (last time)
O God, in your grace, trans- form the world! world!
Ó Deus, em tua gra - ça, trans - for - ma o mun - do! mun - do!
Oh Dios, en tu gra - cia, ¡trans- for - ma el mun - do! mun - do!
Gott, in dei - ner Gna - de, ver - wand - le die Welt! Welt!
Ô Dieu, dans ta grâ - ce, trans - for - me le mon - de! mon - de!

48. Seigneur, rassemble-nous

Dominique Ombrie, France

Dominique Ombrie, France

Refrain
Sei - gneur, ras - sem - ble - nous
U - nite us, Lord, in peace
Im Frie - den mach' uns eins,
dans la paix de ton a - mour.
and up - hold us with your love.
schenk uns dei - ne Lie - be, Herr!
1. Nos fau - tes nous sé - pa - rent, ta
1. Our faults di - vide and hin - der; your
1. Es trennt uns uns - re Sün - de, doch
grâ - ce nous u - nit; la joie de ta vic -
grace can make us one; we won - der at your
dei - ne Gna - de eint. Dein Sieg ist uns' - re
toi - re é - clai - re no - tre nuit.
ris - ing, your light is like the sun.
Freu - de, er - leuch - tet uns' - re Nacht.

2. Tu es notre espérance parmi nos divisions;
plus haut que nos offenses s'élève ton pardon.

3. Seigneur, vois la misère des peuples affamés.
Partage à tous nos frères le pain de l'unité.

4. Heureux le coeur des pauvres qui cherchent l'unité!
Heureux dans ton royaume les soeurs retrouvées.

5. Fais croître en notre attente l'amour de ta maison;
l'Esprit dans le silence fait notre communion.

6. Ta croix est la lumière qui nous a rassemblés;
O joie de notre terre, tu nous as rachetés.

7. La mort est engloutie, nous sommes délivrés:
qu'éclate en nous ta vie Seigneur ressuscité!

2.You are our expectation in loneliness and pain;
your healing and your pardon are greater than our sin.

3. Lord, look upon the starving and set the captive free.
Share out among our sisters the bread of unity.

4. How happy are the people who strive to be at one,
who learn to live as brothers, who lay their hatred down.

5. O Lord, whose silent spirit enlightens and endows,
make us in faith receptive and help us love your house.

6.Your cross will draw together the bread of humankind;
in you shall all the people their true communion find.

7. Death can no longer hurt us, triumphant is your word.
Let life now grow and blossom, O Jesus, risen Lord!

2. Du, Herr, bist unsre Hoffnung in der Zerrissenheit.
Wir haben dich beleidigt, trotzdem verzeihst du uns.

3. Herr, sieh, die Menschen leiden am Hunger, der sie quält.
Teil aus unter uns allen das Brot der Einigkeit.

4. Preist glücklich alle Armen, die auf der Suche sind!
Preist glüclich alle Menschen, die zu Dir heimgekehrt!

5. Laß in uns allen wachsen die Liebe für dein Reich!
Dein Geist wirkt in der Stille Gemeinschaft unter uns.

6. Dein Kreuz wirft helle Strahlen, die haben uns vereint.
O Glück, weil du die Erde uns wieder lieben lehrst!

7. Der Tod ist jetzt verschlungen, wir Menschen sind befreit!
Durchdringe unser Leben, du auferstand'ner Herr!

49. Song for peace

Theme Song 2004 US Focus "The Power and Promise of Peace" (www.overcomingviolence.org)

2. Anger colors all our history.
Wrongs are old, and pain is deep.
So soldiers take their guns and march to war.
Death takes hold while justice sleeps.
Peace is calling us to change the plan.
This is the day, this is the hour.
To make a diff'rence
we must take a stand.
This is the promise and the pow'r.

Refrain:
And if a dove can fly, then our dreams can soar.
We shall overcome. What's the fighting for?
Let's give peace a chance all the people sing.
Come and join the dance.
Let the dove take wing!

3. Blessed, blessed are the peacemakers.
They shall be the chosen ones.
Release the dove, it may return again.
Or it may fly beyond the sun. *(to refrain)*

Refrain:
And if a dove can fly, then our dreams can soar.
We'll tear down the walls, open ev'ry door.
Let's give peace a chance all the people sing.
Come and join the dance.
Let the dove take wing!

2. Con matices de odio y de rencor
Nuestra historia es de dolor.
Marchan pueblos tras la guerra van.
La muerte reina sin razón.
La paz nos llama hacia un nuevo plan.
Esta es la hora, el día es hoy.
Renovar el mundo es nuestro fin
En la promesa y el poder.

Refrán:
Y nuestro sueño así cual ave volará.
Venceremos sí. ¿Por qué más pelear?
Démosle a la paz la oportunidad.
¡Todos bailarán la danza de la paz!

3. Son dichosos los que quieren paz.
Escogidos son de Dios.
Suelta el ave y a ti volverá
O volará al más allá. *(para el refrán)*

Refrán:
Y nuestro sueño así cual ave volará.
Paredes caerán, puertas se abrirán.
Démosle a la paz la oportunidad,
¡Ven y baila hoy la danza de la paz!

50. Ó Deus, em tua graça

Theme for the 9th Assembly of the WCC

Tércio B. Junker, Brazil

Ó Deus, em tu - a gra - ça, trans-for - ma o mun - do!

¡Dios, en tu gracia, transforma el mundo!
God, in your grace, transform the world!
Dieu, dans ta grâce, transforme le monde!
Gott, in deiner Gnade, verwandle die Welt!

51. Word of justice

Bernadette Farrell, UK

Bernadette Farrell, UK

2. Word of mercy, Alleluia, live among us. Maranatha!
3. Word of power, Alleluia, live within us. Maranatha!
4. Word of freedom, Alleluia, save your people. Maranatha!
5. Word of healing, Alleluia, heal our sorrow. Maranatha!
6. Word of comfort, Alleluia, bring us hope now. Maranatha!
7. Word of gladness, Alleluia, fill our hearts now. Maranatha!
8. Word of wisdom, Alleluia, come renew us. Maranatha!

2. Tu pardonnes, Alléluia, tu te donnes, Maranatha!
3. Tu es force, Alléluia, et puissance, Maranatha!
4. Tu libères, Alléluia, tu nous sauves, Maranatha!
5. Ta guérison, Alléluia, nous l'attendons, Maranatha!
6. Tu consoles, Alléluia, nos tristesses, Maranatha!
7. Allégresses, Alléluia, et tendresse, Maranatha!
8. O sagesse, Alléluia, ô promesse, Maranatha!

2. Wort der Gnade, Halleluja, sei uns Leben. Maranatha!
3. Wort der Stärke, Halleluja, sei uns Beistand. Maranatha!
4. Wort der Freiheit, Halleluja, bring Erlösung. Maranatha!
5. Wort der Heilung, Halleluja, heile Wunden. Maranatha!
6. Wort des Trostes, Halleluja, stärke Hoffnung. Maranatha!
7. Wort der Freude, Halleluja, füll die Herzen. Maranatha!
8. Wort der Weisheit, Halleluja, komm, erneu're. Maranatha

52. Na oe

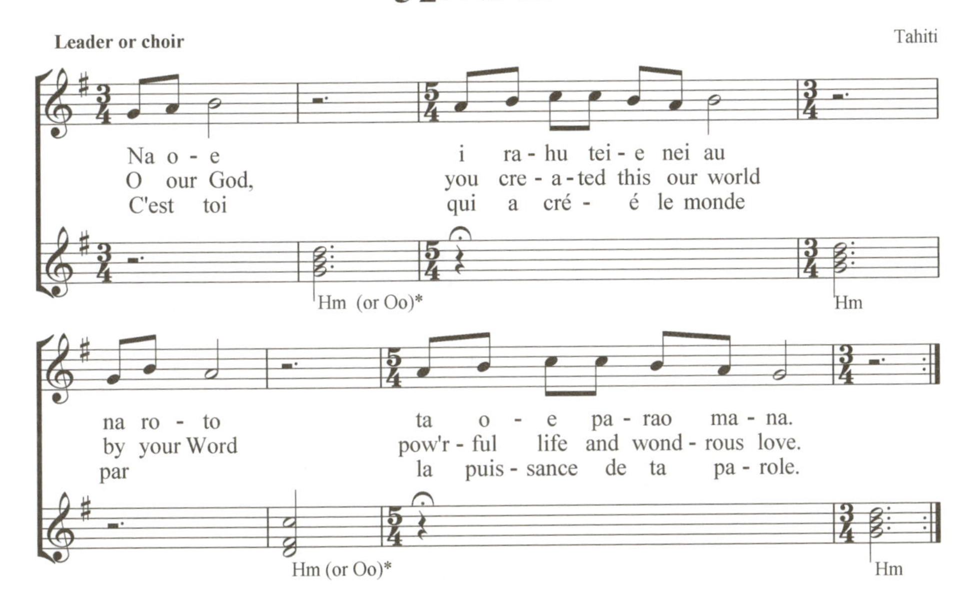

*"Hm (or O o)" = "yes" or "I agree." / "sim" ou "concordo" /"sí" o "de acuerdo" / "oui" ou "d'accord" / "ja" oder "stimmt"

Nosso Deus, tu criaste nosso mundo por tua palavra, poder e amor.
Nuestro Dios, has creado nuestro mundo por tu palabra, poder y amor.
Du bist es, der diese Welt geschaffen hat, durch die Kraft deines Wortes.

53. Faafetai i le Atua

Traditional: Samoa

2. Faafetai i lona Alo,
Lena afio mai luga,
Le ua fai ma faapaolo
Ai le puapuaga.
Refrain

3. Faafetai i le Agaga,
Le fesoasoani mai,
E manuia ai talosaga,
Atoa uma mea e fai.
Refrain

2. From above,
the Christ descended
unafraid to share our state.
Through a suffering befriended,
Christ protects us from blind fate.
Refrain

3. With deep sighs
for interceding,
when our prayers have lost all words,
Spirit blesses, fills our needing
with a whisper surely heard.
Refrain

2. Remercions le Fils incarné,
qui partage nos destinées,
sa souffrance nous a sauvés.
Christ est là pour nous aider.
Refrain

3. Quand on prie, dans la tristesse,
sans savoir dire pourquoi,
qui l'esprit, dans nos faiblesses
vienne nous parler de Toi.
Refrain

2. Christus ist herabgestiegen
ohne Furcht vor uns'rem Los.
Durch sein Leiden uns verbunden,
macht er uns're Hoffnung groß.
Refrain

3. Müssen uns nur Seufzer bleiben,
muß das Beten sprachlos sein,
kommt der Geist in uns're Schwachheit,
flößt uns seine Kräfte ein.
Refrain

54. Adom

Language: Twi, Ghana

Unknown, Ghana

1. Ode ahyira yen. 2. Ode agye yen nkwa. 3. Ode akye yen kwa. 4. Ode asesa yen.

Oh Grace! Whose Grace is it? Oh Grace! It is God's Grace.
...with which he has blessed us!...with which he has saved us!
...which he has given us for free!...with which he has transformed us!

Ó Graça! Qual graça? Ó Graça! É a graça de Deus.
...com a qual ele nos abençoa!...com a qual ele nos salva!...que nos deu de graça!...que nos transforma!

¡Oh Gracia! ¡Cual Gracia? ¡Oh Gracia, Gracia de Dios!
...¡que nos bendice!...¡por la cual nos salvó!...¡que nos fue dada de gracia!...¡que nos transforma!

55. Komm, Gott, mit deiner Gnade

Eugen Eckert, Germany

Winfried Heurich, Germany

2. Komm, Gott mit Heil und Segen in unheilschwang'rer Zeit.
Komm uns erneut entgegen, Gott, der du einst befreit
dein Volk von Fron und Ketten, aus Angst und Sklaverei.
Du kannst auch uns erretten, hilf uns und mach uns frei.

3. Komm, Gott, mit Perspektiven in sinnentleerter Zeit.
Führ uns aus Seelentiefen und Oberflächlichkeit.
Sieh nicht auf unsre Sünden, du, der du Schuld vergibst.
Laß uns erlöst verkünden, dass du die Menschen liebst.

4. Komm, Gott, dass wir uns freuen an uns geschenkter Zeit.
Mach uns zu einem neuen, dem Weg mit dir bereit.
Wir werden lernen müssen, dass nur auf dein Wort hin
sich Recht und Frieden küssen, das Zukunft blüht und Sinn.

2. Viens, Seigneur, pour nous bénir, dans ces temps agités.
Viens à nous pour nous guérir, et pour nous délivrer.
Car ton peuple est enchaîné, esclave de la peur.
Et tu peux tous nous sauver, toi, le libérateur.

3. Viens, Seigneur, pour nous dire comment vivre aujourd'hui.
Et comment approfondir notre foi, notre vie.
Pardonne-nous nos péchés, nos fautes, nos erreurs.
Oui, donne-nous d'annoncer ton amour rédempteur.

4. Viens, Seigneur, mettre la joie au sein de notre vie.
Et viens nous montrer la voie que tu nous a choisie.
Il nous faudra apprendre que c'est avec tes mots
que nous pourrons comprendre ce qui est juste et beau.

2. Em tempos de ameaça estende-nos a mão,
teu povo já amparaste em dura escravidão.
Ó, rompe as correntes, desperta com tua voz
aquela fé ardente: Tem piedade de nós.

3. Em tempos sem sentido, marasmo e depressão
promove em nós valores de mútua aceitacão.
De mil banalidades, surdez à tua voz
redime-nos por graça: Tem piedade de nós.

4. Em tempos de injustica renova o ardor
que a paz e a justica se abracem em amor.
Ensina-nos caminhos e não nos deixe a sós.
Renova nosso mundo: Tem piedade de nós.

56. May the love of the Lord

Words: Maria Ling Poh Choo, 1992
based on Numbers 6: 24-26

SOON TI
Music: Swee Hong Lim, 1992, Singapore

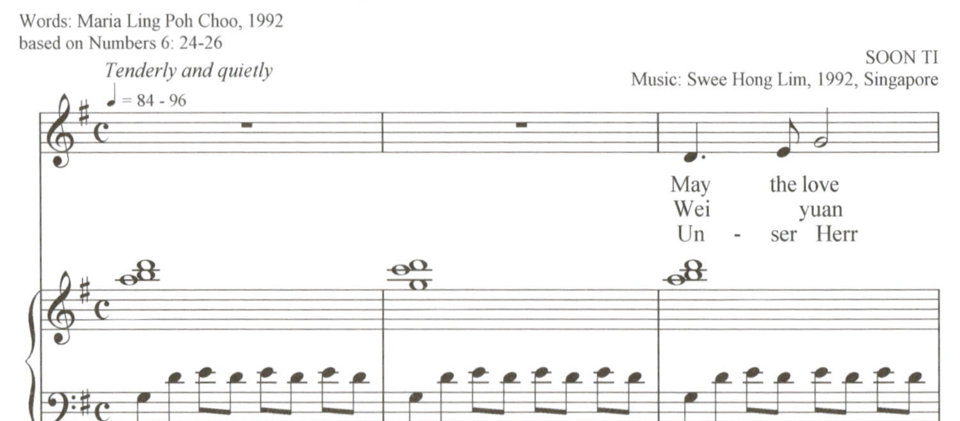
Tenderly and quietly
♩ = 84 - 96
May the love
Wei yuan
Un - ser Herr

of the Lord, rest u- pon your soul.
Shen di ai fu - wei ni di ling,
sei bei dir, sei - ne Lie - be bei dir.

May His love dwell in you, through - out ev - ery
mei shi - ke ta di ai zhu zai ni xin
Un - ser Herr tra - ge dich durch den lan - gen

Performance Suggestions:
1. Simple improvisation of the accompaniment is encouraged.
2. The alternate text is Hanyu Pinyin (International Romanized Chinese)

57. Salwalqulubi

INSTRUMENT (ad lib.)
Arabic tradition
from El Kasilik, Lebanon
♩=56
Sal - wal - qu - lu - bi qal - bul - 'ath - ra - 'i
You can con - sole hearts hea - vy with sad - ness.
Du kannst die trau - ri - gen Her - zen er - qui - cken.
Viens con - so - ler la tris - tes - se de nos coeurs,
Con - sue - la los co - ra - zo - nes do - li - dos.
Vem con - so - lar co - ra - ções do - lo - ri - dos.
nu - ru - du - ru - bi nah - wa - sa - ma - 'i.
You light the path - way lead - ing to glad - ness.
Du kannst den Weg zur Freu - de uns wei - sen.
viens é - clai - rer no - tre che - min vers ton bon - heur.
Da - les tu luz, llé - va - los a la vi - da.
Dá - lhes tua luz, vem gui - á - los à vi - da.

58. Soorp Astvatz

Սուրբ Աստուած Սուրբ եւ հզօր Սուրբ եւ անմահ
որ խաչեցար վասըն մեր ողորմեա մեզ:

Holy God, Holy Mighty, Holy Immortal: you who were crucified for us, have mercy on us.
Santo Deus, Santo e Poderoso, Santo Imortal: tu que foste crucificado por nós, tem piedade de nós.
Santo Dios, Santo y Poderoso, Santo Imortal: tú que fuiste crucificado por nosotros, ten piedad de nosotros.
Dieu saint, saint et fort, saint et immortel: toi qui as été crucifié pour nous, aie pitié de nous.
Heiliger Gott, heiliger, allmächtiger und ewiger Gott, der du für uns gekreuzigt wurdest, hab Erbarmen mit uns.

59. Moran ethra hama'lain

Aramaic

as taught by Mar Gregorios Yohanna Ibrahim: Syria

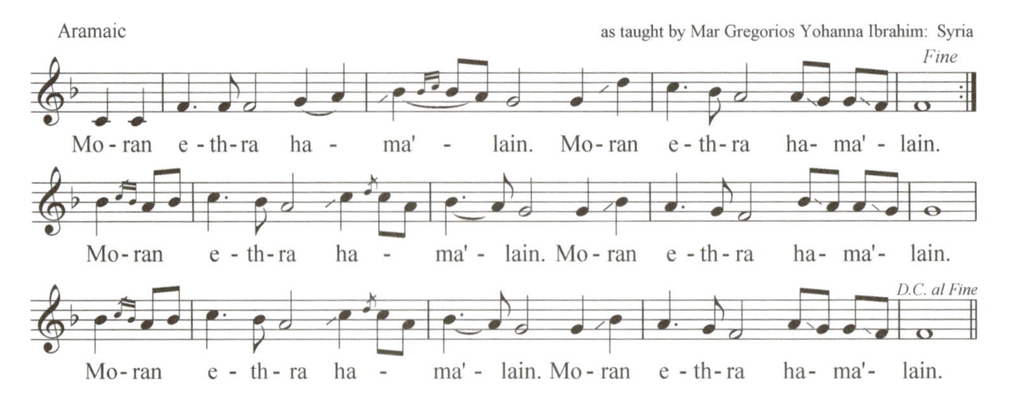

Lord, have mercy on us.
Herr, erbarme dich unser.
Seigneur, aie pitié de nous.
Señor, ten piedad de nosotros.
Senhor, tem piedade de nós.

60. Let there be light

Frances Wheeler Davis

CONCORD Robert J. B. Fleming, Canada

2. Open our lips,
open our minds to ponder,
open the door of concord
opening into grace.

3. Perish the sword,
perish the angry judgment,
perish the bombs and hunger,
perish the fight for gain.

4. Hallow our love,
hallow the deaths of martyrs,
hallow their holy freedom,
hallowed be your name.

5. Your kingdom come,
your Spirit turn to language,
your people speak together,
your Spirit never fade.

6. Let there be light,
open our hearts to wonder,
perish the way of terror,
hallow the world God made.

2. Dá-nos mais voz
e as nossas mentes abre
e com os dons da graça
infunde em nós o amor.

3. Não mais o horror
dos julgamentos falsos
nem fome, bombas, guerras
nem ambição mortal.

4. E nosso amor
santificado seja,
e a liberdade plena
dá-nos da tua mão.

5. Transforma em nós
o Espírito em linguagem
e assim conversaremos
em compreensão enfim.

6. Faça-se luz
e os corações desperta
em ti maravilhados
honrando a criação.

2. Schliesst auf die Tür,
die Arm und Reich noch trennen,
öffnet dem Leben Chancen,
Schuldenerlass bringt ein.

3. Hass, den lasst sein!
Gebt der Gewalt den Abschied.
Bomben und Hunger ächtet,
Kampf muss nicht länger sein.

4. Liebe gebt Raum,
ihre Zeugen achtet!
Ihre Freiheit schützet!
Ihren Kreis macht weit!

5. Gott, dein Reich komm!
Dein Geist berühr die Menschen,
dass Worte Flügel kriegen
und Fronten überspring'.

6. Licht füll die Welt,
den Herzen wachse Hoffnung,
Terror und Mord verschwinde,
lass endlich Frieden sein.

2. Ouvre nos coeurs,
et ouvre aussi nos lèvres,
pour y laisser renaître
ta grâce et ta bonté.

3. Chasse la haine,
et chasse la colère,
les bombes et la misère,
avec l'appât du gain.

4. Viens sanctifier
notre amour et nos martyrs,
que ton nom soit sanctifié,
avec la liberté.

5. Que vienne enfin
ton esprit et ton règne,
que nous soyons réunis,
pour parler et agir.

6. Que ta clarté
pour nos coeurs soit merveille,
que la terreur s'efface,
qu'on trouve enfin la paix.

61. Tenemos esperanza

Gm C7 F
por - que par - tió los co - ra - zo - nes du - ros
por - que par - tiu os co - ra - ções mais du - ros
be - cause he o - pened hearts of hun - gry peo - ple,
er - starr - te Her - zen end - lich zu er - wei - chen
B♭Maj7 G♯dim7 A7 Dm
y le - van - tó las al - mas a - ba - ti - das.
e le - van - tou os tris - tes e a - ba - ti - dos.
and brought new life to all who would re - ceive it.
und die zu stüt - zen, die am Bo - den lie - gen.
Refrain
Gm7 Csus C7
Por e - so es que hoy te - ne - mos es - pe - ran - za;
Por is - so é que ho - je te - mos es - pe - ran - ça,
In hope we are for - ev - er ce - le - brat - ing
Und da - rum sind wir heu - te vol - ler Hoff - nung,
FMaj7 B♭
por e - so es que hoy lu - cha - mos con por - fí - a;
por is - so é que lu - ta - mos des - te - mi - dos,
with cour - age in our strug - gle we are wait - ing,
und da - rum kämp - fen wir heut' oh - ne Zit - tern,
Edim7 A7
por e - so es que hoy mi - ra - mos con con - fian - za, el por - ve -
por is - so o - lha - mos ho - je com con - fian - ça pa - ra o por -
in trust and re - as - sur - ance we are claim - ing: this is our
und da - rum bli - cken wir heut' voll Ver - trau - en in ei - ne
Cm6/E♭ D7
nir, en es - ta tie - rra mí - a.
vir dos po - vos o - pri - mi - dos.
song of free - dom for all peo - ple.
neu - e Zu - kunft für uns al - le.

2. Porque atacó a ambiciosos mercaderes
y denunció maldad e hipocresía;
porque exaltó a los niños, las mujeres,
y rechazó a los que de orgullo ardían.
Porque El cargó la cruz de nuestras penas
y saboreó la hiel de nuestros males;
porque aceptó sufrir nuestra condena
y así morir por todos los mortales.

3. Porque une aurora vió su gran victoria
sobre la muerte, el miedo, las mentiras;
ya nada puede detener su historia,
ni de su Reino eterno la venida.

2. Porque atacou corruptos mercadores,
e denunciou maldade e hipocrisia,
porque exaltou crianças e mulheres,
e condenou os que de orgulho ardiam.
Porque levou a cruz de nossas penas
e saboreou o fel de nossos males;
porque aceitou sofrer a nossa culpa
e assim morrer por todos os humanos.

3. Porque uma aurora viu sua vitória
sobre as mentiras, sobre a morte e o medo.
Já nada pode interromper sua história,
nem a chegada de seu Reino eterno.

2. Because he dealt with all the angry merchants
and he declared the evil of their doings,
because he lifted every child and woman
and put aside the proud and hateful people,
because he bore a cross for all our sorrow
and knew our every weakness and temptation,
because he took the pain of condemnation
and then he died for every kind of person.

3. Because his triumph came one early morning
and he defeated death and fear and sorrow,
because he moved triumphant to the future
to bring a Kingdom saving all tomorrow.

2. Gegen den Ehrgeiz der Geschäftemacher
hat er gekämpft, und gegen jede Lüge,
den Frauen, Kindern eig'nen Wert gegeben,
aber die stolz und hart sind abgewiesen.
Er trug mit uns das Kreuz all uns'rer Schmerzen
und litt wie wir die Qual all uns'rer Übel,
war selbst bereit, der Menschen Schuld zu teilen,
um so den Tod für immer zu besiegen.

3. Weil uns're Welt dies Zeichen seiner Macht sah
über den Tod, die Angst und alle Lügen,
ist heute schon sein Wirken unaufhaltsam
und wird auf Dauer niemals unterliegen.

62. O heavenly King

Orthodox tradition
Prayer to the Holy Spirit

Russia

pri - i - di i vsi - lii - sja v ni
come and cleanse us from ev - ery stain.
komm und nimm Woh - nung bei uns.
viens, Sei - gneur, ha - bi - ter en nous,
i a - chii - sti ni at vsja - ki - ja skv - er - ni
And take up Your a - bode in us, O God.
Rei - ni - ge uns von Schand'und al - lem Scha - den;
pu - ri - fie - nous de tou - tes les souil - lu - - res
i spa - si Bla - zhe duu - shi na - a - sha.
And save our souls, O Ho - ly One.
O Gott, er - ret - te uns' - re See - len.
E - ter - nel, viens sau - ver nos â - - mes.

63. Anaweza

Kenyan hymn
as taught by James Waithaka

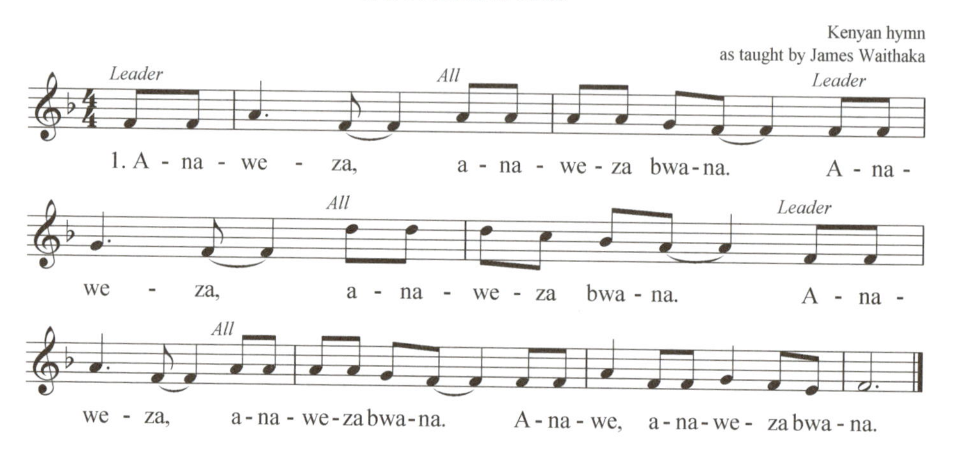

2. Ku-o-ko-a,... 3. Ku-sa-me-he,...4. Ku-hi-fa-dhi,... 5. Ku-ko-mbo-a,...

1. Gott ist mächtig.
2. Gott kann retten.
3. Gott vergibt.
4. Gott schützt uns.
5. Gott befreit uns.

1. The Lord is able.
2. The Lord is able to save.
3. The Lord is able to forgive.
4. The Lord is able to keep us secure.
5. The Lord is able to deliver.

1. O Senhor é poderoso.
2. Poderoso para salvar.
3. Poderoso para perdoar.
4. Poderoso para nos guardar.
5. Poderoso para nos libertar.

1. El Señor es poderoso.
2. Poderoso para salvar.
3. Poderoso para perdonar.
4. Poderoso para guardarnos.
5. Poderoso para liberarnos.

1. Le Seigneur est tout puissant.
2. Il est puissant pour nous sauver.
3. Il est puissant pour nous pardonner.
4. Il est puissant pour nous garder.
5. Il est puissant pour nous délivrer.

64. Stand firm

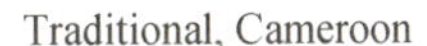

Traditional, Cameroon

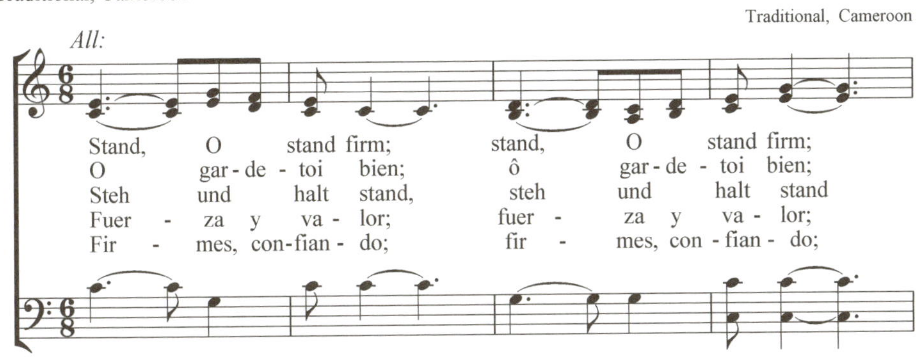

Original text and music: Cameroon traditional. German: Dieter Trautwein
 Spanish: Juan Gattinoni. Portuguese: Simei Monteiro

65. Mutirão da vida

2. A criançada toda vai se divertir;
De oito a oitenta anos todos vão contribuir.
E quem achar que é muito novo ou muito velho
Vai ouvir nosso conselho, vai brincar e ser feliz.

3. A natureza vai de novo florescer
e dos frutos dessa terra os famintos vão comer.
E quem achar que o importante é a abundância
Vai ver que sua ganância é uma grande insensatez.

4. No dia a dia, no trabalho e no lazer,
Toda a gente vai fazendo o mutirão acontecer.
E quem achar que isso é sonho ou utopia
Vai ver que a fantasia também tem lugar e vez.

(Not singable)
Refrain:
"mutirão" (community work force) of life is life in "mutirão" (working communally)
It is people gathered together, it´s participation
In the "mutirão" of life there is life in communion
Death is conquered, liberation reigns.

1. Whoever sings, sing; whoever dances, will dance
And singing or dancing, others will join in.
Those who believe they have no rhythm or sing out of tune
Will change their lot in a song of love and peace

2. The children will all have fun
From eight to eighty all will contribute.
And whoever feels they are too young or too old,
will hear our counsel, will play and be happy.

3. Nature will bloom again
and the hungry will eat from the fruits of the earth.
And whoever feels that what's important is abundance
will see that their greed is great foolishness.

4. In the day to day, in work and in leisure,
All people make this "mutirão" happen
And whoever thinks this is a dream or utopia,
will see that there is also a place and time for fantasy.
(Edson Ponick)

66. O for a thousand tongues to sing

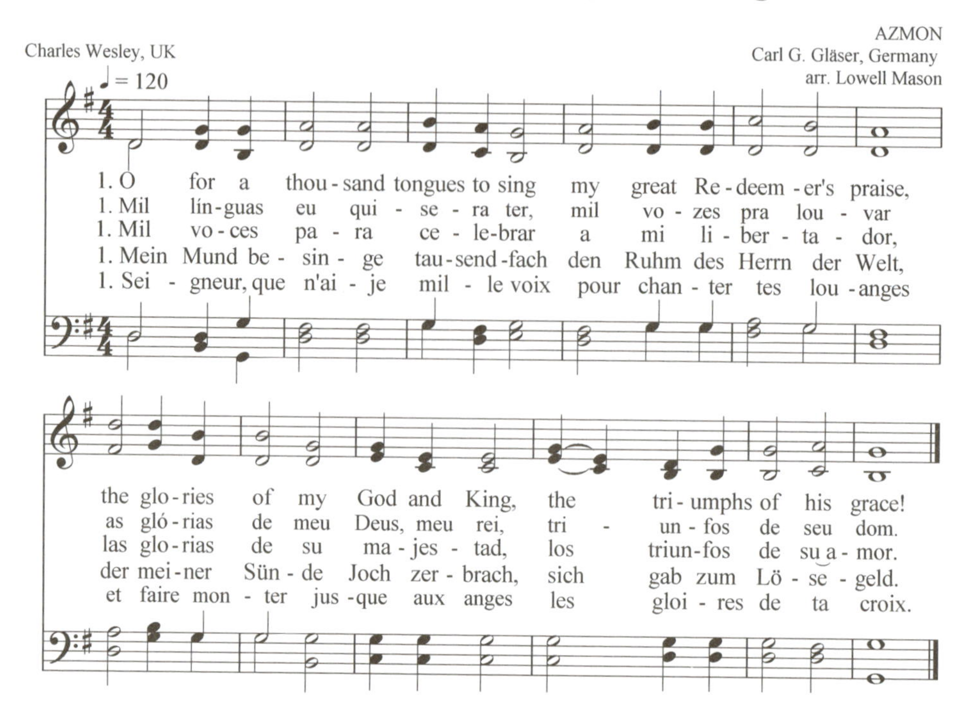

AZMON
Charles Wesley, UK
Carl G. Gläser, Germany
arr. Lowell Mason
♩ = 120
1. O for a thou-sand tongues to sing my great Re-deem-er's praise, the glo-ries of my God and King, the tri-umphs of his grace!
1. Mil lín-guas eu qui-se-ra ter, mil vo-zes pra lou-var as gló-rias de meu Deus, meu rei, tri-un-fos de seu dom.
1. Mil vo-ces pa-ra ce-le-brar a mi li-ber-ta-dor, las glo-rias de su ma-jes-tad, los triun-fos de su a-mor.
1. Mein Mund be-sin-ge tau-send-fach den Ruhm des Herrn der Welt, der mei-ner Sün-de Joch zer-brach, sich gab zum Lö-se-geld.
1. Sei-gneur, que n'ai-je mil-le voix pour chan-ter tes lou-anges et faire mon-ter jus-que aux anges les gloi-res de ta croix.

2. My gracious Master and my God,
   assist me to proclaim,
   to spread through all the earth abroad
   the honors of thy name.
3. Jesus! the name that charms our fears,
   that bids our sorrows cease;
   'tis music in the sinner's ears,
   'tis life, and health, and peace.
4. He breaks the power of canceled sin,
   he sets the prisoner free;
   his blood can make the foulest clean;
   his blood availed for me.
5. He speaks, and listening to his voice,
   new life the dead receive;
   the mournful, broken hearts rejoice,
   the humble poor believe.
6. Hear him, ye deaf; his praise,
   ye dumb, your loosened tongues employ;
   ye blind, behold your savior come,
   and leap, ye lame, for joy.
7. Glory to God, and praise, and love
   be ever, ever given,
   by saints below, and saints above,
   the church in earth and heaven.

2. Gracioso mestre, meu Senhor,
   ajuda-me a pregar
   por toda a terra, céu e mar
   as honras do teu ser.
3. Jesus contigo sem temor
   se acaba a nossa dor;
   pro pecador és belo som,
   saúde, vida e paz.
4. O meu pecado e todo o mal
   teu sangue vem lavar;
   destrói as grades das prisões
   com tua santa mão.
5. Quando ele fala, a sua voz
   a vida a todos traz.
   O triste nele se compraz
   e o pobre, humilde, crê.
6. Os surdos ouvem afinal
   e os mudos vêm cantar;
   os coxos andam a saltar
   e os cegos já te vêem.
7. E glória a Deus, honra e louvor
   teus santos todos dão;
   e um canto novo entoarão
   unindo terra e céu.

2. Mi buen Señor, Maestro y Dios,
   que pueda divulgar
   tu grato nombre y su honor,
   en cielo, tierra y mar.
3. El dulce nombre de Jesús
   nos libra del temor
   en las tristezas trae luz,
   perdón al pecador.
4. Destruye el poder del mal
   y brinda libertad;
   al más impuro puede dar
   pureza y santidad.
5. El habla, y al oír su voz
   el muerto vivirá;
   se alegra el triste corazón,
   los pobres hallan paz.
6. Escuchen, sordos, al Señor;
   alabe el mudo a Dios;
   los cojos salten, vean hoy
   los ciegos al Señor.
7. En Cristo, pues conocerán
   la gracia del perdón
   y aquí del cielo gozarán,
   pues cielo es su amor.

2. O Gott, mein König und mein Herr,
   hilf, dass dich preist mein Wort
   und nichts als deines Namens
   Ehr sucht stets an jedem Ort.
3. Dein Name, Jesus, heilt den Schmerz,
   macht aus dem Leid ein Lied,
   dringt Sündern wie Musik ins Herz,
   ist Leben, Heil und Fried.
4. Er bricht ins Reich der Sünde ein,
   setzt die Gefangnen frei,
   sein Blut macht uns von Sünden rein,
   die Knechtschaft ist vorbei.
5. Er spricht; und neues Leben schenkt
   er dem, der an ihn glaubt.
   Es jubelt, wen die Welt gekränkt,
   der Arme hebt sein Haupt.
6. Ihr Tauben, hört ihn! Stumme, singt!
   Ihr seid zum Lob befreit.
   Seht, Blinde, den, der Heil euch bringt!
   Ihr Lahmen, springt vor Freud!
7. Dich lobt in alle Ewigkeit
   im Himmel und auch hier
   dein Volk mit Heilgen aller Zeit:
   Ruhm, Ehre, Liebe dir!

2. Jésus, mon Seigneur et mon Dieu
   que ton souffle m'anime.
   Pour que par moi ton Nom sublime
   retentisse en tous lieux.

3. Doux Nom qui fait tarir nos pleurs,
   ineffable harmonie.
   Tu répands la joie et la vie
   et la paix dans nos coeurs.

4. Désormais, je n'ai plus d'effroi,
   aucun mal ne m'accable.
   Ton sang rend pur le plus coupable,
   ton sang coula pour moi.

67. Nú hverfur sól í haf

Original words: Sigurbjörn Einarsson. Music: Þorkell Sigurbjörnsson. German: © Diertrich Werner. English: Per Harling.

2. Þú vakir, faðir vor,
ó, vernda börnin þín,
svo víð sem veröld er
og vonarstjarna skín,
ein stjarna hljóð á himni skín.

3. Lát daga nú í nótt
af nýrri von og trú
í myrkri hels og harms
og hvar sem gleymist þú
á jörð, sem átt og elskar þú.

4. Kom, nótt, með náð og frið,
kom nær, minn faðir hár,
og leggðu lyfstein þinn
við lífsins mein og sár,
allt mannsins böl, hvert brot og sár.

2. You are awake, O God,
protecting life that's weak
in all the whole wide world.
The star of hope we seek,
the star of hope heav'n we seek.

3. As day leads into night
let hope and life break through
where hate and sorrow reign,
where we're forgetting you,
on earth where we're forgetting you.

4. Come night with grace and peace,
be near us, God of love,
come with your healing pow'r
to all the pain of life,
to all the human pain of life.

2. Du schläfst und schlummerst nicht,
behütest Tag und Nacht,
was klein ist und was schwach.
Lass leuchten dein Angesicht,
lass leuchten uns dein Angesicht.

3. Zu Ende geht der Tag.
Lass Frieden in uns sein.
Wo Hass und Trauer sind,
lass neues Leben sein,
lass neues Leben für alle sein.

4. Bleib bei uns diese Nacht,
sei nah mit deiner Gnad.
Wo Schmerz und Trennung sind,
da lass jetzt Frieden sein;
lass uns, du Heiland, nicht allein.

68. Sois la semilla

2. Sois una llama que ha de encender
resplandores de fey caridad.
Sois los pastores que han de llevar
al mundo por sendas de paz.
Sois los amigos que quise escoger,
sois palabra que intento esparcir.
Sois reino nuevo que empieza a engendrar
justicia, amor y verdad.

3. Sois fuego y savia que vine a traer,
sois la ola que agita la mar.
La levadura pequeña de ayer
fermenta la masa del paz.
Una ciudad no se puede esconder,
ni los montes se han de ocultar,
en vuestras obras que buscan el bien
el mundo al Padre verá.

2. You are the flame that will lighten the dark,
sending sparkles of hope, faith, and love;
you are the shepherds to lead the whole world
through valleys and pastures of peace.
You are the friends that I chose for myself,
the word that I want to proclaim.
You are the new kingdom built on a rock
where justice and truth always reign.

3. You are the life that will nurture the plant;
you're the waves in a turbulent sea;
yesterday's yeast is beginning to rise,
a new loaf of bread it will yield.
There is no place for a city to hide,
nor a mountain can cover its might;
may your good deeds show a world in despair
a path that will lead all to God.

69. Laudate Dominum

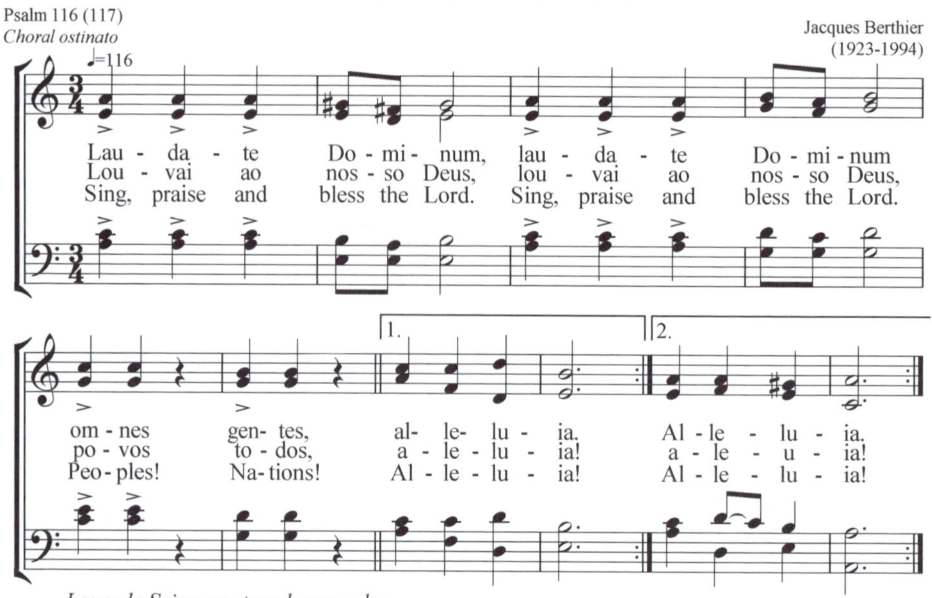
Psalm 116 (117)
Choral ostinato
Jacques Berthier
(1923-1994)
♩=116
Lau - da - te Do - mi - num, lau - da - te Do - mi - num
Lou - vai ao nos - so Deus, lou - vai ao nos - so Deus,
Sing, praise and bless the Lord. Sing, praise and bless the Lord.
1.
2.
om - nes gen- tes, al- le- lu - ia. Al - le - lu - ia.
po - vos to - dos, a - le - lu - ia! a - le - u - ia!
Peo - ples! Na - tions! Al - le - lu - ia! Al - le - lu - ia!

Louez le Seigneur, tous les peuples.
Lobt den Herrn, alle Völker.
Alabad al Señor pueblos todos.

70. Mutirão da transformação

Louis Marcelo Illenseer, Brazil
Louis Marcelo Illenseer, Brazil
♩ = 85
G D G
Quan - do a vi - da é em mu - ti - rão ve - jo a gra - ça de Deus em a - ção!
Am D G
Ve - jo trans - for - ma - ção, a - le - gri - a, en - con - tro e mui - to a - mor.
D G
Quan - do a vi - da é em mu - ti - rão ve - jo es - pa - ços de co - mu - nhão!
Am D G
Es - pe - ran - ça en - car - na - da de Cris - to Je - sus, nos - so Sal - va - dor!

71. Una espiga

Cesáreo Gabaraín, Spain
Cesáreo Gabaraín, Spain
A D7/A A
1. U - na es - pi - ga do - ra - da por el sol,
1.Sheaves of sum - mer turned gold - en by the sun,
F♯m E7
el ra - ci - mo que cor - ta el vi - ña - dor, se con -
grapes in branch-es cut down when ripe and red, are con -
D E7 A F♯m A
vier - ten a - ho - ra en pan y vi - no de a - mor en
vert - ed in - to the bread and wine of God's love in the
Bm E7 A
el cuer - po y la san - gre del Se - ñor.
bod - y and blood of our dear Lord.

2. We are sharing
the same communion meal,
we are wheat by the same great Sower sown;
like a millstone, life grinds us down
with sorrow and pain,
but God makes us new people bound by love.

2. Comulgamos
la misma Comunión,
somos trigo del mismo sembrador,
un molino, la vida
nos tritura con dolor,
Dios nos hace Eucaristia en el amor.

3. Like the grains
which become one same whole loaf,
like the notes that are woven into song,
like the droplets of water
that are blended in the sea,
we, as Christians, one body shall become.

3. Como granos
que han hecho el mismo pan,
como notas que tejen un cantar,
como gotas de agua
que se funden en el mar,
los cristianos un cuerpo formarán.

4. At God's table
together we shall sit.
As God's children, Christ's body we will share.
One same hope we will sing together
as we walk along;
brothers, sisters, in life, in love, we'll be.

4. En la mesa de Dios
se sentarán,
como hijos su pan compartirán.
Una misma esperanza
caminando cantarán,
en la vida como hermanos se amarán.

72. Dios, en tu gracia

Gerardo Oberman
Horacio Vivares, Argentina

2. El mundo, Dios, gira y gira,
aún sin saber hacia dónde va.
Dale tú un nuevo rumbo
camino a la vida, a la libertad.
Dejando atrás la desidia,
nuevos senderos pueden nacer;
el mundo te necesita
y tu inmensa gracia lo hará crecer.
Dios, en tu gracia, transforma al mundo,
renuévalo.
Dios, en tu gracia, convierte al mundo,
recréalo.

3. Misterio, esperanza, el mundo
es en tus manos barro de amor,
semilla sembrada al viento
que anuncia un tiempo de sanación,
un suelo que abraza la vida
como un regalo pleno de sol;
el mundo te necesita
y en cada suspiro late con vos.
Dios, en tu gracia, transforma al mundo,
perdónalo.
Dios, en tu gracia, convierte al mundo
y únelo.

2. Die Welt, Gott, dreht sich und dreht sich,
ohne zu wissen, wohin's gehen soll.
Gib ihr eine neue Richtung,
für Leben und Freiheit ein'n Weg zu gehn.
Die Fahrlässigkeit dann zurück bleibt,
und so können neue Stege entstehn;
du bist in der Welt so nötig;
deine grosse Gnade macht, dass sie dann wächst.
In deiner Gnade, Gott, die Welt verwandle,
erneure sie.
In deiner Gnade, Gott, die Welt bekehre,
ergötze sie.

3. Geheimnis, Hoffnung. Die Welten,
in deinen Händen, Ton der Liebe sind;
vom Wind verbreiteter Samen,
der kündigt die Zeit der Heilungen an,
das Leben umarmender Boden
ist wie ein Geschenk voller Sonnenschein.
Du bist in der Welt so nötig
und mit jedem Seufzer sie, eins mit dir, pocht.
In deiner Gnade, Gott, die Welt verwandle,
verzeihe ihr.
In deiner Gnade, Gott, die Welt bekehre,
vereine sie.

73. Evlogitos i Christe o Theos

Εὐλογητός εἶ Χριστέ ὁ Θεός

Orthodox tradition

Hymn of Pentecost: Greece

Εὐλογητός εἶ Χριστέ ὁ Θεός ἡμῶν,
ὁ πανσόφους τούς ἁλιεῖς ἀναδείξας,
καταπέμψας αὐτοῖς τό Πνεῦμα τό ἅγιον,
καί δι᾽ αὐτῶν τήν οἰκουμένην σαγηνεύσας
φιλάνθρωπε δόξα σοι.

Fontes das orações e direitos autorais:

Sources of prayers and copyright acknowledgements:

Fuentes de las oraciones y reconocimiento del derecho de autor:

Sources des prières et mention des droits d'auteur:

Quellen- und Urheberrecht-Angaben für die Gebete:

1. O Jesus, be the canoe that holds me
In: "A World at Prayer" 1990, page 225, published jointly by Twenty-Third Publications and WCC.

3. It is Easter Time (Hoy es Pasqua)
Gerardo Oberman (Argentina) © Consejo Latinoamericano de Iglesias – Red de Liturgia del CLAI. E-mail: redclai@redclai.com.ar. All rights reserved. Used by permission.

4. Let there be the Word of God in every heart impearled
© Per Harling (Sweden). All rights reserved. Used by permission.

5. Giver of good gifts, we are waiting for you
© Christina Afua Gyan (Ghana). In: "A Procession of Prayers", 1998, compiled by John Cardon, published jointly by Cassel and WCC.

6. God of Grace, teach us to proclaim the year of your favour
© 2005 WCC.

7. Jesus, we want to grow in knowledge
Prepared by African women on behalf of their children. In: "A Procession of Prayers", 1998, compiled by John Cardon, published jointly by Cassel and WCC.

9. We have need of vision and imagination
© Joy Mead (UK). All rights reserved. Used by permission. In: "Wisdom is Calling" compiled by Geoffrey Duncan, published by The Canterbury Press.

10. Lord of the Ocean

11. Loving Creator God, we gaze in wonder at the splendor of your creation

12. God of wandering camels (Beyond Alice Springs)
 In: "Seeing Christ in Others" compiled by Geoffrey Duncan, published by The Canterbury Press.

13. Give us, God, a vision

14. Forgive us, Lord, for our indifference (Perdoa-nos Senhor, nossa indiferença)

16. Recognizing that only compassionate eyes born from grace can see a transformed world
Adapted from prayers from Brazil written by Rev. Ervino Schmidt, National Council of Christian Churches in Brazil.

17. Generous God, sower of seeds (Bondoso Deus, Semeador da Nova Terra)

18. Eternal God, Creator of the universe
This prayer authored by Christian, Jewish and Muslim clergy was used in many places in inter-religions worship around the time of the Gulf War in 1991. In: Current Dialogue 24/93, p. 36.

19. Father God: You command your people of old

22. By the rivers in Fortaleza (Às margens dos rios de Fortaleza)
 In: Esperança Viva, CLAI, 1995, p.16.

23. O Lord, God of Life, you care for all creation: grant us peace
© Campanha da Fraternidade – 2005 Ecumênica. English and Spanish © 2005 Proyecto Liturgica y Derechos Humanos del MEDH. www.medh.org.ar. All rights reserved. Used by permission.

24. May God bless you with discomfort
Author unknown. Sent to WCC from Indonesia after the tsunami disaster.

25. Lord, our God Almighty, Transformer and Creator
Written by WCC interns © 2005 WCC.

26. Spirit of creation, you hovered over the formless void
© 2005 WCC.

27. From words and deeds that provoke discord, prejudice and hatred
Decade to Overcome Violence © 2005 WCC.

28. When suffering is too painful to bear (Quando o sofrimento for por demais doloroso)
© Laura Peres da Rocha Fernandes Costa (Brazil). All rights reserved. Used by permission.

30. Lord, we come before you, not alone
1994 © Terry C Falla, from "Be Our Freedom, Lord", published by Openbook Publishers (Australia). All rights reserved. Used by permission.

31. Loving and Almighty God, we pray that the church may discover its unity in Christ
© 2005 WCC.

32. Triune God, we come before you with your deep longing for true community
© Per Harling (Sweden). All rights reserved. Used by permission.

33. O God, the source of our belonging to one another
From the New Roman Missal. Adapted by Terry MacArthur. In: Week of Prayer for Christian Unity 1993, p. 24.

34. We are called to be the Church
© Christian Conference of Asia (Hong Kong). All rights reserved. Used by permission. In: "Wisdom is Calling" compiled by Geoffrey Duncan, published by The Canterbury Press.

36. Holy God, giver of peace, author of truth
Public domain. In: Book of Common Worship, 1993, Westminster/John Knox Press, Louisville (USA).

39. Dear God, our builder
© Cheryl N. Dibeela (Botswana). All rights reserved. Used by permission.

40. Lord this life is full of contradiction
© Rupert Hambira (Botswana). All rights reserved. Used by permission. In: "Seeing Christ in Others" compiled by Geoffrey Duncan, published by The Canterbury Press.

41. When we contemplate such beauty
© Rev. Dr. Kayoka-Luendu M. (Cameroon).

42. Our Heavenly Lord, our comforter, the Spirit of truth
Terry Pouono (Congregational Christian Church of Samoa) © 2005 WCC.

43. For all who reach out to God (Für alle, die tastend Gott suchen)
In: Cromphout "Eine Zeit des Redens." Medien-Verlag Bernhard Gregor GmbH (Germany). All rights reserved. Used by permission.

44. Spirit of peace, fill all the world with your transforming presence.
© 2005 WCC.

45. Giver of all good things
© 2005 WCC.

47. Flashlights and fluorescent tubes
From Canada. Author unknown.

48. Lord, although we are not worthy to stand in your presence
A paraphrase from chapter 1 of Saint Augustine's Confessions © 2005 WCC.

49. Our God, heal us from exploitative social structures
Adapt. from "Prayer for Holistic Healing" in AfricaPraying, p. 147 © Musa W. Dube (Botswana). All rights reserved. Used by permission.

50. For an alert conscience (Um ein waches Gewissen)
Christian Zippert, in: Evangelisches Gottesdienstbuch © Verlagsgemeinschaft "Evangelisches Gottesdienstbuch" 2000, Berlin (Germany). All rights reserved. Used by permission.

52. We believe in God, the Father Almighty
"Hispanic Creed!" from ¡Albadable! by Justo Gonzalez © 1996 Abingdon Press. Translated and used by permission. All rights reserved.

53. I do not believe in the God (O Senhor da minha fé)
© Frei Betto (Brazil). All rights reserved. Used by permission.

54. O merciful God, by Your eternal Son and by Your Holy Spirit
From the Orthodox Pre-Assembly Meeting in Rhodos © 2005 WCC.

55. O Divine Lord of all that exists
© 2005 Metr. Prof. Dr Gennadios of Sassima.

56. and 64. I thank You, my heavenly Father (Ich danke dir, mein himmlischer Vater – Luther's Morgen- und Abendsegen)
© Evangelische Landeskirche in Württemberg, Stuttgart (Germany). All rights reserved. Used by permission.

57. Be thou a bright flame before me
Prayer from St. Columba.

58. O Lord, grant me to greet the coming day in peace
Metr. Philaret of Moscow. In: "Let Us Pray to the Lord" © 1996 WCC.

59. Thank you, God, for this night's rest
In: KOINONIA © Lutheran World Federation, Geneva (Switzerland). All rights reserved. Used by permission.

60. O God, you have let me pass the night in peace
In: An African Prayer Book © 1995 Desmond Tutu (South Africa). All rights reserved. Used by permission.

61. Heavenly Father, I praise and thank you (Vater im Himmel – Morgengebet von D. Bonhoeffer)
© Evangelische Landeskirche in Württemberg, Stuttgart (Germany). All rights reserved. Used by permission.

62. Past mid-night (The Lone Bird's Cries)
Noel Davis (Australia), in: Heart Gone Walkabout; Shekinah Creative Ministry Co-Op, P.O. Box 54, Thornleigh, NSW 2120, Australia. All rights reserved. Used by permission.

65. Come, Lord, and cover me with night
In: An African Prayer Book © 1995 Desmond Tutu (South Africa). All rights reserved. Used by permission.

67. The grace of our Lord Jesus Christ (Die Gnade unsers Herrn Jesus Christus)
© Hartmut Handt (Germany). All rights reserved. Used by permission.

68. May the blessing of the God of peace and justice
2003 © Clare McBeath (UK). All rights reserved. Used by permission.

69. God bless you and bestow on you ever anew the blessing of the wilderness
From Africa. Author unknown.

70. May the grace of our Lord Jesus Christ protect us from killing one another
© Christian Conference of Asia (Hong Kong). All rights reserved. Used by permission.

72. May God the Father grant us the grace that changes us (Que Deus Pai, nos conceda a graça transformadora)
© Antônio Carlos Soares dos Santos (Brazil). All rights reserved. Used by permission.